大学生时事热点专题教育

主 编 孙晓玲 常 勇 屈 非

光明日报出版社

图书在版编目（CIP）数据

大学生时事热点专题教育 / 孙晓玲，常勇，屈非主编.—北京：光明日报出版社，2021.3（2024.1重印）
ISBN 978-7-5194-5905-5

Ⅰ.①大… Ⅱ.①孙…②常…③屈… Ⅲ.①时事政策教育—高等学校—教材 Ⅳ.①G641.41

中国版本图书馆 CIP 数据核字（2021）第 060578 号

大学生时事热点专题教育

DAXUESHENG SHISHI REDIAN ZHUANTIJIAOYU

主编：孙晓玲　常　勇　屈　非

责任编辑：鲍鹏飞	封面设计：意·装帧设计
责任校对：慧　眼	责任印制：曹　诤

出版发行：光明日报出版社

地址：北京市西城区永安路106号，100050

电话：010-63169890（咨询），010-63161930（邮购）

传真：010-63161930

网址：http://book.gmw.cn

E－mail：baopf23@yeah.net

法律顾问：北京德恒律师事务所龚柳方律师

印刷：沈阳海世达印务有限公司

装订：沈阳海世达印务有限公司

本书如有破损、缺页、装订错误，请与本社联系调换，电话：010-63161930

开本：185mm×260mm	印张：13
字数：280千字	
版次：2021年3月第1版	印次：2024年1月第6次印刷
书号：ISBN 978-7-5194-5905-5	

定价：36.00元

前　言

在全国高校思想政治工作会议上，习近平总书记指出，要教育引导学生正确认识世界和中国发展大势，从我们党探索中国特色社会主义历史发展和伟大实践中，认识和把握人类社会发展的历史必然性，认识和把握中国特色社会主义的历史必然性，不断树立为共产主义远大理想和中国特色社会主义共同理想而奋斗的信念和信心；正确认识中国特色社会主义，全面客观认识当代中国、看待外部世界；正确认识时代责任和历史使命，用中国梦激扬青春梦，为学生点亮理想的灯、照亮前行的路，激励学生自觉把个人的理想追求融入国家和民族的事业中，勇做走在时代前列的奋进者、开拓者、奉献者。

当前国际、国内形势正在发生深刻变化。一方面，世界处于百年未有之大变局；另一方面，我们实现了第一个百年奋斗目标，正在为全面建成社会主义现代化强国的第二个百年奋斗目标而努力。对纷乱复杂的各类信息进行正确筛选和准确解读，就需要让大学生能够通过一个权威系统而又全面客观的形势与政策知识学习，保持清醒的头脑，保持独立的时事判断，践行习近平总书记的讲话精神。

本教材以党的二十大精神和习近平新时代中国特色社会主义思想统摄材料，依据中宣部、教育部下发的《高校"形势与政策"课教学要点》，结合当前国际、国内形势与热点编写，具体介绍了当前国内外经济政治形势、国际关系、国内外热点事件，阐明了我国政府的基本原则、基本立场与应对政策。教材努力体现权威性、前沿性，注重理论与实际的结合、历史与现实的结合、稳定性与变动性的结合、学习知识与发展能力的结合，在相关问题的解读和分析上下功夫，力求达到知识传递与思想深化的双重效果。

希望本教材能帮助大学生把握我国新时代的发展脉搏，了解党情、国情、社情、世情，用与时俱进的眼光看待国内外形势，理解党和政府的政策。开阔视野，提升素质，坚定信念，为祖国的富强和个人的发展而努力奋斗，也希望本书能够成为大学生学习"形势与政策"课程的好帮手。

本书在编写过程中参考了一些知名专家、学者的著作和观点，在此一并表示感谢。由于该教材时效性颇为突出，编撰时间较紧张，加之受编者水平和资料收集所限，不足和疏漏之处在所难免，敬请广大读者批评、指正。

编 者

目　录

全面推进新时代党的建设新的伟大工程

治国必先治党，党兴才能国强。党的十八大以来，以习近平同志为核心的党中央提出并实施了新时代党的建设新的伟大工程，使走过百余年奋斗历程的中国共产党在革命性锻造中更加坚强有力，更加充满活力。习近平总书记在党的二十大报告中对坚定不移全面从严治党、深入推进新时代党的建设新的伟大工程作出重要部署，在二十届中央纪委三次全会上发表重要讲话，深刻阐述了党的自我革命的重要思想。我们要深入学习贯彻习近平总书记重要讲话精神，落实新时代党的建设总要求，健全全面从严治党体系，全面推进党的自我净化、自我完善、自我革新、自我提高，使我们党始终成为中国特色社会主义事业的坚强领导核心。

一、全面推进新时代党的建设新的伟大工程的科学指引

2023年6月28日至29日召开的全国组织工作会议，首次正式提出和系统阐述"习近平总书记关于党的建设的重要思想"，这在马克思主义建党学说发展史和中国共产党党建史上具有标志性的里程碑意义，标志着我们党对马克思主义执政党建设规律的认识达到了新高度，为新时代深入推进党的建设新的伟大工程提供了根本遵循。

（一）充分认识习近平总书记关于党的建设的重要思想的重大意义

习近平总书记关于党的建设的重要思想，是应中华民族伟大复兴时代要求而生的重大理论创新成果。这一重要思想展现出了强大的真理力量和实践伟力，指引我们党在革命性锻造中更加坚强有力，推动党和国家事业取得历史性成就、发生历史性变革。

1. 为丰富和发展马克思主义建党学说作出重大原创性贡献

党的十八大以来，习近平总书记围绕建设什么样的长期执政的马克思主义政党、怎样建设长期执政的马克思主义政党的重大时代课题，提出全面从严治党战略方针、坚持和加强党的全面领导、以党的自我革命引领社会革命、新时代党的建设总要求、新时代党的组织路线等一系列原创性的新理念新思想新战略，讲出了经典作家没有讲过的新话，回答了前人没有回答过的课题，形成了习近平总书记关于党的建设的重要思想。这一重要思想，深刻阐明党的建设的根本原则、科学布局、价值追求、重点任务，继承和发展马克思列宁主义、毛泽东思想、邓小平理论、"三个代表"重要思想、科学发展观中的党建理论，极大丰富和发展了马克思主义建党学说，谱写了马克思主义建党学说发展的新篇章，标志着我们党对马克思主义执政党建设规律的认识达到了新高度。

2. 科学指引百年大党开辟自我革命新境界

党的十八大以来，以习近平同志为核心的党中央以前所未有的勇气和定力深入推进全面从严治党。在习近平新时代中国特色社会主义思想特别是习近平总书记关于党的建设的重要思想科学指引下，我们党从制定和落实中央八项规定破题，提出和落实新时代党的建设总要求，以党的政治建设统领党的建设各项工作，坚持思想建党和制度治党同向发力，提出和坚持新时代党的组织路线，以正风肃纪激浊扬清，以"打虎""拍蝇""猎狐"惩治腐败，严明政治纪律和政治规矩，持续开展党内集中教育，刹住了一些长期没有刹住的歪风，纠治了一些多年未除的顽瘴痼疾，从根本上扭转了管党治党宽松软状况。经过艰苦努力，党的自我净化、自我完善、自我革新、自我提高能力显著增强，全面从严治党取得了历史性、开创性成就，产生了全方位、深层次影响，开辟了百年大党自我革命新境界。

3. 对世界政党发展产生深远影响

习近平总书记关于党的建设的重要思想指引中国共产党之治开创新局面、推动中国之治形成新气象，我们党和国家呈现出"风景这边独好"的发展态势，创造了世界政党史上管党治党、兴党强党的成功经验。这一重要思想，以高度历史自觉为世界范围内的马克思主义政党建设和科学社会主义运动注入强大理论信心、必胜决心，为人类对更好社会制度、政治制度的探索提供了中国方案。在世界百年未有之大变局背景下，这一重要思想被越来越多的外国政党和政治组织学习借鉴，成为中国共产党国际影响力、感召力、引领力的重要来源。国际社会掀起"向东看、学中国"的热潮。世界观察中国的视角从重点关注建设成就，拓展到重点关注这些成就取得的政治原因和"制度秘诀"。

（二）深入把握习近平总书记关于党的建设的重要思想的丰富内涵

习近平总书记关于党的建设的重要思想是一个科学系统、逻辑严密、有机统一的整体，涵盖党的建设方方面面，内涵十分丰富。2023年全国组织工作会议以"十三个坚持"系统阐述了这一重要思想，我们要以此为遵循，深入把握这一重要思想的丰富内涵。

1. 坚持和加强党的全面领导

习近平总书记指出："中国特色社会主义最本质的特征是中国共产党领导，中国特色社会主义制度的最大优势是中国共产党领导，中国共产党是最高政治领导力量，坚持党中央集中统一领导是最高政治原则""党的领导是全面的、系统的、整体的，必须全面、系统、整体加以落实。健全总揽全局、协调各方的党的领导制度体系，完善党中央重大决策部署落实机制"。这深刻揭示了党的领导与中国特色社会主义的内在统一性，阐明了坚持和加强党的全面领导、加强党的建设、全面从严治党的逻辑关系。

2. 坚持以党的自我革命引领社会革命

习近平总书记指出，党的自我革命是"跳出治乱兴衰历史周期率的第二个答案""完善党的自我革命制度规范体系""要以伟大自我革命引领伟大社会革命，以伟大社会革命促进伟大自我革命""全面推进党的自我净化、自我完善、自我革新、自我提高"。这鲜明宣示了建设长期执政的马克思主义政党的有效路径。

3. 坚持以党的政治建设统领党的建设各项工作

习近平总书记指出："党的政治建设决定党的建设方向和效果""党的政治建设是党的根本性建设""把党的政治建设摆在首位""以党的政治建设统领党的建设各项工作""提高各级党组织和党员干部政治判断力、政治领悟力、政治执行力""增强党内政治生活政治性、时代性、原则性、战斗性，用好批评和自我批评武器，持续净化党内政治生态"。这清晰阐明了新时代党的建设的根本性问题和关键举措。

4. 坚持江山就是人民、人民就是江山

习近平总书记指出："江山就是人民、人民就是江山，打江山、守江山，守的是人民的心""把人民对美好生活的向往作为奋斗目标""坚持一切为了人民、一切依靠人民""站稳人民立场、把握人民愿望、尊重人民创造、集中人民智慧""始终同人民同呼吸、共命运、心连心"。这深刻回答了"我是谁、为了谁、依靠谁"的根本问题。

5. 坚持思想建党、理论强党

习近平总书记指出："思想建设是党的基础性建设""注重思想建党、理论强党，是我们党的鲜明特色和光荣传统""坚持不懈用新时代中国特色社会主义思想凝心铸魂""弘扬伟大建党精神""加强理想信念教育，引导全党牢记党的宗旨"。这科学揭示了我们党历经挫折不断奋起、历经磨难淬火成钢的制胜密码。

6. 坚持严密党的组织体系

习近平总书记提出新时代党的组织路线，并指出："党的力量来自组织。党的全面领导、党的全部工作要靠党的坚强组织体系去实现""以组织体系建设为重点""增强党组织政治功能和组织功能""不断严密上下贯通、执行有力的组织体系"。这深刻揭示了党的建设和党的力量的坚实依托。

7. 坚持造就忠诚干净担当的高素质干部队伍

习近平总书记指出："好干部要做到信念坚定、为民服务、勤政务实、敢于担当、清正廉洁""坚持新时代好干部标准，着力培养忠诚干净担当的高素质干部队伍""要通过加强思想淬炼、政治历练、实践锻炼、专业训练，推动广大干部严格按照制度履行职责、行使权力、开展工作""坚持把政治标准放在首位，做深做实干部政治素质考察，突出把好政治关、廉洁关"。这明确了新时代怎样才是好干部、怎样成为好干部、怎样选用好干部的基本原则，明确了造就高素质干部队伍的根本标准和重要原则。

8. 坚持聚天下英才而用之

习近平总书记指出："人才是第一资源""国家发展靠人才，民族振兴靠人才""坚持党对人才工作的全面领导""全面贯彻新时代人才工作新理念新战略新举措""深入实施新时代人才强国战略，全方位培养、引进、用好人才，加快建设世界重要人才中心和创新高地""深化人才发展体制机制改革，真心爱才、悉心育才、倾心引才、精心用才，求贤若渴，不拘一格，把各方面优秀人才集聚到党和人民事业中来"。这明确了做好人才工作的根本保证，深刻回答了为什么建设人才强国、什么是人才强国、怎样建设人才强国的重要理论和实践问题。

9. 坚持持之以恒正风肃纪

习近平总书记指出："党风问题关系执政党的生死存亡""作风问题本质上是党性问题""作风建设永远在路上，必须常抓不懈""加强纪律建设是全面从严治党的治本之策""坚持党性党风党纪一起抓""督促领导干部特别是高级干部严于律己、严负其责、严管所辖""把党的纪律刻印在全体党员特别是党员领导干部的心上"。这确立了新形势下作风建设和纪律建设的目标思路。

10. 坚持一体推进不敢腐、不能腐、不想腐

习近平总书记指出："反腐败是最彻底的自我革命""反腐败斗争就一刻不能停，必须永远吹冲锋号""要把不敢腐、不能腐、不想腐有效贯通起来，三者同时发力、同向发力、综合发力""坚决防止领导干部成为利益集团和权势团体的代言人、代理人"。这展现了党中央对全面从严治党一以贯之、与时俱进、标本兼治的战略考量。

11. 坚持完善党和国家监督体系

习近平总书记指出："构建党统一指挥、全面覆盖、权威高效的监督体系，把党内监督同国家机关监督、民主监督、司法监督、群众监督、舆论监督贯通起来""健全党统一领导、全面覆盖、权威高效的监督体系，完善权力监督制约机制，以党内监督为主导，促进各类监督贯通协调"。这开创了中国特色社会主义权力监督制约的一条新路。

12. 坚持制度治党、依规治党

习近平总书记指出："加强党内法规制度建设是全面从严治党的长远之策、根本之策"；健全全面从严治党体系，"需要我们坚持制度治党、依规治党，更加突出党的各方面建设有机衔接、联动集成、协同协调，更加突出体制机制的健全完善和法规制度的科学有效，更加突出运用治理的理念、系统的观念、辩证的思维管党治党建设党"。这深刻阐明了新时代党的建设的根本性、全局性、稳定性、长期性保障。

13. 坚持落实全面从严治党政治责任

习近平总书记指出："全面从严治党是各级党组织的职责所在""各级党组织要担负起全面从严治党主体责任""必须增强管党治党意识、落实管党治党责任""把抓好党建作为最大的政绩"。这深刻揭示了全面从严治党的关键所在，使得管党治党千头万绪的工作有了强有力的抓手。

（三）把习近平总书记关于党的建设的重要思想学习领会好、贯彻落实好

党的十八大以来，我们党以前所未有的勇气和定力推进党风廉政建设和反腐败斗争，刹住了一些长期没有刹住的歪风，纠治了一些多年未除的顽瘴痼疾，消除了党、国家、军队内部存在的严重隐患，管党治党宽松软状况得到根本扭转。全面从严治党取得的历史性成就、发生的历史性变革，充分彰显了习近平总书记关于党的建设的重要思想的科学真理性和实践引领力。当前，我们正行进在全面建成社会主义现代化强国、以中国式现代化全面推进中华民族伟大复兴的新征程中，我国发展进入战略机遇和风险挑战并存、不确定难预料因素增多的时期，党面临的"四大考验""四种危险"将长期存在。越是目标远大、

任务艰巨、挑战严峻，越需要科学理论的指引。我们要把学习贯彻习近平总书记关于党的建设的重要思想作为重大政治任务，进一步增强思想自觉、政治自觉、行动自觉，切实做到学思用贯通、知信行统一。

1. 全面学习，夯实根基

理论创新开辟新境界，理论武装必须达到新高度。只有全面、系统、深入学习，才能完整、准确、全面领会和贯彻。坚持读原著、学原文、悟原理，坚持多思多想、学深悟透，深刻认识习近平总书记关于党的建设的重要思想的时代意义、理论意义、实践意义、世界意义，深刻理解这一思想的核心要义、精神实质、丰富内涵、实践要求，深刻领会这一思想科学体系的完整性和理论贡献的原创性。紧密联系新时代党的建设取得的历史性成就、紧密联系中国式现代化的伟大实践、紧密联系思想和工作实际开展学习，前后贯通学、历史对比学、及时跟进学、持之以恒学，努力把每一个重大论断和判断、每一项重大决策和部署都学习好领会好，对是什么、干什么、怎么干了然于胸，不断增强贯彻落实的自觉性坚定性。

2. 全面把握，融会贯通

习近平总书记关于党的建设的重要思想是一个有机整体，必须整体把握、全面领会、系统把握。要把学习领会这一重要思想同学习马克思列宁主义及其建党学说、中国化马克思主义及其建党学说贯通起来，同学习党史、新中国史、改革开放史、社会主义发展史、中华民族发展史贯通起来，同新时代进行伟大斗争、建设伟大工程、推进伟大事业、实现伟大梦想的丰富实践贯通起来，准确把握这一思想的理论逻辑、历史逻辑、实践逻辑。要坚持历史和现实、理论和实际、国际和国内相结合，从整体到局部、再从局部到整体进行深研细悟，做到知其言更知其义、知其然更知其所以然，不断提高马克思主义理论水平。

3. 全面落实，解决问题

学习党的理论，重在实践、贵在落实。要大力弘扬理论联系实际的马克思主义学风，强化问题导向、实践导向、需求导向，把自己摆进去、把职责摆进去、把工作摆进去，增强学习针对性。要瞄着问题去，追着问题走，聚焦实践遇到的新问题、改革发展稳定存在的深层次问题、人民群众急难愁盼问题、国际变局中的重大问题、党的建设面临的突出问题，不断提出真正解决问题的新理念新思路新办法。要紧密结合正在开展的学习贯彻习近平新时代中国特色社会主义思想主题教育，对标党风要求找差距、对表党性要求查根源、对照党纪要求明举措，切实以学铸魂、以学增智、以学正风、以学促干，把学习成效转化为坚定理想、锤炼党性和指导实践、推动工作的强大力量，以满腔热忱奋进新征程、建功新时代。

二、深刻把握习近平总书记关于党的自我革命战略思想

党的十八大以来，习近平总书记科学总结党的百余年奋斗历史和新时代全面从严治党实践经验，创造性提出党的自我革命重大命题，系统阐述党的自我革命的战略意义、基本内涵和实践要求，深刻指明依靠党的自我革命跳出历史周期率的成功路径，形成关于党的自我革命战略思想。习近平总书记关于党的自我革命战略思想是习近平新时代中国特色社会主义思想的重要内容，是对马克思主义建党学说的原创性贡献，极大地丰富了党的建设理论宝库，极大地深化了我们党对建设什么样的长期执政的马克思主义政党、怎样建设长期执政的马克思主义政党的规律性认识，我们要深入学习领会、认真贯彻落实。

（一）为什么进行自我革命

中国共产党成立一百多年来，带领全党全国各族人民取得社会主义革命、建设和改革开放的伟大成就，为什么还要强调党的自我革命？

第一，从新时代推进党的建设新的伟大工程面临的现实背景看，解决当时党内存在的突出问题，需要有刀刃向内、刮骨疗毒的勇气和力度。习近平总书记在党的二十大报告中总结过去五年工作和新时代十年伟大变革时，十分清醒地指出了党的十八大之前党内存在的令人忧心忡忡的一些突出问题，比如对坚持党的领导认识模糊、行动乏力问题，落实党的领导弱化虚化淡化问题，党员干部政治信仰发生动摇，一些地方和部门形式主义、官僚主义、享乐主义和奢靡之风屡禁不止，特权思想和特权现象较为严重，一些贪腐问题触目惊心等。面对这些突出问题，习近平总书记经过深邃思考得出的结论是，坚持打铁必须自身硬，以自我革命精神推进全面从严治党。2015年5月，在中央全面深化改革领导小组第十二次会议上，习近平总书记强调"勇于自我革命，敢于直面问题"；2016年7月，在庆祝中国共产党成立95周年大会上，习近平总书记上指出，全党要以自我革命的政治勇气，着力解决党自身存在的突出问题，不断增强党自我净化、自我完善、自我革新、自我提高能力；2017年10月，在党的十九大报告中，习近平总书记指出，只有以反腐败永远在路上的坚韧和执着，深化标本兼治，保证干部清正、政府清廉、政治清明，才能跳出历史周期率，确保党和国家长治久安；2022年10月，在党的二十大报告中，习近平总书记指出，经过不懈努力，党找到了自我革命这一跳出治乱兴衰历史周期率的第二个答案，确

保党永远不变质、不变色、不变味；……从不断深化对自我革命的认识，到新时代纵深推进全面从严治党，理论与实践的不懈追求，都着眼于跳出治乱兴衰的历史周期率，着眼于以伟大自我革命引领伟大社会革命，实现强国建设、民族复兴的宏伟目标。

第二，从我们党所面临的复杂环境和肩负的使命任务看，自我革命是始终保持党的先进性纯洁性和凝聚力战斗力的必然要求。我们党作为世界上最大的马克思主义执政党，要始终赢得人民拥护、巩固长期执政地位，必须时刻保持解决大党独有难题的清醒和坚定。经过党的十八大以来全面从严治党，我们解决了党内许多突出问题，但党面临的长期执政考验、改革开放考验、市场经济考验、外部环境考验将长期存在，精神懈怠危险、能力不足危险、脱离群众危险、消极腐败危险将长期存在。习近平总书记在二十届中央纪委二次全会上对百年大党面临的独有难题作了"六个如何始终"的深入阐述，并指出解决好这些难题，是实现新时代新征程党的使命任务必须迈过的一道坎，是全面从严治党适应新形势新要求必须啃下的硬骨头。面对全面建成社会主义现代化强国、以中国式现代化全面推进中华民族伟大复兴的崇高使命，面对前进道路上风高浪急甚至是惊涛骇浪的重大挑战，面对长期存在的"四大考验"和"四种危险"，解决大党独有难题必然是一个长期而艰巨的过程，这就决定了全面从严治党永远在路上，党的自我革命永远在路上。

（二）为什么能进行自我革命

自我革命，犹如拿起手术刀给自己动手术，痛苦非常、艰难非凡，中国共产党为什么能做到？

无私者，无畏。

习近平总书记深刻指出，我们党之所以有自我革命的勇气，是因为我们党除了国家、民族、人民的利益，没有任何自己的特殊利益。

党没有任何自己特殊的利益，这是我们党敢于自我革命的勇气之源、底气所在。

一百多年来，党外靠发展人民民主、接受人民监督，内靠全面从严治党、推进自我革命，勇于坚持真理、修正错误，勇于刀刃向内、刮骨疗毒，保证了党长盛不衰、不断发展壮大。"窑洞之问"的两个答案，贯穿着一个颠扑不破的真理——"人心向背关系党的生死存亡"。

"人民群众反对什么、痛恨什么，我们就要坚决防范和打击""得罪千百人，不负十四亿""我们不能关起门来搞自我革命，而要多听听人民群众意见，自觉接受人民群众监督"……

回看新时代全面从严治党的伟大实践，从"打虎""拍蝇""猎狐"，以重拳之势反腐惩恶；到紧盯"四风"顽疾，从严查处、强化震慑；再到推动全面从严治党向基层延伸，坚决整治和查处群众身边的不正之风和腐败问题……一项项扎实举措，"人民利益"是始终不变的关键词。

习近平总书记指出，勇于自我革命，是我们党最鲜明的品格，也是我们党最大的优势。中国共产党的伟大不在于不犯错误，而在于从不讳疾忌医，敢于直面问题，依靠自身力量纠正错误、解决问题。中国共产党既是马克思主义执政党，也是马克思主义革命党，具有彻底的革命特质。中国共产党的性质宗旨，决定了我们党没有任何自己特殊的利益，从来不代表任何利益集团、任何权势团体和任何特权阶层的利益，始终代表最广大人民的根本利益，这是我们党敢于自我革命的勇气之源、底气所在。中国共产党坚守为人民谋幸福、为民族谋复兴的初心使命，也赋予我们党坚持自我革命的内生动力。以习近平同志为核心的党中央正是继承了我们党这一独特禀赋，以强烈的历史使命和责任担当，推进全面从严治党，打出一套自我革命"组合拳"，取得了管党治党理论创新、实践创新、制度创新的丰富成果，显著提升了我们党自我净化、自我完善、自我革新、自我提高能力，成为新时代引领伟大社会革命的关键所在。新时代党和国家事业取得历史性成就、发生历史性变革，充分彰显了全面从严治党的政治引领作用和政治保障作用。

（三）怎样推进党的自我革命

踏上新征程，面对国内外形势的新变化和实践的新发展，有没有强烈的自我革命精神，能不能把党的自我革命进行到底，是决定党和国家事业兴衰成败的关键因素。

2022 年 1 月，党的百年华诞后首次中央纪委全会上，习近平总书记深刻分析全面从严治党和自我革命之间的关系，以"六个必须"阐释党推进自我革命的"组合拳"，内容涵盖政治建设、思想建设、作风建设、反腐败斗争、组织建设、制度建设等多个方面。

党的二十大报告首次对"完善党的自我革命制度规范体系"进行专门部署，把制度建设摆在更加突出位置，强调"形成坚持真理、修正错误，发现问题、纠正偏差的机制"。

在二十届中央纪委三次会议上，锚定推进自我革命这一重要任务，突出强调"九个以"的实践要求——以坚持党中央集中统一领导为根本保证；以引领伟大社会革命为根本目的；以习近平新时代中国特色社会主义思想为根本遵循；以跳出历史周期率为战略目标；以解决大党独有难题为主攻方向；以健全全面从严治党体系为有效途径；以锻造坚强组织、建设过硬队伍为重要着力点；以正风肃纪反腐为重要抓手；以自我监督和人民监督相结合为强大动力。

九个方面要求，既有宏观层面的目标任务、顶层设计，也有落细落实、重点突出的方式方法；既有认识论，又有方法论，为在新征程上继续推进党的自我革命提供了强大思想武器、科学行动指南。

新征程上，要深刻领会习近平总书记关于党的自我革命的重要思想的精髓要义、实践要求，纵深推进全面从严治党，在新的赶考之路上向历史和人民交出新的优异答卷。

党的十八大以来，我们党扎实推进全面从严治党，严肃认真对待自身建设，以科学的态度、体系化的方式推进自我革命，取得了丰富的理论、实践和制度成果，积累了行之有效的重要经验。一是把党的政治建设作为根本性建设摆在首位，旗帜鲜明坚持和加强党的全面领导，严肃党内政治生活，净化修复政治生态，推动全党增强"四个意识"、坚定"四个自信"、做到"两个维护"，紧密团结在以习近平同志为核心的党中央周围，实现党的团结统一。二是持续开展党内集中教育，坚持用习近平新时代中国特色社会主义思想统一思想、统一意志、统一行动，加强理想信念教育和党性教育，运用好批评和自我批评武器，抓好思想改造、精神洗礼、心灵净化，教育引导党员干部筑牢信仰之基、补足精神之钙、把稳思想之舵，牢记党的宗旨、不忘初心使命。三是以组织体系建设为重点，整顿软弱涣散党组织，不断增强党组织政治功能和组织功能，推动各级党组织全面进步、全面过硬。四是以制定和落实中央八项规定开局破题，以钉钉子精神持续纠治形式主义、官僚主义、享乐主义和奢靡之风，坚决反对特权思想和特权现象，不断以作风建设新气象赢得人民群众信任拥护。五是全面加强党的纪律建设，严明党的政治纪律和政治规矩，带动组织纪律、廉洁纪律、群众纪律、工作纪律、生活纪律全面从严，以严明纪律规范党员干部履职用权；开展经常性纪律教育，督促领导干部特别是高级干部严于律己、严负其责、严管所辖，对违反党纪的问题，发现一起查处一起。六是坚持党的自我监督和人民群众监督有机结合，发挥巡视利剑作用，突出问题导向，聚焦"一把手"和领导班子关键少数，紧盯权力责任，加强监督检查，着力发现问题、督促问题整改。不断健全党和国家监督体系，实现对公职人员监督全覆盖，改革完善派驻监督，促进各类监督贯通融合，强化监督效能。七是坚持制度治党、依规治党，促进完善党内法规制度体系，健全党纪国法相互衔接、权威高效的执行机制，加强对权力运行的制约和监督，织密织牢约束权力的制度"笼子"，严格制度执行，推动制度优势更好转化为国家治理效能。八是以史无前例的力度开展反腐败斗争，"打虎""拍蝇""猎狐"多管齐下，查处一大批腐败分子，以零容忍的态度反腐惩恶，更加有力遏制增量，更加有效清除存量，坚决查处政治问题和经济问题交织的腐败，坚决防止领导干部成为利益集团和权势团体代言人、代理人，坚决惩治新型腐败和隐性腐败，提高及时发现、有效处理腐败问题能力。

三、坚决打赢反腐败斗争攻坚战持久战

新征程反腐败斗争，必须在铲除腐败问题产生的土壤和条件上持续发力、纵深推进。总的要求是，坚持一体推进不敢腐、不能腐、不想腐，深化标本兼治、系统施治，不断拓展反腐败斗争深度广度，对症下药、精准施治、多措并举，让反复发作的老问题逐渐减少，让新出现的问题难以蔓延，推动防范和治理腐败问题常态化、长效化。

（一）要加强党对反腐败斗争的集中统一领导

各级党委要切实强化对反腐败斗争全过程领导，坚决支持查办腐败案件，动真碰硬抓好问题整改。纪委监委作为专责机关，要更加主动担起责任，有力有效协助党委组织协调反腐败工作，整合反腐败全链条力量。各职能部门要坚持高效协同，自觉把党中央反腐败的决策部署转化为具体行动。

坚持和加强党的集中统一领导，是深入推进反腐败斗争的根本保证。党的十八大以来，全面从严治党成效卓著，反腐败斗争取得压倒性胜利，归其根本在于以习近平同志为核心的党中央举旗定向、坚强领导，在于习近平新时代中国特色社会主义思想的科学指引。

（二）要持续保持惩治腐败高压态势

面对依然严峻复杂的形势，反腐败绝对不能回头、不能松懈、不能慈悲，必须永远吹冲锋号。要持续盯住"七个有之"（2014 年 10 月 23 日，习近平总书记在十八届四中全会第二次全体会议上指出，一些人无视党的政治纪律和政治规矩，为了自己的所谓仕途，为了自己的所谓影响力，搞任人唯亲、排斥异己的有之，搞团团伙伙、拉帮结派的有之，搞匿名诬告、制造谣言的有之，搞收买人心、拉动选票的有之，搞封官许愿、弹冠相庆的有之，搞自行其是、阳奉阴违的有之，搞尾大不掉、妄议中央的也有之。）问题，把严惩政商勾连的腐败作为攻坚战重中之重，坚决打击以权力为依托的资本逐利行为，坚决防止各种利益集团、权势团体向政治领域渗透。深化整治金融、国企、能源、医药和基建工程等权力集中、资金密集、资源富集领域的腐败，清理风险隐患。惩治"蝇贪蚁腐"，让群众有更多获得感。

（三）要深化改革阻断腐败滋生蔓延

腐败的本质是权力滥用。要抓住定政策、作决策、审批监管等关键权力，聚焦重点领域深化体制机制改革，加快新兴领域治理机制建设，完善权力配置和运行制约机制，进一步堵塞制度漏洞，规范自由裁量权，减少设租寻租机会。要建立腐败预警惩治联动机制，加强廉洁风险隐患动态监测，强化对新型腐败和隐性腐败的快速处置。

（四）要进一步健全反腐败法规制度

围绕一体推进不敢腐、不能腐、不想腐等完善基础性法规制度，健全加强对"一把手"和领导班子监督配套制度。持续推进反腐败国家立法，与时俱进修改监察法，以学习贯彻新修订的纪律处分条例为契机，在全党开展一次集中性纪律教育。加强重点法规制度执行情况监督检查，确保一体遵循、一体执行。

建设反腐倡廉制度体系一定要做到"无缝隙""无地漏""无天窗"，要通过建立整套系统、闭合的制度规范和制约权力的运行，使权力始终套上反腐倡廉的"紧箍咒"。反腐倡廉制度体系建设要重点抓好四个方面：一要着力建立健全选人用人管人的制度，这是前提；二要着力建立健全党内各种监督制度，这是关键；三要着力建立健全推动深化体制机制改革的制度，这是保障；四要着力建立健全行政机关和国有企业内部的各项监管制度，这是基础。在反腐倡廉制度体系的建设中，还要努力强化制度的科学性、合理性和可执行性，不能因制度的天然缺陷而成为"稻草人"和"墙壁画"。

（五）要加大对行贿行为惩治力度

要严肃查处那些老是拉干部下水、危害一方的行贿人，通报典型案例，以正视听、以儆效尤。加大对行贿所获不正当利益的追缴和纠正力度。

2023年以来，从中央纪委国家监委、最高检联合发布5起行贿犯罪典型案例，到中央纪委国家监委通报2023年上半年全国纪检监察机关监督检查、审查调查情况时增加立案行贿人员相关数据，再到刑法修正案（十二）草案拟增加规定对多次行贿、向多人行贿等情形加大刑事追责力度……一系列举措充分彰显了严肃惩处行贿犯罪的鲜明态度和坚定决心。

要清醒认识到，行贿人不择手段"围猎"党员干部是当前腐败增量仍有发生的重要原因。受贿与行贿一体两面，是同一根藤上的两个"毒瓜"。行贿诱导受贿，受贿刺激行贿，行贿不查、受贿不止。从执纪执法实践来看，当前，个别地方仍存在"重受贿轻行贿"等问题，其背后是"受贿易查行贿难查""查行贿影响查受贿"等认识误区。必须坚决摈弃这些错误认识，在严惩受贿行为的同时，还要查准查清查透行贿行为，实现标本兼治。

始终坚持严的基调、严的措施、严的氛围，多措并举、扎实有效惩治行贿行为。正确把握受贿行贿一起查的内涵要求，综合考虑行贿金额、次数、发生领域以及行贿人的主观恶性、造成的危害后果、认错悔过态度、退赔退缴等因素，实事求是、依规依纪依法对行贿人精准提出处理意见。同时，突出重点、精准惩治，聚焦行贿行为高发领域开展系统治理，深入揭示行贿行为背后的危害，开展有针对性的警示教育，努力推动以案促改、以案促建、以案促治。

坚持查办案件和追赃挽损一体推进。对行贿所获得的不正当财产性利益要依规依纪依法予以没收；对行贿所获得的职务职称、经营资格资质、学历学位等不正当非财产性利益，督促相关单位依照有关规定通过取消、撤销、变更等措施予以纠正。此外，还应严格落实行贿人"黑名单"制度，建立健全对行贿人的联合惩戒机制，让行贿人一次行贿、处处受限，让行贿人得不偿失。

（六）要持之以恒净化政治生态

坚持激浊和扬清并举，严明政治纪律和政治规矩，严肃党内政治生活，破"潜规则"，立"明规矩"，坚决防止搞"小圈子""拜码头""搭天线"，有力打击各种政治骗子，严格防止把商品交换原则带到党内。坚持不懈整治选人用人上的不正之风，推动形成清清爽爽的同志关系、规规矩矩的上下级关系，促进政治生态山清水秀。

政治生态反映着一个地方政治生活的总体面貌。党内政治生态好，就能增强党组织凝聚力战斗力，激发党员干部干事创业的精气神；反之，就会矛盾迭出、乱象丛生，使党的事业发展受到损害。党的十八大以来，以习近平同志为核心的党中央在全面从严治党实践中，高度重视加强党内政治生态建设，多次强调要培育风清气正的政治生态、营造廉洁从政的良好环境。新时代推动全面从严治党向纵深发展，应深入学习贯彻习近平总书记关于全面净化党内政治生态的重要论述，把加强政治生态建设作为一项重要任务来抓，推动形成干部清正、政府清廉、政治清明的良好局面。

（七）加强新时代廉洁文化建设

深入开展党性党风党纪教育，传承党的光荣传统和优良作风，激发共产党员崇高理想追求，把以权谋私、贪污腐败看成是极大的耻辱。要注重家庭家教家风，督促领导干部从严管好亲属子女。积极宣传廉洁理念、廉洁典型，营造崇廉拒腐的良好风尚。

清廉是福，贪欲是祸。作为一体推进不敢腐、不能腐、不想腐的基础性工程，廉洁文化建设是遏制腐败、推进全面从严治党的重要内容和路径。党的十八大以来，以习近平同志为核心的党中央以党内政治文化建设为抓手，把廉洁要求贯穿日常教育管理监督之中，把家风建设作为领导干部作风建设重要内容，以廉洁文化涵养风清气正政治生态，时至今日，广大党员干部廉洁自律意识明显增强，全党全社会廉洁价值理念进一步树立，廉洁文化建设的百花园绽放繁花盛景、馥郁芬芳。站在新的起点上，要深入学习习近平总书记关于廉洁文化建设的重要论述，全方位扎实推进新时代廉洁文化建设，引导党员干部增强廉洁从政、廉洁用权、廉洁修身、廉洁齐家的思想自觉和行动自觉，营造风清气正良好氛围。

从优秀传统文化中汲取廉洁养分。"古之欲明明德于天下者，先治其国；欲治其国者，先齐其家；欲齐其家者，先修其身。"中华民族是一个非常重视克己修身的民族，在中华五千年文明积淀而成优秀传统文化中，涵盖了内容丰富、博大精深的廉洁文化资源。用中华优秀传统文化涵养克己奉公、清廉自守的精神境界，是厚植廉洁奉公文化基础的重要内容。要全面系统地学习、弘扬中华优秀传统文化，多阅读经典，深悟笃行，知行合一，不断从修身为本、崇德尚廉、廉为政本、持廉守正等传统廉洁文化中汲取养分；要深入挖掘优秀传统文化和文化资源中的廉洁元素，通过运用新媒体新技术研发提供丰富的文化产品和优质服务等，让中华优秀传统文化在创新发展中发挥润物无声、持久涵养的作用。

从党的光荣传统中涵养廉洁力量。我们党自成立以来，就始终把拒腐防变、反腐倡廉作为主要任务紧抓不松，老一辈无产阶级革命家们更是在信念信仰、工作作风、党性修养等方面作出了表率。土地革命战争时期，各级党组织和苏维埃政府加强对党员干部的廉洁奉公教育，形成"苏区干部好作风，自带干粮去办公；日着草鞋干革命，夜走山路访贫农"的生动局面；毛泽东同志等老一辈革命家在延安，住窑洞、吃粗粮、穿布衣，用"延安作风"打败了"西安作风"……传承党的光荣传统和优良作风，不断筑牢廉洁从业防线，这既是一场穿越时空的心灵守望，更是一场不忘初心的行动接力。要坚持用"革命理想高于天"的信仰强基固本、凝心铸魂，从理想信念中获得辨别是非、廓清迷雾的政治慧眼，获得抵御侵蚀、防止蜕变的强大抗体；要多角度、全方位挖掘革命先辈们的先进事迹，在全社会形成学习宣传勤廉榜样、凝聚正能量的新风尚，为推动经济社会高质量发展凝聚风清气正的廉洁力量。

从传承红色家风中领悟廉洁真谛。红色家风是中国共产党人永不褪色的"传家宝"，是涵养清廉家风的重要精神源泉。从毛泽东"恋亲不为亲徇私，念旧不为旧谋利，济亲不为亲撑腰"，到朱德定下"立德树人、勤俭持家"的家规，均彰显了共产党人的正气清廉之风。新时期，以焦裕禄、孔繁森、郑培民等为代表的优秀共产党人，不仅自己大公无私，更严格要求子女们干干净净、清清白白做人，不搞特权特例。传承红色家风所蕴含的廉洁情感、廉洁思想和廉洁操守有助于廉洁文化的培育。要把红色家风熔铸在新时代的家风建设中，发挥好自身在社会价值倡导与家庭家风承接承续中的桥梁纽带和示范导向作用，形成上呼下应、上行下效的正向传扬效应，实现红色家风历久弥新，廉洁文化润物无声；要大力培树并持续宣传一批践行新时代家庭观的"最美清廉家庭"及"廉洁家属"典型，突出家庭在传承红色家风中的"孵化"作用，在家庭的熏陶和浸染中促进廉洁品行的养成传续，潜移默化地塑造社会良好风气。

拓 展 阅 读

以勇于自我革命精神打造和锤炼自己

在《习近平著作选读》第一卷《党必须勇于自我革命》一文中，习主席深刻指出："要兴党强党，保证党永葆生机活力，就必须实事求是认识和把握自己，以勇于自我革命精神打造和锤炼自己。"习主席这一重要论述，阐明了自我革命对于使党永葆先进性和纯洁性、成为打不倒压不垮的马克思主义执政党的极端重要性，体现了百年大党居安思危的忧患意识和兴党强党的政治自觉。

勇于自我革命是我们党区别于其他政党的显著标志，是党跳出治乱兴衰历史周期率、历经百年沧桑更加充满活力的成功秘诀。作为世界第一大党，没有什么外力能够打倒我们，能够打倒我们的只有我们自己。面对全面建成社会主义现代化强国、以中国式现代化全面推进中华民族伟大复兴的历史使命，面对前进道路上风高浪急甚至惊涛骇浪的重大挑战，面对长期存在的"四大考验""四种危险"，习主席反复强调自我革命，指出"任务越繁重，风险考验越大，越要发扬自我革命精神""党的自我革命任重而道远"。广大党员干部须深刻认识自我革命对于党的事业兴衰成败的重要意义，始终保持赶考的清醒，以勇于自我革命精神打造和锤炼自己，使我们党永葆先进性纯洁性，永葆生机和活力。

勇于自我革命，必须补钙壮骨、排毒杀菌。习主席指出，自我革命就是补钙壮骨、排毒杀菌、壮士断腕、去腐生肌，不断清除侵蚀党的健康肌体的病毒，不断提高自身免疫力，防止人亡政息。在长期执政条件下，各种弱化党的先进性、损害党的纯洁性的因素无时不有，各种违背初心使命、动摇党的根基的危险无处不在。历史和实践证明，马克思主义信仰、共产主义远大理想、中国特色社会主义共同理想，是中国共产党人的精神支柱和政治灵魂，只有信仰信念坚定，才能去杂质、除病毒、防污染，真正实现自我净化、自我完善、自我革新、自我提高。广大党员干部就是要把坚定理想信念作为永恒课题紧抓不放，无论惊涛骇浪还是荆棘满途，都能保持"乱云飞渡仍从容"的政治定力，不为各种诱惑所动；保持"万钟于我何加焉"的高尚品质，不为各种得失所扰；保持"长风破浪会有时"的昂扬斗志，不为各种困难所阻，让理想信念的火炬在心中熊熊燃烧，无私无我、无惧无畏，冲锋在党和人民最需要的地方。

勇于自我革命，必须坚持真理、修正错误。习主席指出，我们党总是在推动社会革命的同时，勇于推动自我革命，始终坚持真理、修正错误，敢于正视问题、克服缺点。回顾百年党史，中国共产党的伟大不在于不犯错误，而在于从不讳疾忌医，敢于直面问题，勇于自我革命，具有极强的自我修复能力。人非圣贤，孰能无过。对党员干部来说，错误不可怕，对错误不能选择逃避，而要知过即改，始终保持如履薄冰、知止有戒的清醒警醒，以直面问题、立行立改的决心勇气，在检视问题、纠错改过中拔节成长。做到该坚持的原则必须始终坚持，该守牢的关口必须坚决守牢，决不是非不分、立场不明，决不瞻前顾后、畏首畏尾，决不明哲保身、左右摇摆；又要以"行有不得，反求诸己"的态度来检视自己，不回避问题、不推卸责任、不文过饰非，有问题勇于直面，有纰漏扛起责任，有错误虚心承认并积极改正。

勇于自我革命，必须刀刃向内、刮骨疗伤。习主席指出，怎样才算过硬，就是要敢于进行自我革命，敢于刀刃向内，敢于刮骨疗伤。党的十八大以来，我们党以雷霆万钧之势推进全面从严治党，向党内顽瘴痼疾开刀，猛药祛疴、重典治乱，使党在革命性锻造中变得更加坚强有力。继续推进新时代党的建设新的伟大工程，就要始终坚持严的主基调不动摇，把纪律和规矩摆在前面，抓早抓小、防微杜渐；发扬钉钉子精神，持之以恒落实中央八项规定精神、军委十项规定及其实施细则精神，坚决纠治形式主义、官僚主义、享乐主义和奢靡之风，坚决抵制特权思想、特权行为；以零容忍态度惩治腐败，敢于斗争、善于斗争，坚持不敢腐、不能腐、不想腐一体推进，惩治震慑、制度约束、提高觉悟一体发力。党员干部要勤掸"思想尘"、多思"贪欲害"、常破"心中贼"，以内无妄思保证外无妄动，切实守住做人、处事、用权、交往的底线，走好人生每一步。

习主席强调，全面从严治党永远在路上，党的自我革命永远在路上，决不能有松劲歇脚、疲劳厌战的情绪。行百里者半九十。如果前热后冷、前紧后松，就会功亏一篑。当前，中华民族比历史上任何时期都更接近、更有信心和能力实现伟大复兴的目标，但越接近成功、风浪越大，越需要我们坚定不移推进党的自我革命，保持战略定力，保持清醒头脑。党员干部贯彻落实这一要求，就要始终牢记"打铁还需自身硬"的道理，坚持严字当头、一严到底，推进全面从严治党不断引向深入；始终以上率下，一级示范给一级看，一级带着一级干，引领带动广大官兵练好胜战之功、厚实胜战之能；始终以"功成不必在我"的胸怀境界，一张蓝图绘到底，一锤接着一锤敲，以踏石留印、抓铁有痕的作风抓好备战打仗各项工作落实；始终牢记初心使命，保持解决大党独有难题的清醒和坚定，紧跟时代步伐，锻造坚强堡垒，以攻坚克难的担当作为，在新时代新征程上夺取新的更大胜利。

——来源：金台资讯，2023-05-16

思考题

1. 习近平总书记关于党的建设的重要思想的主要内容是什么？

2. 如何打赢反腐败斗争攻坚战持久战？

将党的自我革命进行到底
——习近平总书记在二十届中央纪委三次全会上的重要讲话引发热烈反响

专题二

经济总体回升向好　扎实推进高质量发展

2023年，面对错综复杂的国内国际形势，我国经济在波浪式发展、曲折式前进中，取得了可圈可点的新成绩，全面建设社会主义现代化国家迈出坚实步伐。这些成绩的取得，最根本在于有习近平总书记领航掌舵，在于有习近平新时代中国特色社会主义思想科学指引。2024年是中华人民共和国成立75周年，是实施"十四五"规划的关键一年，站在新的更高的发展起点上，要全面贯彻习近平新时代中国特色社会主义思想，全面落实中央经济工作会议的各项决策部署，坚定信心、开拓奋进，真抓实干、求真务实，不断发展壮大中国经济，迈向更加光明的发展前景。

一、2023 年底中央经济工作会议精神解读

中央经济工作会议于12月11日至12日在北京举行。会议全面总结了2023年的经济工作，深刻分析了当前的经济形势，并对2024年的经济工作进行了系统部署。

（一）当前经济形势分析

2023年是全面贯彻党的二十大精神的开局之年，是三年新冠疫情防控转段后经济恢复发展的一年。以习近平同志为核心的党中央团结带领全党全国各族人民，顶住外部压力、克服内部困难，全面深化改革开放，加大宏观调控力度，着力扩大内需、优化结构、提振信心、防范化解风险，我国经济回升向好，高质量发展扎实推进。现代化产业体系建设取得重要进展，科技创新实现新的突破，改革开放向纵深推进，安全发展基础巩固夯实，民生保障有力有效，全面建设社会主义现代化国家迈出坚实步伐。

进一步推动经济回升向好需要克服一些困难和挑战，主要是有效需求不足、部分行业产能过剩、社会预期偏弱、风险隐患仍然较多，国内大循环存在堵点，外部环境的复杂性、严峻性、不确定性上升。要增强忧患意识，有效应对和解决这些问题。综合起来看，我国发展面临的有利条件强于不利因素，经济回升向好、长期向好的基本趋势没有改变，要增强信心和底气。

近年来，在党中央坚强领导下，我们有效统筹国内国际两个大局、统筹疫情防控和经济社会发展、统筹发展和安全，深化了新时代做好经济工作的规律性认识。必须把坚持高质量发展作为新时代的硬道理，完整、准确、全面贯彻新发展理念，推动经济实现质的有效提升和量的合理增长。必须坚持深化供给侧结构性改革和着力扩大有效需求协同发力，发挥超大规模市场和强大生产能力的优势，使国内大循环建立在内需主动力的基础上，提升国际循环质量和水平。必须坚持依靠改革开放增强发展内生动力，统筹推进深层次改革和高水平开放，不断解放和发展社会生产力、激发和增强社会活力。必须坚持高质量发展和高水平安全良性互动，以高质量发展促进高水平安全，以高水平安全保障高质量发展，发展和安全要动态平衡、相得益彰。必须把推进中国式现代化作为最大的政治，在党的统一领导下，团结最广大人民，聚焦经济建设这一中心工作和高质量发展这一首要任务，把中国式现代化宏伟蓝图一步步变成美好现实。

（二）做好 2024 年经济工作的部署

做好 2024 年经济工作，要以习近平新时代中国特色社会主义思想为指导，全面贯彻落实党的二十大和二十届二中全会精神，坚持稳中求进工作总基调，完整、准确、全面贯彻新发展理念，加快构建新发展格局，着力推动高质量发展，全面深化改革开放，推动高水平科技自立自强，加大宏观调控力度，统筹扩大内需和深化供给侧结构性改革，统筹新型城镇化和乡村全面振兴，统筹高质量发展和高水平安全，切实增强经济活力、防范化解风险、改善社会预期，巩固和增强经济回升向好态势，持续推动经济实现质的有效提升和量的合理增长，增进民生福祉，保持社会稳定，以中国式现代化全面推进强国建设、民族复兴伟业。

2024 年要坚持稳中求进、以进促稳、先立后破，多出有利于稳预期、稳增长、稳就业的政策，在转方式、调结构、提质量、增效益上积极进取，不断巩固稳中向好的基础。要强化宏观政策逆周期和跨周期调节，继续实施积极的财政政策和稳健的货币政策，加强政策工具创新和协调配合。

积极的财政政策要适度加力、提质增效。要用好财政政策空间，提高资金效益和政策效果。优化财政支出结构，强化国家重大战略任务财力保障。合理扩大地方政府专项债券用作资本金范围。落实好结构性减税降费政策，重点支持科技创新和制造业发展。严格转移支付资金监管，严肃财经纪律。增强财政可持续性，兜牢基层"三保"底线。严控一般性支出。党政机关要习惯过紧日子。

稳健的货币政策要灵活适度、精准有效。保持流动性合理充裕，社会融资规模、货币供应量同经济增长和价格水平预期目标相匹配。发挥好货币政策工具总量和结构双重功能，盘活存量、提升效能，引导金融机构加大对科技创新、绿色转型、普惠小微、数字经济等方面的支持力度。促进社会综合融资成本稳中有降。保持人民币汇率在合理均衡水平上的基本稳定。

要增强宏观政策取向一致性。加强财政、货币、就业、产业、区域、科技、环保等政策协调配合，把非经济性政策纳入宏观政策取向一致性评估，强化政策统筹，确保同向发力、形成合力。加强经济宣传和舆论引导，唱响中国经济光明论。

2024年要围绕推动高质量发展，突出重点，把握关键，扎实做好经济工作。

一是以科技创新引领现代化产业体系建设。要以科技创新推动产业创新，特别是以颠覆性技术和前沿技术催生新产业、新模式、新动能，发展新质生产力。完善新型举国体制，实施制造业重点产业链高质量发展行动，加强质量支撑和标准引领，提升产业链供应链韧性和安全水平。要大力推进新型工业化，发展数字经济，加快推动人工智能发展。打造生物制造、商业航天、低空经济等若干战略性新兴产业，开辟量子、生命科学等未来产业新赛道，广泛应用数智技术、绿色技术，加快传统产业转型升级。加强应用基础研究和前沿研究，强化企业科技创新主体地位。鼓励发展创业投资、股权投资。

二是着力扩大国内需求。要激发有潜能的消费，扩大有效益的投资，形成消费和投资相互促进的良性循环。推动消费从疫后恢复转向持续扩大，培育壮大新型消费，大力发展数字消费、绿色消费、健康消费，积极培育智能家居、文娱旅游、体育赛事、国货"潮品"等新的消费增长点。稳定和扩大传统消费，提振新能源汽车、电子产品等大宗消费。增加城乡居民收入，扩大中等收入群体规模，优化消费环境。要以提高技术、能耗、排放等标准为牵引，推动大规模设备更新和消费品以旧换新。发挥好政府投资的带动放大效应，重点支持关键核心技术攻关、新型基础设施、节能减排降碳，培育发展新动能。完善投融资机制，实施政府和社会资本合作新机制，支持社会资本参与新型基础设施等领域建设。

三是深化重点领域改革。要谋划进一步全面深化改革重大举措，为推动高质量发展、加快中国式现代化建设持续注入强大动力。不断完善落实"两个毫不动摇"的体制机制，充分激发各类经营主体的内生动力和创新活力。深入实施国有企业改革深化提升行动，增强核心功能、提高核心竞争力。促进民营企业发展壮大，在市场准入、要素获取、公平执法、权益保护等方面落实一批举措。促进中小企业专精特新发展。加快全国统一大市场建设，着力破除各种形式的地方保护和市场分割。有效降低全社会物流成本。要谋划新一轮财税体制改革，落实金融体制改革。

四是扩大高水平对外开放。要加快培育外贸新动能，巩固外贸外资基本盘，拓展中间品贸易、服务贸易、数字贸易、跨境电商出口。放宽电信、医疗等服务业市场准入，对标国际高标准经贸规则，认真解决数据跨境流动、平等参与政府采购等问题，持续建设市场化、法治化、国际化一流营商环境，打造"投资中国"品牌。切实打通外籍人员来华经商、学习、旅游的堵点。抓好支持高质量共建"一带一路"八项行动的落实落地，统筹推进重大标志性工程和"小而美"民生项目。

五是持续有效防范化解重点领域风险。要统筹化解房地产、地方债务、中小金融机构等风险，严厉打击非法金融活动，坚决守住不发生系统性风险的底线。积极稳妥化解房地产风险，一视同仁满足不同所有制房地产企业的合理融资需求，促进房地产市场平稳健康发展。加快推进保障性住房建设、"平急两用"公共基础设施建设、城中村改造等"三大工程"。完善相关基础性制度，加快构建房地产发展新模式。统筹好地方债务风险化解和稳定发展，经济大省要真正挑起大梁，为稳定全国经济作出更大贡献。

六是坚持不懈抓好"三农"工作。要锚定建设农业强国目标，学习运用"千万工程"经验，有力有效推进乡村全面振兴，以确保国家粮食安全、确保不发生规模性返贫为底线，以提升乡村产业发展水平、提升乡村建设水平、提升乡村治理水平为重点，强化科技和改革双轮驱动，强化农民增收举措，集中力量抓好办成一批群众可感可及的实事，建设宜居宜业和美乡村。毫不放松抓好粮食等重要农产品稳定安全供给，探索建立粮食产销区省际横向利益补偿机制，改革完善耕地占补平衡制度，提高高标准农田建设投入标准。树立大农业观、大食物观，把农业建成现代化大产业。

七是推动城乡融合、区域协调发展。要把推进新型城镇化和乡村全面振兴有机结合起来，促进各类要素双向流动，推动以县城为重要载体的新型城镇化建设，形成城乡融合发展新格局。实施城市更新行动，打造宜居、韧性、智慧城市。充分发挥各地区比较优势，按照主体功能定位，积极融入和服务构建新发展格局。优化重大生产力布局，加强国家战略腹地建设。大力发展海洋经济，建设海洋强国。

八是深入推进生态文明建设和绿色低碳发展。建设美丽中国先行区，打造绿色低碳发展高地。积极稳妥推进碳达峰碳中和，加快打造绿色低碳供应链。持续深入打好蓝天、碧水、净土保卫战。完善生态产品价值实现机制。落实集体林权制度改革。加快建设新型能源体系，加强资源节约集约循环高效利用，提高能源资源安全保障能力。

九是切实保障和改善民生。要坚持尽力而为、量力而行，兜住、兜准、兜牢民生底线。更加突出就业优先导向，确保重点群体就业稳定。织密扎牢社会保障网，健全分层分类的社会救助体系。加快完善生育支持政策体系，发展银发经济，推动人口高质量发展。

要深刻领会党中央对经济形势的科学判断，切实增强做好经济工作的责任感使命感，抓住一切有利时机，利用一切有利条件，看准了就抓紧干，能多干就多干一些，努力以自身工作的确定性应对形势变化的不确定性。要全面贯彻2024年经济工作的总体要求，注意把握和处理好速度与质量、宏观数据与微观感受、发展经济与改善民生、发展与安全的关系，不断巩固和增强经济回升向好态势。要准确把握2024年经济工作的政策取向，在政策实施上强化协同联动、放大组合效应，在政策储备上打好提前量、留出冗余度，在政策效果评价上注重有效性、增强获得感，着力提升宏观政策支持高质量发展的效果。要讲求工作推进的方式方法，抓住主要矛盾，突破瓶颈制约，注重前瞻布局，确保2024年经济工作重点任务落地落实。要始终保持奋发有为的精神状态，胸怀"国之大者"，主动担当作为，加强协同配合，积极谋划用好牵引性、撬动性强的工作抓手，扎实推动高质量发展。

要坚持和加强党的全面领导，深入贯彻落实党中央关于经济工作的决策部署。要不折不扣抓落实，确保最终效果符合党中央决策意图。要雷厉风行抓落实，统筹把握时度效。要求真务实抓落实，坚决纠治形式主义、官僚主义。要敢作善为抓落实，坚持正确用人导向，充分发挥各级领导干部的积极性主动性创造性。要巩固拓展主题教育成果，并转化为推动高质量发展的成效。

二、加快形成新质生产力 积极构建未来竞争优势

2023年9月，习近平总书记在黑龙江主持召开新时代推动东北全面振兴座谈会时强调，积极培育新能源、新材料、先进制造、电子信息等战略性新兴产业，积极培育未来产

业，加快形成新质生产力，增强发展新动能。

加快发展新质生产力，必须坚持科技创新引领，实现人才强、科技强进而促进产业强、经济强，要加快实现高水平科技自立自强，支撑引领高质量发展，为全面建设社会主义现代化国家开辟广阔空间。

（一）什么是"新质生产力"

从字面意思上看，新质生产力即有别于传统生产力的新型生产力，是以科技创新为主的生产力，是摆脱传统增长路径、符合高质量发展要求的新型生产力。

历史唯物主义认为，生产力是人类改造自然、征服自然的能力，是推动人类文明不断向前发展的决定力量和动力源泉。

回顾人类文明发展史，正是伴随生产力转型变革的主线，人类文明才得以延续和发展。

远古时代，石器使用拉开了人类文明的开端，山顶洞、河姆渡等文化在人类文明历史上留下了鲜明的印迹。早期农业时代，水稻等作物栽培种植技术取代采摘狩猎，人类利用自然规律服务于生产生活，人类文明由此进入新阶段。

瓦特改良蒸汽机点燃工业革命，经济社会迎来跨越式质变，规模化机器生产代替了手工制造，生产力飞速发展，世界文明进入工业化时代。

步入信息化时代，互联网、大数据、云计算、区块链等新型技术蓬勃兴起，万物互通、智能智造，人类生产生活进入信息化、智能化、智慧化阶段。比如时下流行的人工智能、无人驾驶技术，它们有可能颠覆我们的生产生活方式，是完全不同于传统技术形式的新质生产力，会带来不同于以往的发展变迁。

生产力迭代是人类文明发展的内生引擎。抓住生产力转型升级的契机，就能把握时代、引领时代。谁能抓住机遇，谁就能占领先机、赢得优势，真正掌握竞争和发展主动权。

进入新时代，新一轮科技革命和产业变革与我国加快转变经济发展方式形成历史性交汇，我们唯有完整、准确、全面贯彻新发展理念，打破依靠传统要素驱动经济增长的路径依赖，才能真正形成新质生产力，走出一条高质量发展新路。

（二）新质生产力的一般性特征

相对传统生产力，新质生产力呈现出颠覆性创新驱动、产业链条新、发展质量高等一般性特征。

1. 颠覆性创新驱动

传统生产力推动的经济增长是依靠劳动资料、劳动对象和劳动者大量投入的水平型扩张，不仅严重依赖要素投入，而且生产力发展速度和经济增长速度都较为缓慢。新质生产力驱动的产业发展降低了自然资源和能源投入，使经济增长摆脱了要素驱动的数量型扩张模式。而且与传统生产力的发展依靠渐进型的增量式创新不同，新质生产力的形成源自基础科学研究的重大突破和对原有技术路线的根本性颠覆，在此基础上形成了一批颠覆性技术群。随着这些颠覆性技术的逐步成熟，就会形成相对于传统产业而言全新的产品、生产资料、零部件和原材料，使人类可以利用的生产要素的范围极大扩展，使产业结构、增长动力、发展质量发生重大变革。

2. 产业链条新

颠覆性的科技创新改变原有的技术路线、从而以全新的产品或服务满足已有的市场需求或者创造全新的市场需求，在这一过程中它会带来产品架构、商业模式、应用场景的相应改变。产业链条表现在链条的环节构成与链条不同环节的地理空间分布两个方面，颠覆性科技创新会使这两方面都发生重大改变。一方面，新的产品架构、商业模式的出现，使产品或服务生产和交付所需要的原材料、零部件、基础设施等发生根本性改变。例如，新能源汽车以电池、电机、电控系统替代了燃油汽车中的发动机、变速箱；另一方面，生产这些新的原材料、零部件的国家和企业及其所占市场份额也发生巨大变化，从而改变产业链各环节的地理空间分布。

3. 发展质量高

新质生产力的形成和发展会全方位提升产业发展的质量，加快现代化产业体系的建立。一是提高生产效率。颠覆性技术中有很多是通用目的技术，具有强大的赋能作用，一方面会使劳动资料的功能显著提升，另一方面还会优化劳动资料、劳动对象的组合，从而提高生产效率。例如，机器人、人工智能技术替代许多原本由人工完成的工作，不仅节约了成本，而且使生产的效率、精度、良品率都显著提高。二是增加附加价值。一方面，新质生产力所形成的新产品新产业技术门槛高，掌握新技术的企业数量少，市场竞争不激烈且在产业链中具有更大的话语权，因此可以实现更高的增加值率；另一方面，新质生产力创造迎合了用户（包括消费者与企业）以前未能满足的潜在需求，开辟了新的市场，带来新的产业增长空间。三是减少环境影响。不可忽视，工业化对自然生态造成了巨大压力，而随着生活水平的提高，人民群众对美好环境的需求不断增长。新质生产力更有力地发挥科技创新推动经济增长的作用，用知识、技术、管理、数据等新型生产要素替代自然资源、能源等传统生产要素，并能够使生产活动中产生的副产品循环利用，减少产品生产和使用对生态环境的损害，形成经济增长与生态环境改善的和谐并进。优美的生态环境在满足人民群众美好生活需要的同时也创造出巨大的经济价值，真正使绿水青山变成金山银山。

（三）新质生产力的时代特征

马克思指出，"劳动生产力总是在不断地变化"。一方面，生产力划分了不同的经济社会发展时代，如农耕技术、蒸汽机和发电机、计算机分别对应着农耕社会、工业社会和信息社会；另一方面，每一个时代也具有该时代特有的新技术、新要素、新产业，生产力具有时代特征。当前新一轮科技革命和产业变革正深入突进，颠覆性技术群包括数字技术、低碳技术、生物技术等，其中颠覆性最强、影响力最广的是数字技术与低碳技术，推动当前的新质生产力呈现数字化、绿色化的特征。

1. 数字化

当前新一代数字技术迅猛发展，云计算、大数据、物联网、移动互联网、人工智能等数字技术获得广泛应用，催生出一系列新产业并向广泛的产业部门全方位渗透、融合，区块链、扩展现实、数字孪生、量子计算等新一批数字技术也在积蓄力量，有望在不远的将来释放出推动经济增长的力量。数字技术的发展推动数字技术与产业技术、数字经济与实体经济深度融合，赋予生产力数字化的时代属性。大数据、芯片等新型数字产品成为重要的生产资料，传统的生产设备、基础设施的数字化智能化水平也不断提高。随着越来越多的产品、设备、场景和人接入互联网，数据的生成速度越来越快，泛在连接的网络基础设施、不断增强的算法和算力使得对海量数据的传输、存储、处理、利用成为可能，数据进入生产函数，成为新的劳动对象，并通过与生产工具的高效结合，实现生产力的巨大跃迁。同时，这也要求劳动者不断提高数字素养、数字技能。

2. 绿色化

工业时代的生产和生活主要依靠化石能源，其在加工、燃烧、使用过程中产生大量二氧化碳等温室气体和其他污染物，造成全球气候变暖趋势，从而影响人类的持续生存和发展。为应对这一问题，世界主要国家签署了致力于减少二氧化碳排放并控制累积排放量的《巴黎协定》，许多国家制定了碳达峰、碳中和的时间表和路线图。为了实现碳达峰、碳中和的目标，一方面，要推动新能源技术、节能技术、碳捕获、碳封存技术等低碳技术的突破；另一方面，要将低碳技术转化，打造低碳化的能源系统、生产系统、消费系统，实现整个社会生产和生活的低碳化。

（四）坚持科技创新引领发展，加快形成新质生产力

1. 以科技创新为主导：为生产力增添科技内涵

中国空间站遨游太空、蛟龙潜水器探秘深海、"中国天眼"FAST巡天观测、国产大飞机C919飞向蓝天……科技创新，如同撬动新事物的杠杆，总能迸发出令人意想不到的强大力量。

纵观人类发展史，科技创新始终是一个国家、一个民族发展的不竭动力，是社会生产力提升的关键因素。新质生产力是科技创新在其中发挥主导作用的生产力，是以高新技术应用为主要特征、以新产业新业态为主要支撑、正在创造新的社会生产时代的生产力。

踏上新征程，加快构建新发展格局，推动高质量发展，迫切需要科技创新做好动力引擎、当好开路先锋，加快形成更多新质生产力，为建设现代化产业体系注入强大动力。

从时不我待推进科技自立自强、只争朝夕突破"卡脖子"问题，到牢牢扭住自主创新这个"牛鼻子"、发挥科技创新的"增量器"作用，从推动经济发展质量变革、效率变革、动力变革，到深入推进发展方式、发展动力、发展领域、发展质量变革，习近平总书记首次明确提出"加快形成新质生产力"，这为科技创新引领产业全面振兴指明了方向。

抓创新就是抓发展，谋创新就是谋未来。加快形成新质生产力，需要增强创新这个第一动力。

近年来，我国基础研究经费从2012年的499亿元增长到2022年的2023.5亿元，有力支撑了铁基超导、量子信息、干细胞、合成生物学等领域的重大成果产出。

新质生产力的提出，意味着党中央将以更大决心推动以科技创新引领产业全面振兴，以产业升级构筑新竞争优势、赢得发展主动权。

2. 以科技成果转化为抓手：让更多科技创新迸发涌流

如果说"从0到1"代表着科技创新的原始突破，那成果转化进入市场就是"从1到无穷"的路径演进。提高科技成果转化水平，是科技创新和产业创新对接的"关口"，也是转化为新质生产力的关键。

"科创+产业"加速融合，战略性新兴产业集群不断向高端化、智能化、绿色化迈进，着力推动我国产业跃升。

科技成果转化从"书架"到"货架"的加速度——短短一年时间，西安砺芯慧感科技有限公司1200多平方米的毛坯房就变成了洁净车间。这家脱胎于西北工业大学的企业主要从事传感器研发制造，在秦创原平台的帮扶支持下一个月内就走完审批、选址、专利评

估等流程，大大降低了初创企业的组建难度。作为科技创新孵化器，陕西秦创原平台经过两年多建设，正加速释放科创潜能，其构建的"产业创新＋企业创新"平台体系已建成国家级制造业创新中心1家、省级制造业创新中心19家，为科技成果转化蹚出一条新路。

"放手"发展当下、"放眼"蓄势未来的积极谋划——安徽合肥，在经济技术开发区内的大众汽车（安徽）有限公司生产基地，数百个机器人有条不紊地运转，庞大的工厂车间只需要不超过百名工人，于2023年底实现首台车型量产。近年来，安徽不懈推动现代化产业体系建设，加快培育壮大战略性新兴产业，2023年更是将汽车产业提升为"首位产业"。2023年上半年，安徽新能源汽车产量34.2万辆，同比增长87.8%。

在更多前沿领域的"换道超车"——2023年中国国际服务贸易交易会上，一台名为"术锐"的手术机器人剥蛋壳的演示吸引众人驻足观看。剥完后，薄如蝉翼的蛋膜完好无损。这台手术机器人由北京术锐机器人股份有限公司研发，在全球拥有近600项知识产权及申请，多项技术达国际先进水平。

当前，我国发展面临的机遇和挑战并存，要办好发展和安全两件大事，必须向科技创新要方法、要答案，以高水平科技自立自强提供"筋骨"支撑。要加强基础研究和原始创新，以"非对称"策略在前沿领域加快"换道超车"。要紧紧围绕产业链供应链关键环节、关键领域、关键产品，布局"补短板"和"锻长板"并重的创新链，全面提升创新链整体效能。

3. 以培育新产业为支撑：加快形成新质生产力

无论是当前提振信心、推动经济回升向好，还是在未来发展和国际竞争中赢得战略主动，都必须加快实现高水平科技自立自强，以科技体制改革为突破，强化企业科技创新主体地位，开辟新赛道、增强新动能、塑造新优势，加快形成新质生产力。

开辟新赛道。江苏重点布局变革性新材料、类脑智能等前沿方向；围绕工业母机、生物医药等产业链短板实施59项关键核心技术攻关；完善"揭榜挂帅"机制，发布重大任务榜单28个，吸引63个高水平团队参与攻关。

增强新动能。2023年上半年，全球首座十万吨级1500米超深水半潜式生产储油平台"深海一号"具备远程遥控生产能力；我国首座深远海浮式风电平台"海油观澜号"在海南文昌海域正式投产；我国自研海底地震勘探采集装备"海脉"实现产业化制造……

塑造新优势。在湖北武汉东湖高新区的"中国光谷"，多家光电子信息产业领军企业拔节生长，一系列创新成果接连涌现……目前，区内光电子信息产业规模已突破5000亿元，光电子信息、新能源与智能网联汽车、生命健康、高端装备和北斗产业等五大优势产业正带动湖北制造业迈上新台阶。

纵观近年来全球经济增长的新引擎，无一不是由新技术带来的新产业，进而形成的新质生产力。

展望未来，在激烈的国际竞争中，我们要开辟发展新领域新赛道、塑造发展新动能新优势，从根本上说，还是要依靠科技创新。

三、多措并举促进民营经济发展壮大

民营经济是推进中国式现代化的生力军，是高质量发展的重要基础，是推动我国全面建成社会主义现代化强国、实现第二个百年奋斗目标的重要力量。党的十八大以来，习近平总书记对民营经济发展高度重视，就民营经济发展作出一系列重要论述，强调"民营经济是我国经济制度的内在要素，民营企业和民营企业家是我们自己人""要优化民营企业发展环境，破除制约民营企业公平参与市场竞争的制度障碍，依法维护民营企业产权和企业家权益，从制度和法律上把对国企民企平等对待的要求落下来，鼓励和支持民营经济和民营企业发展壮大，提振市场预期和信心"。这些重要论述，是习近平经济思想的重要内容，为做好民营经济工作、促进民营经济发展壮大指明了前进方向、提供了根本遵循。新时代新征程，我们要坚持"两个毫不动摇"，促进民营经济健康发展、高质量发展，从而为构建新发展格局注入强劲动力、蓬勃活力，为中国式现代化提供有力支撑。

（一）支持民营经济发展的方针政策一以贯之

支持民营经济发展，是党中央的一贯方针。回顾历史，不难发现，民营经济的每一步发展，都离不开党和政府的政策支持，离不开党的创新理论指引。特别是改革开放以来，我们党立足我国基本国情，坚持不懈地探索适应社会主义初级阶段的所有制结构，破除所有制问题上的传统观念束缚，为非公有制经济发展营造了良好环境。党的十一届三中全会拉开了我国改革开放的序幕，确立了以经济建设为中心的方针。党的十二大报告提出，鼓励劳动者个体经济在国家规定的范围内和工商行政管理下适当发展，作为公有制经济的必要的、有益的补充。党的十五大把"公有制为主体、多种所有制经济共同发展"确立为我国的基本经济制度，明确提出"非公有制经济是我国社会主义市场经济的重要组成部分"。党的十六大报告提出，"必须毫不动摇地巩固和发展公有制经济""必须毫不动摇地鼓励、支持和引导非公有制经济发展"。党的十七大报告强调"形成各种所有制经济平等竞争、

相互促进新格局"，进一步为民营经济发展指明了方向。

党的十八大以来，以习近平同志为核心的党中央高度重视民营经济发展，多次重申坚持基本经济制度，坚持"两个毫不动摇"。党的十八届三中全会提出，"公有制经济和非公有制经济都是社会主义市场经济的重要组成部分，都是我国经济社会发展的重要基础""必须毫不动摇鼓励、支持、引导非公有制经济发展，激发非公有制经济活力和创造力"。党的十八届五中全会强调，鼓励民营企业依法进入更多领域，引入非国有资本参与国有企业改革，更好激发非公有制经济活力和创造力。党的十九大把"两个毫不动摇"写入新时代坚持和发展中国特色社会主义的基本方略，提出"支持民营企业发展，激发各类市场主体活力"。党的二十大报告提出，优化民营企业发展环境，依法保护民营企业产权和企业家权益，促进民营经济发展壮大。这充分说明，我们党在坚持基本经济制度上的观点是明确的、一贯的。

2018年，习近平总书记在民营企业座谈会上特别强调："非公有制经济在我国经济社会发展中的地位和作用没有变！我们毫不动摇鼓励、支持、引导非公有制经济发展的方针政策没有变！我们致力于为非公有制经济发展营造良好环境和提供更多机会的方针政策没有变！"这"三个没有变"，再次表达了党中央坚定支持民营经济的鲜明态度，也表明我们党支持民营经济发展的方针政策是明确的、一贯的。2022年底召开的中央经济工作会议指出，"切实落实'两个毫不动摇'""针对社会上对我们是否坚持'两个毫不动摇'的不正确议论，必须亮明态度，毫不含糊"。2023年全国两会期间，习近平总书记指出，党中央始终坚持"两个毫不动摇""三个没有变"，始终把民营企业和民营企业家当作自己人。同时还强调，"在民营企业遇到困难的时候给予支持，在民营企业遇到困惑的时候给予指导""无论是国有企业还是民营企业，都是促进共同富裕的重要力量，都必须担负促进共同富裕的社会责任"。

回顾改革开放历程，正是因为坚持基本经济制度不动摇，坚持"两个毫不动摇"，极大地激发了各类经营主体活力，我国经济才得以快速发展，跃升为世界第二大经济体，惠及亿万人民。"两个毫不动摇"是我们党对我国基本经济制度内涵的丰富和发展，是立足改革开放伟大实践作出的重大理论创新，必将推动我国非公有制经济在新时代实现更大发展。要坚持和完善社会主义基本经济制度，坚持"两个毫不动摇""三个没有变"，推动民营经济持续健康、高质量发展。

（二）民营经济只能壮大不能弱化

民营经济是社会主义市场经济发展的重要成果，是推动社会主义市场经济发展的重要力量。党的十八大以来，以习近平同志为核心的党中央对民营经济发展和民营企业家成长给予高度重视，强调"我国民营经济只能壮大、不能弱化，不仅不能'离场'，而且要走向更加广阔的舞台"。党的二十大报告鲜明提出"促进民营经济发展壮大"，这是长久之策，不是权宜之计。

近年来，社会上出现过一些否定、怀疑民营经济的言论。有人提出所谓"民营经济离场论"，说民营经济已经完成使命，要退出历史舞台；有人提出所谓"新公私合营论"，把现在的混合所有制改革曲解为新一轮"公私合营"；有人说加强企业党建和工会工作是要对民营企业进行控制；等等。习近平总书记在民营企业座谈会上明确指出，"这些说法是完全错误的，不符合党的大政方针"。

民营经济的历史贡献不可磨灭，民营经济的地位作用不容置疑。我国民营经济从小到大、从弱到强，不断发展壮大，有力地推动着经济社会发展。改革开放以来，我国经济创造了持续高速增长的奇迹，这其中，民营经济功不可没。民营经济已成为保障民生、促进创新、推动高质量发展的生力军，不少民营企业通过科技创新赋能高质量发展。当前，我国 70% 以上的技术创新成果来自民营企业。

民营经济是稳发展、拓新局的重要力量。在国际环境复杂严峻、国内经济下行压力加大的背景下，民营企业发展韧性持续显现。近年来，民营企业凭借高质量的产品、灵活的商业模式等，表现出强劲的发展活力，为在复杂多变的国际环境中稳住外贸基本盘、稳定国际市场份额、推动高水平对外开放发挥了重要作用。同时，民营经济有助于加快我国国际合作和竞争新优势的培育，推动我国由贸易大国向贸易强国迈进。民营企业通过技术革新和管理创新，不断优化出口结构，积极开拓国际市场，成为促进我国对外贸易转型升级的重要力量。推动民营经济发展壮大，必将为高质量发展注入强劲动力，为社会主义现代化建设提供有力支撑。

党的二十大擘画了全面建设社会主义现代化国家、以中国式现代化全面推进中华民族伟大复兴的宏伟蓝图，明确提出"优化民营企业发展环境，依法保护民营企业产权和企业家权益，促进民营经济发展壮大"。这表明我们党大力促进民营经济发展壮大的坚定决心。要引导民营企业和民营企业家正确理解党中央方针政策，增强信心、轻装上阵、大胆发展，实现民营经济健康发展、高质量发展。

（三）引导民营企业走好高质量发展之路

当前，世界之变、时代之变、历史之变正以前所未有的方式展开。我国经济已由高速增长阶段转向高质量发展阶段，正处在转变发展方式、优化经济结构、转换增长动力的攻关期，向形态更高级、分工更复杂、结构更合理阶段演进。支撑民营经济长期快速发展的诸多因素正在发生变化，过去的粗放式发展方式已经不能适应经济社会发展的要求。目前，不少民营企业仍处于产业链、价值链中低端，技术水平不高，关键领域"卡脖子"问题依然突出，一些民营企业存在主业不够精、创新能力不够强等问题。民营企业需深刻认识自身不足和面临的挑战，积极践行新发展理念，坚守主业、做强实业。通过自身改革发展、合规经营、转型升级不断提升发展质量，实现质量变革、效率变革、动力变革，提高全要素生产率，在激烈的国内外竞争中抢抓机遇、壮大优势，走高质量发展之路。

其一，建立完善中国特色现代企业制度。建立现代企业制度是增强民营企业市场竞争力和可持续发展能力的内在需要，在激发民营企业活力中起到关键作用。要引导民营企业完善治理结构和管理制度，强化内部监督，实现治理规范、有效制衡、合规经营。依法推动实现企业法人财产与出资人个人或家族财产分离，明晰企业产权结构。支持民营企业加强风险防范管理，构建风险评估体系和提示机制，对严重影响企业运营并可能引发社会稳定风险的情形提前预警。建立覆盖企业战略、规划、投融资、市场运营等各领域的全面风险管理体系，提升质量管理意识和能力，不断提升民营企业治理能力和水平。

其二，提升科技创新能力。创新是民营经济的活力之源。要鼓励民营企业加强自主创新，做创新发展的探索者、组织者、引领者，不断推进技术创新、产品创新、组织创新、商业模式创新和市场创新。切实增强民营企业核心竞争力和抵御风险能力，把民营企业打造成为强大的创新主体，在推进高水平科技自立自强中发挥更大作用。鼓励民营企业攻克一批前瞻性技术、颠覆性技术、原创性技术难题，在一些新兴领域和技术"无人区"实现突破，争取成为行业领跑者。推动不同所有制企业、大中小企业融通创新，开展共性技术联合攻关。充分调动中小微企业发展积极性，鼓励科技型、初创型中小微企业聚焦细分领域，加强自主创新，以技术进步塑造竞争新优势，努力成为"隐形冠军"。推动民营企业积极拥抱数字技术，加快云计算、大数据、物联网、人工智能等技术与自身发展深度融合，努力做到生产智能化、制造精细化、产品个性化、管理信息化、服务便利化。激发民间资本投资活力，鼓励和吸引更多民间资本参与国家重大工程、重点产业链供应链项目建设，为构建新发展格局、推动高质量发展作出更大贡献。

其三，不断提高国际竞争力。当前，新一轮科技革命蓬勃发展，产品服务升级迭代、产业链重构、价值链重塑迎来更大机遇。民营企业要聚焦实业、做精主业，努力把企业做优做强。要立足自身实际，积极向核心零部件和高端制成品设计研发等方向延伸。加强品牌建设，助力提升"中国制造"美誉度。要拓展国际视野，增强创新能力和核心竞争力，努力在国际竞争中大显身手。有条件的民营企业要主动拓展海外业务，积极参与共建"一带一路"，有序参与境外项目，充分利用国际产业分工，推动国际化经营，稳妥防范风险，努力做全球产业链、创新链、价值链上的关键企业。一些中小企业可以依托海外园区或相关行业商会，联合抱团出海，更好发挥规模效应。

（四）不断优化民营经济发展环境

民营经济是推进供给侧结构性改革、推动高质量发展、建设现代化经济体系的重要主体。新时代新征程上，民营经济不仅不可或缺，而且可以发挥更大作用。近年来，我国出台了一系列促进民营经济发展的政策举措，民营企业迎来了更广阔的发展空间。民营企业数量从 2012 年的 1085.7 万户增至 2022 年的 4700 多万户，10 年间翻了两番多；在国家级专精特新"小巨人"企业中，民营企业占比超过 80%；民营上市公司数量突破 3000 家；在世界 500 强企业中，我国民营企业由 2012 年的 5 家增至 2022 年的 28 家。

当前，受多重因素影响，一些企业经营困难，重点领域风险隐患较多，外部环境复杂严峻。越是任务艰巨、挑战严峻，越要坚持"两个毫不动摇"，充分激发民营经济生机活力，促进民营经济做大做优做强，为民营经济发展壮大领航指向、破冰除障、赋能加油、保驾护航。2023 年以来，支持民营经济发展的政策举措密集出台。7 月 19 日《中共中央国务院关于促进民营经济发展壮大的意见》发布；7 月 24 日召开的中共中央政治局会议强调要"切实优化民营企业发展环境"；7 月 28 日国家发展改革委会同市场监管总局、税务总局等部门联合印发《关于实施促进民营经济发展近期若干举措的通知》。这些政策举措不仅提振了民营经济发展信心，也必将有力促进民营经济高质量发展。

哪里发展环境好、营商环境优，资本和项目就流向哪里。只有以更大力度、更实举措为民营企业和民营企业家排忧解难，才能为民营经济发展壮大增添新动能。要切实把思想和行动统一到党中央决策部署上来，建立完善民营经济和民营企业发展工作机制，强化责任担当、狠抓工作落实，把富有含金量的好政策转化为富有获得感的民企好未来。

营商环境是企业生存发展的土壤。好环境成就好企业，提振民营经济发展信心重在优化环境。党的十八大以来，以习近平同志为核心的党中央高度重视优化营商环境，要求

"营造稳定公平透明、可预期的营商环境"。各级党委和政府推动民营经济发展的力度很大，不断创新出台支持民营企业发展的政策举措。通过深化"放管服"改革、制定《优化营商环境条例》、加快建设全国统一大市场、建设高标准市场体系等，推动营商环境大幅优化。我国营商环境在全球的排名从 2013 年的第 96 位提升到第 31 位；企业开办时间由一个月以上压缩到目前的平均 4 个工作日以内；从 2013 年大力推进行政审批制度改革以来至 2022 年 4 月，国务院累计取消和下放 1098 项行政许可事项。优化营商环境没有"休止符"，要打好优化发展环境持久仗，不逞一时之力，久久为功，进一步增强制度和政策的稳定性、可预期性，充分激发民营经济生机活力，为民营企业发展开辟更多空间。

不断优化民营经济发展环境，需要建立常态化政商沟通机制。习近平总书记指出，"构建亲清新型政商关系，促进非公有制经济健康发展和非公有制经济人士健康成长"。要把构建亲清政商关系落到实处，支持企业家心无旁骛、长远打算，以恒心办恒业。健全政企沟通协商制度，完善民营企业权益维护机制，不断畅通民营企业反映问题和诉求的渠道，主动倾听民营企业家呼声。鼓励各级领导干部主动作为、靠前服务，依法依规为民营企业和民营企业家解难题、办实事。加强中小微企业管理服务，支持中小微企业和个体工商户发展。完善政府守信践诺机制，对拖欠民营企业账款、"新官不理旧账"、损害民营企业合法权益等行为加大查处力度。

不断优化民营经济发展环境，还需要完善政策体系，全力支持民营经济高质量发展。民营经济发展之路不可能一片坦途，会遇到各种困难挑战。近年来，世纪疫情和百年变局交织叠加，民营企业在经营发展中遇到一些困难和问题，发展预期和发展信心受到一定影响。各级政府要系统化清理废除妨碍统一市场和公平竞争的各种规定和做法，破除制约民营企业发展的各种壁垒。要坚持权利平等、机会平等、规则平等，保证各种所有制经济依法平等使用生产要素、公开公平公正参与市场竞争、同等受到法律保护、共同履行社会责任。要完善产权保护、市场准入、公平竞争、社会信用等市场经济基础制度，从制度和法律上把对国企民企平等对待的要求落实下来，反对地方保护和行政垄断，打破各种各样的"卷帘门""玻璃门"，提振市场预期和信心。优化完善产业政策实施方式，建立涉企优惠政策目录清单并及时向社会公开。

（五）鼓励民营企业为推动共同富裕贡献力量

中国式现代化是全体人民共同富裕的现代化，共同富裕是中国特色社会主义的本质要求。实现共同富裕首先要通过全国人民共同奋斗把"蛋糕"做大做好，然后通过合理的制度安排把"蛋糕"切好分好。民营企业是创造财富、做大"蛋糕"的重要主体，是分配财富、分好"蛋糕"的重要一环，也是推动共同富裕的重要力量。长期以来，民营经济在稳定增长、促进创新、增加就业、改善民生等方面发挥了积极作用，已经成为我国经济制度的内在要素，是推动经济持续健康发展的重要力量。

民营经济在创造社会财富中发挥重要作用。让一部分人通过诚实劳动和合法经营先富起来，极大调动了民营经济人士的生产积极性与创造性，也大大解放和发展了社会生产力。改革开放以来，民营经济在国民经济中的份额不断扩大，目前占 GDP 的比重已超过60%，民营经济有力地推动了全社会生产效率的提升，在我国经济社会发展中的重要地位和作用有目共睹。

当前，我国 80% 以上的城镇劳动力就业是民营经济创造的，民营经济的发展状况直接关系多数城镇劳动者的衣食住行。同时，民营企业是我国不断增长的进出口贸易的主要贡献者，具有外贸"稳定器"作用。2022 年，民营企业进出口规模所占比重达到 50.9%，对我国外贸增长贡献率达到 80.8%。可见，民营经济不但是国内大循环的重要支撑，而且还是国际大循环顺畅运行的重要动力，有助于夯实共同富裕的物质基础。

党的十八大以来，我们党把握发展阶段新变化，采取有力措施保障和改善民生，打赢脱贫攻坚战，全面建成小康社会，为促进共同富裕创造了良好条件。广大民营企业在助力打赢脱贫攻坚战中倾情投入，积极参与"万企帮万村"精准扶贫行动，为打赢脱贫攻坚战贡献了自己的力量。近年来，越来越多的民营企业家投身各类社会公益事业，通过设立慈善基金、捐赠款项、物资等方式，帮助弱势群体，助力社会福利改善，特别是发生重大灾情的时候，广大民营企业家以切实行动作出了重要贡献和良好示范，体现了富而有责、富而有义、富而有爱。

习近平总书记指出，"无论是国有企业还是民营企业，都是促进共同富裕的重要力量，都必须担负促进共同富裕的社会责任"。民营企业家要增强家国情怀，自觉践行以人民为中心的发展思想，增强先富带后富、促进共同富裕的责任感和使命感。民营企业要在企业内部积极构建和谐劳动关系，推动构建全体员工利益共同体，让企业发展成果更公平惠及全体员工。民营企业和民营企业家要筑牢依法合规经营底线，弘扬优秀企业家精神，做爱国敬业、守法经营、创业创新、回报社会的典范。

延伸阅读 ---

外贸外资总体平稳运行　制度型开放迈出新步伐

　　2023 年，我国外贸外资面临不小的压力，也展现出较强韧性，总体保持平稳运行，为宏观经济回升向好发挥了重要作用。与此同时，我国高水平对外开放步稳蹄疾，制度型开放取得新进展，开放型经济所蕴含的生机与潜力，持续为高质量发展注入强劲动力。

　　12 月 19 日，一列满载 100 标箱纺织服装、日用品等小商品的"义新欧"中欧班列从义乌铁路口岸货场发车，驶往西班牙马德里。当日，"义新欧"进出口集装箱突破 18.8 万标箱，超过 2022 年全年总量。2023 年前 11 个月，被称为"外贸风向标"的义乌进出口总值为 5221.2 亿元，同比增长 18.1%，为外贸回稳态势持续巩固提供了生动注脚……

　　12 月 22 日，位于上海临港的特斯拉上海储能超级工厂项目正式启动，这是特斯拉首家在美国之外的储能超级工厂。2023 年以来，像特斯拉这样在华建厂的外企越来越多。前 11 个月，全国新设立外商投资企业 48078 家，同比增长 36.2%，众多跨国企业用实际行动对中国市场投下"信心票"……

　　回望 2023 年，我国外贸外资面临不小的压力，也展现出较强韧性，总体保持平稳运行，为宏观经济回升向好发挥了重要作用。与此同时，我国高水平对外开放步稳蹄疾，制度型开放取得新进展，开放型经济所蕴含的生机与潜力，持续为高质量发展注入强劲动力。

外贸稳中提质彰显活力与韧性

　　2023 年，受全球通胀压力、国际市场需求低迷等因素影响，世界经济和贸易保持低速增长。面对复杂严峻的形势，我国外贸积极应变，促稳提质。

　　从年初开始，各地企业纷纷包机组团，掀起出海抢订单、拓市场的热潮。同时，政策也靠前发力。4 月份，国务院办公厅印发《关于推动外贸稳规模优结构的意见》。随后，商务部等部门系统出台跨境电商海外仓发展、加工贸易、新能源汽车贸易、扩大进口等政策措施，形成"1+N"政策体系。

　　在各方努力之下，外贸基本盘保持稳定，"进"的势头进一步显现。从规模来看，前 11 个月，我国进出口总值 37.96 万亿元，与 2022 年同期持平。从走势来看，货物进出口规模逐季扩大，月度数据逐渐修复向好。11 月，我国进出口 3.7 万亿元，增长 1.2%，连续两个月同比增长，外贸稳中向好的发展态势持续巩固。

与此同时，外贸发展的积极因素不断积累，发展新动能不断积聚。

2023年以来，以电动载人汽车、太阳能电池、锂电池为代表的外贸"新三样"出口规模快速增长。前三季度，"新三样"产品合计出口7989.9亿元，同比增长41.7%。新兴产业良好出口势头，成为外贸加速提质升级的一个生动写照。

回顾2023年的外贸市场，"黑马"可不止"新三样"。从年初的春节消费旺季到年末的"黑五"大促，2023年跨境电商频频"爆单"。前三季度跨境电商进出口1.7万亿元，同比增长14.4%，拉动同期货物贸易进出口增速超1个百分点。当前，国内的跨境电商主体数量已经突破10万家，这一外贸新业态的蓬勃发展再次彰显了中国外贸的活力与韧性。

继续打造"投资中国"品牌

2023年是疫情防控转段后的第一年，进博会、消博会、服贸会等重量级展会、论坛等恢复线下举办。一系列经贸交流合作活动吸引了众多外资企业，跨国高管纷纷来华，实地考察投资环境，寻求在华发展新机遇。

11月闭幕的第六届进博会，参展的世界500强企业数量达到289家，创历史之最。展会上，各企业高管毫不掩饰对中国市场的期待，表示将继续加大对华投资。

进博会闭幕后一周，参展商GE医疗中国第3家"创中心"在上海浦东张江正式揭幕，这是GE医疗中国首个聚焦数字医疗的创新平台。GE医疗全球执行副总裁张轶昊表示："GE医疗中国的目标之一是用中国供应链、产业链去反哺全球，让世界见证中国新发展，共享中国式现代化新机遇。"

2023年以来，外资频频"加仓"中国。前11个月，全国新设立外商投资企业48078家，同比增长36.2%。但在全球跨国直接投资持续低迷的大背景下，我国引资规模也出现一定波动。

聚焦外资领域重点难点焦点问题，2023年以来，我国出台了稳外资24条等一系列有针对性的政策措施，不断提升利用外资水平，以更大力度吸引外资。

在11月举行"投资中国年"高峰会议上，商务部部长王文涛表示，将继续打造"投资中国"品牌，进一步降低"进"的门槛、对接"高"的标准、提升"促"的水平、营造"优"的环境，不断提升利用外资水平，让中国始终成为投资热土。

越发展越开放，越开放越发展

2023年是自贸试验区建设10周年，作为我国对外开放新高地，前三季度，自贸区发展交出了一份亮眼的答卷：前三季度，我国21个自贸试验区进出口5.65万亿元，增长

4.6%，占我国外贸整体比重进一步提升到 18.3%；海南自贸港进出口增长 20.3%。

2023 年，自贸区建设再次迈出新步伐。6 月，国务院出台文件，支持上海、广东、天津、福建、北京等 5 个自贸试验区和海南自由贸易港试点对接国际高标准经贸规则，在制度型开放上先行探索。截至 11 月初，已有 15 项政策措施落地实施。

自贸区探索步伐的提速，是我国加快构建更高水平开放型经济新体制的一个缩影。7 月 11 日召开的中央全面深化改革委员会第二次会议，审议通过《关于建设更高水平开放型经济新体制促进构建新发展格局的意见》，提出要以制度型开放为重点，聚焦投资、贸易、金融、创新等对外交流合作的重点领域深化体制机制改革，完善配套政策措施。

近期以来，我国密集推出一大批开放新举措，从大幅增加中外往来航班，到扩大单方面免签国家范围；从全面取消制造业领域外资准入限制措施，到推进高标准服务业扩大开放……开放领域持续拓宽，开放质量不断提升。

越发展越开放，越开放越发展。日前，中央经济工作会议在京召开，会议强调统筹推进深层次改革和高水平开放，不断解放和发展社会生产力、激发和增强社会活力，再次释放改革不停顿、开放不止步的鲜明信号。随着扩大开放向更高水平持续迈进，一个更具生机与活力的开放型经济必将为高质量发展带来强劲动力，也将为世界创造更多机遇。

——来源：《工人日报》，2023-12-26

🗐 思考题

1. 新时代做好经济工作的规律性认识有哪些？

2. 什么是新质生产力？如何加快形成新质生产力？

读懂中国经济：强大韧性与活力　加大宏观调控力度　落地见效促向好回升

专题 三

全面推进乡村振兴　加快农业强国建设

2023 年 12 月 19 日至 20 日中央农村工作会议在北京召开，会议深入贯彻落实习近平总书记关于"三农"工作的重要论述，贯彻落实中央经济工作会议精神，分析当前"三农"工作面临的形势和挑战，部署 2024 年"三农"工作。会议传达学习了习近平总书记的重要指示。习近平总书记站在党和国家事业全局高度，对"三农"工作作出重要指示，强调"推进中国式现代化，必须坚持不懈夯实农业基础，推进乡村全面振兴"。总书记的重要指示，体现了对"三农"工作一以贯之的高度重视，阐明了推进乡村全面振兴的战略要求和主攻方向，具有很强的思想引领性、战略指导性和现实针对性，是做好新时代新征程"三农"工作的根本遵循和行动指南。

做好"三农"工作，责任重大、任务艰巨、使命光荣。我们要坚定不移贯彻落实以习近平同志为核心的党中央关于"三农"工作的决策部署，坚持农业农村优先发展，坚持城乡融合发展，把责任扛在肩上、抓在手上，有力有效推进乡村全面振兴，以加快农业农村现代化更好推进中国式现代化建设，为推进强国建设、民族复兴伟业积极贡献力量。

一、推进乡村全面振兴的根本遵循和行动指南

党的十八大以来，习近平总书记站在统筹中华民族伟大复兴战略全局和世界百年未有之大变局的高度，就做好"三农"工作提出了一系列新理念、新思想、新战略，指引农业农村发展取得历史性成就、发生历史性变革。习近平总书记关于"三农"工作的重要论述，思想深邃、系统全面、博大精深，是习近平新时代中国特色社会主义思想的重要组成

部分，是我们党对"三农"规律认识的创新性发展，是推进乡村全面振兴的根本遵循和行动指南。

（一）始终把解决好"三农"问题作为全党工作重中之重

习近平总书记高度重视农业、关心农村、关爱农民，指出"农业农村农民问题是关系国计民生的根本性问题，必须始终把解决好'三农'问题作为全党工作重中之重"，提出"民族要复兴，乡村必振兴""强国必先强农，农强方能国强"等重大论断。这些重要论述，深刻阐释了做好"三农"工作的极端重要性，深刻阐明了新时代"三农"工作的历史方位和战略定位。全面建设社会主义现代化国家，最艰巨最繁重的任务仍然在农村。我们要深刻领会习近平总书记的重要论述，坚持用大历史观来看待"三农"问题，坚持农业农村优先发展，坚持城乡融合发展，立足国情农情，走中国特色社会主义乡村振兴道路，全面推进产业、人才、文化、生态、组织"五个振兴"，加快推进农业农村现代化，加快建设农业强国，促进农业高质高效、乡村宜居宜业、农民富裕富足。

（二）始终把粮食安全作为治国理政的头等大事

习近平总书记始终从政治和战略高度看待粮食安全问题，作出了系统谋划和全面部署。在战略定位上，习近平总书记指出，"粮食安全是'国之大者'""不能把粮食当成一般商品，光算经济账、不算政治账，光算眼前账、不算长远账"。在战略目标上，习近平总书记反复强调，"中国人的饭碗任何时候都要牢牢端在自己手上""我们的饭碗应该主要装中国粮"，明确提出"实施以我为主、立足国内、确保产能、适度进口、科技支撑的国家粮食安全战略"，要求"做到谷物基本自给、口粮绝对安全"。在战略重点上，习近平总书记指出，"保障粮食安全，关键在于落实藏粮于地、藏粮于技战略，要害是种子和耕地"，强调"18亿亩耕地必须实至名归，农田就是农田，而且必须是良田"。在战略保障上，习近平总书记指出，"农民种粮能挣钱，粮食生产才有保障"，强调"粮食安全要实行党政同责"。这些重要论述，系统阐述了保障国家粮食安全的基本方略、战略目标、重点任务和实现路径，充分体现了着眼长远的战略思维和居安思危的底线意识。当前和今后一个时期，保障粮食和重要农产品供给安全形势复杂严峻。我们要深刻领会习近平总书记的重要论述，树立大食物观，把确保粮食和重要农产品供给作为首要任务，把提高农业综合生产能力放在更加突出的位置，把"藏粮于地、藏粮于技"真正落实到位，全面落实粮食安全党政同责，健全种粮农民收益保障机制和主产区利益补偿机制，确保面积和产量保持稳定、供给和市场不出问题，端稳端牢中国人的饭碗。

（三）始终把增加农民收入作为"三农"工作的中心任务

习近平总书记始终把农民群众安危冷暖记挂在心，反复强调"农业农村工作，说一千、道一万，增加农民收入是关键"。党的十八大以来，习近平总书记把脱贫攻坚作为全面建成小康社会的底线任务，指出"小康不小康，关键看老乡，关键在贫困的老乡能不能脱贫"，承诺"决不能落下一个贫困地区、一个贫困群众"，历史性解决困扰中华民族几千年的绝对贫困问题。打赢脱贫攻坚战后，习近平总书记进一步指出，"脱贫摘帽不是终点，而是新生活、新奋斗的起点"，强调"现在，我们的使命就是全面推进乡村振兴，这是'三农'工作重心的历史性转移"。这些重要论述，饱含着真挚的人民情怀，生动回答了发展为了谁、依靠谁、发展成果由谁共享的根本问题，充分体现了全心全意为人民服务的根本宗旨。我们要深刻领会习近平总书记的重要论述，坚持走共同富裕道路，不断加大强农惠农富农力度，巩固拓展脱贫攻坚成果，增强内生发展动力，千方百计拓宽农民增收致富渠道，让农民腰包越来越鼓，日子越过越红火。

（四）始终把乡村建设摆在社会主义现代化建设的重要位置

习近平总书记始终站在正确处理工农城乡关系的全局角度，系统谋划部署乡村建设。在建设目标上，习近平总书记指出，"建设宜居宜业和美乡村是农业强国的应有之义"，强调"要瞄准'农村基本具备现代生活条件'的目标，组织实施好乡村建设行动"。在建设重点上，习近平总书记指出，"乡村振兴，既要塑形，也要铸魂"，强调"要一体推进农业现代化和农村现代化，实现乡村由表及里、形神兼备的全面提升"。在建设取向上，习近平总书记指出，"乡村建设要注重保护传统村落和乡村特色风貌"，强调"留得住青山绿水，记得住乡愁"，反复提醒"不要头脑发热，不顾农民意愿，强行撤并村庄，赶农民上楼"。在建设原则上，习近平总书记强调，"乡村建设是为农民而建""坚持数量服从质量、进度服从实效，求好不求快"。这些重要论述，系统阐明了乡村建设的基本规律和内在逻辑，为乡村建设建什么、怎么建、建成什么样指明了方向。当前和今后一个时期，是我国乡村形态快速演变的阶段。我们要深刻领会习近平总书记的重要论述，以实施乡村建设行动为抓手，坚持物质文明和精神文明一起抓，不断提高乡村基础设施完备度、公共服务便利度、人居环境舒适度，让农村具备现代化生产生活条件，建设宜居宜业和美乡村。坚持尽力而为、量力而行，坚决反对搞形式主义和"形象工程"。

（五）始终把深化农村改革作为乡村振兴的重要法宝

习近平总书记亲自谋划、亲自部署、亲自推动农村改革，为农村改革把舵定向。在主攻方向上，习近平总书记指出，"必须继续把住处理好农民和土地关系这条主线，把强化集体所有制根基、保障和实现农民集体成员权利同激活资源要素统一起来，搞好农村集体资源资产的权利分置和权能完善"。在方式方法上，习近平总书记指出，"推进农村改革，必须保持历史耐心，看准了再推，条件不成熟的不要急于去动"，强调"对涉及土地、耕地等农民基本权益特别是改变千百年来生产生活方式的事情，一定要慎之又慎"。在底线红线上，习近平总书记强调，农村改革不管怎么改，都不能把农村土地集体所有制改垮了，不能把耕地改少了，不能把粮食生产能力改弱了，不能把农民利益损害了。这些重要论述，系统阐明了农村改革的战略方向、战术策略和底线原则。乡村振兴越往前推进，越需要改革增动力、添活力。我们要深刻领会习近平总书记的重要论述，坚持先立后破、守正创新，尊重基层和群众创造，巩固完善农村基本经营制度，加快推动农村重点领域和关键环节改革攻坚突破、落地见效，赋予农民更加充分的财产权益，让广大农民在改革中有更多实实在在的获得感。

（六）始终把加强党的领导作为做好"三农"工作的根本保证

习近平总书记高度重视坚持和加强党对"三农"工作的全面领导，反复强调"办好农村的事情，实现乡村振兴，关键在党"。注重压实责任。习近平总书记指出，"要完善农村工作领导体制机制，建设一支懂农业、爱农村、爱农民的干部队伍，坚持工业农业一起抓、城市农村一起抓"，强调"五级书记抓乡村振兴"。注重健全制度。习近平总书记指出，"全面推进乡村振兴，必须健全党领导农村工作的组织体系、制度体系、工作机制"，强调"要完善党组织领导的自治、法治、德治相结合的乡村治理体系"。注重夯实基础。习近平总书记指出，"农村工作千头万绪，抓好农村基层组织建设是关键"，强调"把农村基层党组织建设成为有效实现党的领导的坚强战斗堡垒"。这些重要论述，深刻阐明了加强党对"三农"工作全面领导的必要性和必然性。我们要深刻领会习近平总书记的重要论述，落实落细五级书记抓乡村振兴的要求，健全党委全面统一领导、政府负责、党委农村工作部门统筹协调的农村工作领导体制，加强和改进乡村治理，推动形成全党全社会重"三农"、促振兴的强大合力。

习近平总书记关于"三农"工作的重要论述，既有战略层面的长远谋划，又有战术层面的具体指导，是一个不断丰富完善的科学理论体系和思想宝库。在"三农"工作实践中遇到的各种问题，都能从中找到答案和解决办法。我们必须完整、准确、全面学习贯彻习近平总书记关于"三农"工作的重要论述，深刻领会贯穿其中的立场观点方法，切实用以武装头脑、指导实践、推动工作，不断提升"三农"工作本领和政策水平，把学习成效转化为工作实效，扎实有力推动"三农"领域重点任务落地见效，奋力开创推进乡村全面振兴工作新局面。

二、以"千万工程"引领乡村振兴和高质量发展

"千万工程"是习近平总书记在浙江工作时亲自谋划、亲自部署、亲自推动的一项重大决策，全面实施20余年来，不仅造就了浙江万千美丽乡村，也造福了千万人民群众。如今，我们党领导人民为实现中国式现代化而不懈奋斗，"千万工程"的成功实践，极大鼓舞了全体党员的斗志和信心，为全面推进乡村振兴和高质量发展提供了成功实践的样板。

（一）"千万工程"的基本情况

2003年6月，时任浙江省委书记的习近平同志在广泛深入调查研究基础上，立足浙江省省情农情和发展阶段特征，准确把握经济社会发展规律和必然趋势，审时度势，高瞻远瞩，作出了实施"千万工程"的战略决策，提出从全省近4万个村庄中选择1万个左右的行政村进行全面整治，把其中1000个左右的中心村建成全面小康示范村。在浙江工作期间，习近平同志亲自制定了"千万工程"目标要求、实施原则、投入办法，创新建立、带头推动"四个一"工作机制，即实行"一把手"负总责，全面落实分级负责责任制；成立一个"千万工程"工作协调小组，由省委副书记任组长；每年召开一次"千万工程"工作现场会，省委省政府主要领导到会并部署工作；定期表彰一批"千万工程"的先进集体和个人。习近平同志亲自出席2003年"千万工程"启动会和连续3年的"千万工程"现场会并发表重要讲话，为实施"千万工程"指明了方向。2005年在安吉县余村调研时，习近平同志提出"绿水青山就是金山银山"的发展理念，把生态建设与"千万工程"更紧密结合起来，美丽乡村建设成为"千万工程"重要目标。

习近平同志始终牵挂着"千万工程"，担任总书记以来多次作出重要指示批示，强调坚持因地制宜、分类指导，规划先行、完善机制，突出重点、统筹协调，通过长期艰苦努力，全面改善农村生产生活条件；强调一件事情接着一件事情办，一年接着一年干，建设好生态宜居的美丽乡村，让广大农民在乡村振兴中有更多获得感、幸福感；强调深入总结经验，指导督促各地朝着既定目标，持续发力，久久为功，不断谱写美丽中国建设的新篇章；强调实现全面小康之后，要全面推进乡村振兴，建设更加美丽的乡村。习近平总书记一系列重要指示批示为推进"千万工程"提供了根本遵循。

浙江省历届省委、省政府按照习近平总书记的战略擘画和重要指示要求，顺应形势发展和实际需要，持续深化"千万工程"。20余年来，整治范围不断延伸，从最初的1万个左右行政村，推广到全省所有行政村；内涵不断丰富，从"千村示范、万村整治"引领起步，推动乡村更加整洁有序，到"千村精品、万村美丽"深化提升，推动乡村更加美丽宜居，再到"千村未来、万村共富"迭代升级，强化数字赋能，逐步形成"千村向未来、万村奔共富、城乡促融合、全域创和美"的生动局面。

"千万工程"造就了万千美丽乡村，造福了万千农民群众，促进了美丽生态、美丽经济、美好生活有机融合，被当地农民群众誉为"继实行家庭联产承包责任制后，党和政府为农民办的最受欢迎、最为受益的一件实事"，被专家学者誉为"在浙江经济变革、社会转型的关键时刻，让列车换道变轨的那个扳手，转动了乡村振兴的车轮"。

（二）"千万工程"的主要做法

习近平总书记在浙江工作期间对"千万工程"既绘蓝图、明方向，又指路径、教方法，到中央工作后继续给予重要指导。20余年来，浙江按照习近平总书记重要指示要求，深入谋划推进、加强实践探索，推动"千万工程"持续向纵深迈进，形成了一系列行之有效的做法。

1. 坚持生态优先、绿色发展

习近平总书记在浙江工作期间强调，要将村庄整治与绿色生态家园建设紧密结合起来，同步推进环境整治和生态建设；打好"生态牌"，走生态立村、生态致富的路子，并明确提出"绿水青山就是金山银山"。浙江把这些重要理念和要求贯穿实施"千万工程"全过程各阶段，以整治环境"脏乱差"为先手棋，全面推进农村环境"三大革命"，全力推进农业面源污染治理，开展"无废乡村"建设，实施生态修复，不断擦亮生态底色。坚持生态账与发展账一起算，整治重污染高耗能行业，关停"小散乱"企业，大力创建生态品牌、挖掘人文景观，培育"美丽乡村+"农业、文化、旅游等新业态，推动田园变公园、村庄变景区、农房变客房、村民变股东，持续打通绿水青山就是金山银山的理念转化通道，把"生态优势"变成"民生福利"。

2. 坚持因地制宜、科学规划

习近平总书记在浙江工作期间要求，从浙江农村区域差异性大、经济社会发展不平衡和工程建设进度不平衡的实际出发；坚持规划先行，以点带面，着力提高建设水平。浙江在实施"千万工程"过程中，立足山区、平原、丘陵、沿海、岛屿等不同地形地貌，区分发达地区和欠发达地区、城郊村庄和纯农业村庄，结合地方发展水平、财政承受能力、农民接受程度开展工作，尽力而为、量力而行，标准有高有低、不搞整齐划一，"有多少汤泡多少馍"。着眼遵循乡村自身发展规律、体现农村特点、注意乡土味道、保留乡村风貌，构建以县域美丽乡村建设规划为龙头，村庄布局规划、中心村建设规划、农村土地综合整治规划、历史文化村落保护利用规划为基础的"1+4"县域美丽乡村建设规划体系，强化规划刚性约束和执行力，一旦确定下来就不折不扣实施。

3. 坚持循序渐进、久久为功

习近平总书记在浙江工作期间指出，要不断丰富"千万工程"内涵，拓展建设领域；坚持不懈地抓好这项惠及全省千百万农民的"德政工程"。浙江紧盯"千万工程"目标不动摇、不折腾，保持工作连续性和政策稳定性，每5年出台1个行动计划，每个重要阶段出台1个实施意见，以钉钉子精神推动各项建设任务顺利完成。根据不同发展阶段确定整治重点，与时俱进、创新举措，制定针对性解决方案，既不刮风搞运动，也不超越发展阶段提过高目标，从花钱少、见效快的农村垃圾集中处理、村庄环境清洁卫生入手，到改水改厕、村道硬化、绿化亮化，再到产业培育、公共服务完善、数字化改革，先易后难、层层递进。

4. 坚持党建引领、党政主导

习近平总书记在浙江工作期间要求，各级党政主要负责人要切实承担"千万工程"领导责任；充分发挥基层党组织的战斗堡垒作用和党员的先锋模范作用。浙江坚持把加强领导作为搞好"千万工程"的关键，建立党政"一把手"亲自抓、分管领导直接抓、一级抓一级、层层抓落实的工作推进机制，每年召开"千万工程"高规格现场会，省市县党政"一把手"参加，地点一般选在工作力度大、进步比较快、具有典型意义的县（市、区），营造比学赶超、争先创优浓厚氛围。坚持政府投入引导、农村集体和农民投入相结合、社会力量积极支持的机制，真金白银投入。将农村人居环境整治纳入为群众办实事内容，纳入党政干部绩效考核，强化奖惩激励。突出党政主导、各方协同、分级负责，配优配强村党组织书记、村委会主任，推行干部常态化驻村联户、结对帮扶，实行"网格化管理、组团式服务"。

5. 坚持以人为本、共建共享

习近平总书记在浙江工作期间强调，必须把增进广大农民群众的根本利益作为检验工作的根本标准，充分尊重农民的意愿，充分调动农村基层干部和广大农民群众的积极性和创造性。浙江在实施"千万工程"过程中，始终从农民群众角度思考问题，尊重民意、维护民利、强化民管。实施初始就把增进人民福祉、促进人的全面发展作为出发点和落脚点，从群众需要出发推进农村人居环境整治。在进行决策、推进改革时，坚持"村里的事情大家商量着办"，不搞强迫命令。厘清政府干和农民干的边界，该由政府干的主动想、精心谋、扎实做，该由农民自主干的不越位、不包揽、不干预，激发农民群众的主人翁意识，广泛动员农民群众参与村级公共事务，推动实现从"要我建设美丽乡村"到"我要建设美丽乡村"的转变。

6. 坚持由表及里、塑形铸魂

习近平总书记在浙江工作期间强调，要加强思想道德建设，开展多种形式的文化活动，满足农民群众日益增长的精神文化生活需求。浙江注重推动农村物质文明和精神文明相协调、硬件与软件相结合，努力把农村建设成农民身有所栖、心有所依的美好家园。大力弘扬社会主义核心价值观，加强法治教育，完善村规民约，持续推动移风易俗。构建农村文化礼堂效能评价体系、星级管理机制，在文化场所建设、文化活动开展中融入乡土特色、体现农民需求，变硬性推广为潜移默化，变"文化下乡"为"扎根在乡"。通过打造"美在安吉"、德清"德文化"等区域性品牌，挖掘农村传统文化基因，推动崇德向善。结合农村特性传承耕读文化、民间技艺，加强农业文化遗产保护、历史文化村落保护。在未来乡村建设中专门部署智慧文化、智慧教育工作，着力打造乡村网络文化活力高地。

（三）"千万工程"的经验启示

浙江"千万工程"之所以取得突出成效，最根本在于习近平总书记的战略擘画、关心厚爱和关怀指导，在于习近平新时代中国特色社会主义思想的科学指引。必须更加深刻领悟"两个确立"的决定性意义，增强"四个意识"、坚定"四个自信"、做到"两个维护"，切实把浙江"千万工程"经验总结推广好、学习运用好，把握蕴含其中的习近平新时代中国特色社会主义思想的世界观和方法论，不断转化为推进中国式现代化建设的思路办法和具体成效。

1. 必须坚持以人民为中心的发展思想，把实现人民对美好生活的向往作为出发点和落脚点

"千万工程"源于习近平总书记的深厚农民情结和真挚为民情怀。20余年来，浙江从全省千百万农民群众的切身利益出发，坚持民有所呼、我有所应，不断改善农村生产生活条件，提高农民的生活质量和健康水平，使广大农民有更多获得感、幸福感、安全感。实

践证明，只有心里真正装着农民，想农民之所想，急农民之所急，不断解决好农业农村发展最迫切、农民反映最强烈的实际问题，才能得到农民群众的真心支持和拥护，才能加快补齐农业农村这块我国现代化建设的短板。新时代新征程上，要更加自觉站稳人民立场，强化宗旨意识，尊重人民意愿，采取更多惠民生、暖民心举措，千方百计拓宽农民增收致富渠道，巩固拓展好脱贫攻坚成果，让农民腰包越来越鼓、日子越过越红火，推动农民农村共同富裕取得更为明显的实质性进展。

2. 必须坚持以新发展理念为统领，全面推进乡村振兴

"千万工程"实施前后农村面貌的鲜明反差、推进落实带来生产生活的巨大变化，根本上反映的是发展理念的变革、发展方式的转变。从村庄环境建设到农村全面发展，从物质文明建设到精神文明建设，浙江坚持新发展理念，走出了一条迈向农业高质高效、乡村宜居宜业、农民富裕富足的康庄大道。实践证明，观念一变天地宽。只有完整、准确、全面贯彻新发展理念，推进乡村振兴才能理清思路、把握方向、找准着力点。新时代新征程上，要以新发展理念为统领，立足加快构建新发展格局，正确处理速度和质量、发展和环保、发展和安全等重大关系，加强机制创新、要素集成，抓好乡村产业、人才、文化、生态、组织"五个振兴"，实现农业生产、农村建设、乡村生活生态良性循环。

3. 必须强化系统观念，着力推动城乡融合发展

"千万工程"实施20余年来，浙江始终坚持统筹城乡发展，不断推动城市基础设施向农村延伸、公共服务向农村覆盖、资源要素向农村流动，使城乡关系发生深刻变革。实践证明，必须把农村和城市作为一个有机统一的整体系统考虑、统筹协调，充分发挥城市对农村的带动作用和农村对城市的促进作用，兼顾多方面因素，注重多目标平衡。新时代新征程上，要系统摆好城乡关系，以县域为重要切入点，统筹部署、协同推进，抓住重点、补齐短板，加大改革力度，破除妨碍城乡要素平等交换、双向流动的制度壁垒，促进发展要素、各类服务更多下乡，加快形成工农互促、城乡互补、协调发展、共同繁荣的新型工农城乡关系。

4. 必须大兴调查研究，从实际出发想问题、作决策、办事情

"千万工程"是习近平同志到浙江工作后不久，用118天时间跑遍11个地市，一个村一个村地仔细考察，充分掌握省情农情作出的重大决策。20余年来，"千万工程"的每一次深化，都是基于调查研究的成果。实践证明，正确的决策离不开调查研究，正确的贯彻落实同样也离不开调查研究。只有学好练精这个基本功，才能把情况摸清、把问题找准，提出的点子、政策、方案才能符合实际情况、符合客观规律、符合科学精神。新时代新征程上，要持续加强和改进调查研究，围绕学习贯彻党的二十大精神，聚焦推进乡村振兴、实现共同富裕、增进民生福祉等改革发展稳定中的重点难点问题，深入基层、掌握实情、把脉问诊，紧密结合自身实际，谋划实施有针对性的政策举措，不断破解矛盾瓶颈、推动高质量发展。

5. 必须突出抓基层、强基础、固基本工作导向，健全党组织领导的基层治理体系

"千万工程"实施 20 余年来，浙江抓党建促乡村振兴，充分发挥农村基层党组织战斗堡垒作用，充分发挥村党组织书记、村委会主任的带头作用，引导基层党员干部干在先、走在前，团结带领农民群众听党话、感党恩、跟党走。实践证明，群众富不富，关键看支部；支部强不强，还看"领头羊"。只有坚持以党建引领基层治理，善于发动群众、依靠群众，才能把党的政治优势、组织优势、密切联系群众的优势，不断转化为全面推进乡村振兴的工作优势。新时代新征程上，要突出大抓基层的鲜明导向，选优配强基层党组织领导班子，完善党组织领导的自治、法治、德治相结合的治理体系，推动各类治理资源向基层下沉，不断激发人民群众的积极性、主动性、创造性，形成凝心聚力、团结奋斗的良好局面。

6. 必须锚定目标真抓实干，一张蓝图绘到底

20 余年来，浙江始终把"千万工程"作为"一把手"工程，保持战略定力，一任接着一任干，实现一个阶段性目标，又奔向新的目标，积小胜为大胜，创造了接续奋斗不停歇、锲而不舍抓落实的典范。实践证明，真抓才能攻坚克难，实干才能梦想成真。必须持续改进工作作风，把更多心思和功夫花在狠抓落实上，力戒形式主义、官僚主义，不搞"政绩工程""形象工程"，防止"新官不理旧账"。新时代新征程上，要紧紧围绕党的中心任务，对标对表党中央决策部署，保持历史耐心，一件事情接着一件事情办，一年接着一年干，尤其要注意防止换届后容易出现的政绩冲动、盲目蛮干、大干快上以及"换赛道""留痕迹"等倾向，以良好的作风进一步赢得党心民心，凝聚起强国建设、民族复兴的磅礴力量。

三、锚定强国目标　有力有效推进乡村全面振兴

强国必先强农，农强方能国强。以中国式现代化全面推进强国建设、民族复兴伟业，对"三农"工作提出了新的更高要求。要以习近平新时代中国特色社会主义思想为指导，

全面贯彻落实党的二十大和二十届二中全会精神，锚定建设农业强国目标，把推进乡村全面振兴作为新时代新征程"三农"工作的总抓手，有力有效推进乡村全面振兴。

（一）发展特色产业，以产业振兴促进乡村全面振兴

习近平总书记指出："发展特色产业是实现乡村振兴的一条重要途径，要着力做好'土特产'文章，以产业振兴促进乡村全面振兴。"这一重要论述为加快发展乡村特色产业指明了科学路径、提供了根本遵循，对于全面推进乡村振兴具有重大的理论和现实意义。

1. 深刻把握乡村特色产业的内涵

准确理解"乡村特色产业"的内涵与核心要义，才能深刻把握发展乡村特色产业在全面推进乡村振兴中的意义。

乡村要振兴，产业必振兴，而产业振兴必须发展乡村特色产业。2019年国务院印发《关于促进乡村产业振兴的指导意见》指出：乡村产业是"根植于县域，以农业农村资源为依托，以农民为主体，以农村一二三产业融合发展为路径"惠农富农的产业。乡村产业包含农产品加工业、乡村特色产业、休闲农业以及乡村新型服务业等多种产业类型，而乡村特色产业作为乡村产业的重要组成部分具有乡村产业的共性。乡村特色产业是在农民农业农村的大阵地中发展起来的，涵盖种养业、食品业和手工业等多种类型，具有促进乡村高质量发展的重要价值。乡村特色产业具有鲜明的特色。乡村特色产业是具有鲜明地域特征和浓厚乡土气息的小众类、多样性产业，它以独特的资源禀赋、乡土特色食品以及乡村特色技艺等为产业发展赋能，具有巨大的发展潜力。

以"土特产"为抓手深刻理解乡村特色产业。习近平总书记高度重视乡村特色产业发展工作，指出："各地推动产业振兴，要把'土特产'这3个字琢磨透。"因此，在"土特产"上下功夫，抓住理解乡村特色产业的核心要义，才能凝心聚力，在实现产业振兴的基础上全面推进乡村振兴。

"'土'讲的是基于一方水土，开发乡土资源。"立足水土资源，发挥资源禀赋优势。聚焦因地制宜、因时制宜，用好当地的物产资源、自然风光、村落资源，选择合适的产业类型、发展方向，既有别于城市的"洋气"，也要沾染农村的"土气"，接好农业的"地气"，使农民生活有"底气"。开发乡土资源，传承发展乡村文明。农村不仅独具当地饶有特色的自然资源，乡土文化资源同样丰富。乡村特色产业立足当地资源条件的人文价值和现代价值，将"文化"与"产业"相融合，创造性转化和传承好历史文化、风俗习惯、民族风情等，充分开发乡村旅游、农耕体验、文艺品牌等地域特色产业，赓续农耕文明新形

态。开发利用水土资源和乡土资源要有新视野。积极开发利用新技术、新手段分析新市场，以市场需求为导向，以开放视野审视地方资源优势，创造乡村特色产品，彰显农村"土"资源的新功能、新生态价值。

"土特产"以"特"字为纲。要把"特"贯穿到发展乡村特色产业的全过程。突出地域特点，因地制宜。要善于结合当地的"土"资源，走差异化特色化的产业发展道路，突出地域特点，"宜粮则粮、宜经则经、宜牧则牧、宜渔则渔、宜林则林"。也就是说，乡村特色产业要立足独有资源和环境，探索和开发自身潜在优势，使乡村特色优势产业成为乡村居民致富增收的增长极。突出产品特色，走差异化道路。打造差异化、高质量的特色产品，突出农村产业特色化优势，突出产品供给"独一份"，营销方式"错峰头"，品牌才能"擦得亮"，市场上才能"立得住"。跳出本地看本地。发展特色产业要有大局观，从更大的视野和空间去认识本地特色、挖掘乡土资源，使特色赋能农村产品。

"土特产"以"产"字为要。习近平总书记指出："'产'讲的是真正建成产业、形成集群。""产"的基本要求是稳定特色农产品的基本生产，在保证特色农产品高质量的基础上，稳定特色农产品的生产效益，使农民的基本收益得到保障。"产"是真正建成产业。乡村特色产业的建成以乡村特色优势为基，深度挖掘特色资源、整合多方价值。顺应时代之势，将现代科学技术、管理模式融进产业中去，关注市场动向，全力打造新时代现代化乡村特色产业，并充分发挥其模范引领作用。"产"是延长、拓宽农产品产业链。在特色农产品的加工、存储、运输、销售等环节上多下功夫，提升应急保供能力，预估过程中潜在的风险点以加强防御。"产"是形成产业集群。乡村特色产业在农产品生产有保障、产业建设有引领、产业链条有衔接的基础上，多维发展、多角度拓宽，积极发展第二、三产业，并协调好第一、二、三产业之间的联系，形成具有竞争优势的特色产业集群。

2. 以乡村特色产业高质量发展推进乡村振兴

若想做大做强乡村特色产业，使乡村特色产品在市场上具有生机和活力，为全面推进乡村振兴提供坚实产业支撑，就需要重视发展乡村特色产业，以具体的举措激活乡村特色产业，这离不开特色品牌产品的打造、产业链的拓展以及产业集群的赋能。

打造特色品牌，形成核心竞争力。乡村特色产业的发展离不开特色品牌的打造，要把重点产业做强做大，形成品牌效应，使乡村特色产品具备强有力的核心竞争力，以强劲的势头促进乡村全面振兴。打造自己的特色品牌，提高产品竞争力。习近平总书记指出，"要做好品牌、提升品质，延长产业链，增强产业市场竞争力和综合效益，带动更多乡亲共同致富"。品牌产品重在同其他产品的差异性,这种差异性可以减轻同其他农产品的同质化竞争压力,继而形成独特的品牌价值,促进整个产业的发展兴旺。在重点产业的引领下,一批批特色品牌逐渐建立起来,在市场上焕发生机和活力,五常大米、烟台苹果、阳澄湖大闸蟹等一系列的品牌产品为农民创收提供支持。要始终坚持对于品牌产品的打造,发展农村特色产业,助力全面推进乡村振兴。大力推进农产品品牌建设,对提高农民收入和实施乡村振兴战略具有重要意义。要不断加强对于优质农产品品牌的塑造,促进农业特色产业的发展,为乡村振兴提供动力。

拓展农业产业链,促进特色产业可持续发展。习近平总书记在海南考察时强调"要深入推进农业供给侧结构性改革,加强农业全产业链建设"。促进农业特色产业高质量发展,要重视农业产业链建设,补齐农业产业链短板,积极促进产业链的拓展和延伸,为特色产业可持续发展提供保障。健全产业链,促进产业兴旺发展。《农业农村部关于落实党中央、国务院 2023 年全面推进乡村振兴重点工作部署的实施意见》中指出,"建立完善工作推进体系,加快农业全链条升级",农业产业涉及各个环节,环节与环节之间需要密切协作配合,产业链若未完全打通,那么会导致各个环节各自为战,产生断链的现象,农产品价值难以保证,特色产业难以持续发展。因此,只有培育创新能力强、发展后劲足的全产业链条,才能保证特色产业可持续发展,为乡村全面振兴提供更加坚实的支撑。健全农业产业链进而促进特色产业可持续发展是当下要着力解决的问题。一方面,健全农业产业链要保证各个环节有序进行、有效衔接、协同发展。将新兴科技融合进产业链各个环节中去,推动农业产业链的现代化,充分发挥不同环节的有机整体作用。另一方面,要补齐农业产业链的短板,打造开放式产业格局,延伸产业链,发挥产业链条的优势作用。推动农业从资源型向内涵型,从产量型向质量型的发展方式转变,强化农业产业链条的人才支撑、技术支撑、资金支撑,提高产业竞争力。

做优产业集群,平台载体赋能全面振兴。习近平总书记一直高度重视发展乡村产业,强调"产业兴旺,是解决农村一切问题的前提"。促进乡村特色产业高质量发展,打造乡村全面振兴"新引擎",要抓住特色产业之优势,因地制宜,围绕特色产业形成产业集群,紧扣各个环节,扩大产业规模。聚焦特色优势产业。充分发挥特色产业的示范作用,培育出一批品牌化的支柱型产业。以支柱型特色产业为引领,挖掘乡村多元价值,进而做优产业集群、做优平台载体。发挥产业合力。要充分发挥好第一产业的基础支撑作用,将现代新兴科技融入农产品培育种植中去,提高综合生产能力。要协调好第二、三产业与第一产业之间的联通。因地制宜，深入挖掘、利用资源，破除产业壁垒，推动第一、二、三产业的融合发展。充分发挥有机统一的集群整体的合力作用，形成具有竞争优势的特色产业集群、国家现代农业产业园、农业产业强镇。

（二）树立大农业观，把农业建成现代化大产业

大农业是朝着多功能、开放式、综合性方向发展的立体农业。它区别于传统的、主要集中在耕地经营的、单一的、平面的小农业。大农业观超越了单纯的耕地生产和一产的范畴，要求推动粮经饲统筹、农林牧渔并举、种养加一体、产加供销贯通、一二三产业融合发展，旨在把农业建成现代化大产业。

保障粮食安全要树立大农业观、大食物观。大农业观体现了大粮食思维和大食物观，即不仅要关注粮食、蔬菜、水果等作物的种植，也要关注畜牧业、林业、渔业等重要农产品的供给，还要关注农产品加工、流通、销售等其他环节，通过构建多元化食物供给体系，在确保大宗粮食作物安全供给的基础上，全方位多途径开发食物资源，推动传统粮食安全向食物安全转变。

树立大农业观，能够帮助增加农民收入。大农业观不仅关注农业的生产，还关注产前、产后一系列的农业产业链活动。大农业观要求将农业产业链加长、加宽，增加农业附加值，有利于推动农业供给侧结构性改革，形成同市场需求更相适应、同资源承载力更相匹配的现代农业生产结构和区域布局，从而为增加农民收入夯实产业链基础。

树立大农业观，能够扎实推进农业强国建设。保障粮食和重要农产品稳定安全供给始终是建设农业强国的头等大事。大农业观要求立足国情农情，体现中国特色，要求把农业建成现代化大产业，这与农业强国建设目标非常吻合。通过打造供给保障强、科技装备强、经营体系强、产业韧性强、竞争能力强的现代农业体系，为建设农业强国不断提供动能。为了更好地树立大农业观、把农业建成现代化大产业，应着重做好以下几点。

首先，构建现代农业产业体系。一方面，必须确保粮食安全，在此前提下，丰富食物品种结构，满足人们对多样化食物的需求；要搞好农业综合开发，合理利用耕地、林地、草地、海洋等多种农业资源，构建高质高效的多元化食物供给体系。另一方面，要顺应产业发展规律，开发农业多种功能和乡村多元价值，推动农业从种养环节向农产品加工流通等二三产业延伸，培育乡村新产业新业态，发展乡村特色产业，推动农文旅融合和农村一二三产业融合发展，提升乡村产业发展水平；健全产业链、打造供应链、提升价值链，拓展农业发展空间，提高农业综合效益；坚持产业兴农、质量兴农、绿色兴农，发展适合

大农业的多元农业科技,大力推进农业产业智能化、绿色化、融合化。

其次,优化现代农业区域布局。充分考虑不同地区的资源禀赋、生态环境、经济发展水平等因素,因地制宜、突出特色,合理确定农业发展定位。适当发展都市农业、设施农业,打造现代农业产业集群。通过提高农产品品质、建立品牌形象、发挥品牌联盟作用、利用数字经济、建立区域品牌、加强质量监管等途径强化地区特色农业品牌建设。

再次,完善联农带农机制。大国小农是我国的基本国情农情,小农户依然是我国农业经营的主体,并且将会长期存在。树立大农业观不能排斥小农户,要通过社会化服务、多种经营等各类形式把小农和小规模生产经营纳入现代农业体系,发展具有包容性的现代农业。要注重发挥农业的多功能性,提高农业的社会、经济、文化价值,从而促进农民收入增加。

最后,培育适应现代化大产业的农业人才。大农业观要求农业产业人才不能仅仅局限在一产,也不能仅仅局限在某一专业领域,需要农业人才熟悉不同产业、不同业态、不同模式,同时具备跨界融合能力。农业产业人才培养,要从单一型农业产业人才转向复合型产业人才发展,培训内容向全产业链延伸,不断加强乡村产业振兴带头人培育、高素质农民培训。

(三)双轮驱动,释放科技和改革红利

中国要强,农业必须强。没有农业现代化,没有农村繁荣富强,没有农民安居乐业,国家现代化是不完整、不全面、不牢固的。党的十八大以来,我国农业现代化建设取得了长足发展,具备了由农业大国向农业强国迈进的基本条件,加快建设农业强国正当其时。在2023年12月举行的中央农村工作会议上,习近平总书记强调:"要依靠科技和改革双轮驱动加快建设农业强国。"建设农业强国,利器在科技,关键靠改革。以科技增强农业迈向高质量发展的实力和底气,以改革筑牢广大农民同心实现乡村振兴的信心和干劲,才能更好以农业发展满足人民美好生活需要、实现高质量发展、夯实国家安全基础。

农业现代化关键在科技进步和创新。在耕地和水资源有限的情况下,实现农业稳产增产根本靠科技。进入新时代,从深入实施种业振兴行动,到农业机械装备提档升级,再到派出约29万名科技特派员……如今,我国农作物耕种收综合机械化率突破72%,农业科技进步贡献率达到61%,科技已成为农业农村经济社会发展最重要的驱动力。同时也要看到,与建设农业强国的要求相比,我国农业科技短板与弱项依然突出,农业科技进步贡献率同世界先进水平相比还有不小差距。党的二十大报告提出,"强化农业科技和装备支撑"。要让广大农民真正挑上"金扁担"，农业科技还要继续发力，持续塑造农业发展新动能新优势，让现代农业变得更加有竞争力。

改革是乡村振兴的重要法宝。加快建设农业强国，迫切需要改革增动力、添活力。习近平总书记强调："要深化农村改革，让农村资源要素活化起来，让广大农民积极性和创造性迸发出来，让全社会支农助农兴农力量汇聚起来。"从推动农村承包地"三权分置"到强农惠农富农政策制度进一步健全，从新型农业经营体系加快构建到农村集体产权制度改革阶段性任务基本完成……党的十八大以来，"三农"重要领域和关键环节取得了突破性进展，充分激发了生产要素活力。比如，随着土地制度改革持续推进，2021年土地经营权流转面积5.57亿亩，以家庭农场、农民合作社、农业企业等为主的新型农业经营主体大显身手，带动小农户与现代农业发展有机衔接。深化农村改革，把住处理好农民和土地关系这条主线，才能更好回答"大国小农"这个基本国情农情条件下"怎么种好地"这个时代之问，为农业农村现代化注入源源不断的动能。

对建设农业强国而言，科技和改革如同鸟之两翼、车之双轮，要一体把握，协同推进。面向未来，要依靠科技进步转变农业生产方式，紧盯世界农业科技前沿，大力提升我国农业科技水平，着力提升创新体系整体效能，打造国家农业科技战略力量，围绕现代种业、机械装备、数字信息等关键技术，加快实现高水平农业科技自立自强；也要依靠政策改革挖掘农业生产动力，持续抓好农村改革重点任务落实，搞好农村集体资源资产的权利分置和权能完善，支持发展家庭农场、农民合作社等新型经营主体，促进发展要素、各类服务更多下乡，加快推进农业现代化。铆足干劲抓好科技赋能和政策改革，就能最大程度激发农业农村发展动能，保障好重要农产品供给和农业产业链供应链，将发展的自主权牢牢掌握在自己手中。

四川省南部县山地农田零散，当地开发推广适宜山地的小型农机，让田埂、荒坡变成了可用地；浙江省嵊州市三界镇，一支种粮队伍通过在长三角地区开拓种植区域，让农户有钱挣、得实惠……科技和改革双轮驱动、同向发力，助力农民增收渠道越来越宽广，乡村振兴画卷越绘越壮美。新征程上，更好释放科技和改革红利，农业现代化的美好蓝图必将不断铺展，广袤乡村必将展现欣欣向荣新气象。

（四）加强党对三农工作的全面领导

推进乡村全面振兴、加快建设农业强国，关键在党。习近平总书记高度重视加强党对三农工作的全面领导，作出重要指示强调，各级党委和政府要坚定不移贯彻落实党中央关于三农工作的决策部署，坚持农业农村优先发展，坚持城乡融合发展，把责任扛在肩上、抓在手上。中央农村工作会议要求，要加强党对三农工作的全面领导，压实五级书记抓乡村振兴责任。我们要深入学习领会，把加强党的领导落实到三农工作各领域各方面各环节。

党管农村工作，是我们党的优良传统。进入新时代以来，我国三农发展取得历史性成就、发生历史性变革，特别是过去一年来，在复杂严峻的内外部环境下，三农工作依然取得显著成效，最根本原因是有以习近平同志为核心的党中央坚强领导。历史和现实充分证明，党的领导是做好三农工作的根本保证。新时代新征程，三农工作任务更重、要求更高，必须坚持和加强党的全面领导，充分发挥党总揽全局、协调各方的作用，把党的领导力、组织力、执行力转化为推进乡村全面振兴的强劲动力。

要落实落细五级书记抓乡村振兴要求。五级书记抓乡村振兴，是党中央一以贯之的明确要求。推进乡村全面振兴，需要发挥"一把手"牵头抓总作用。压实五级书记抓乡村振兴责任，要求各地党政"一把手"从讲政治的高度、以谋全局的眼光看三农、抓三农，把三农工作时时放在心中、紧紧攥在手里、牢牢扛在肩上，一级做给一级看，一级带着一级干，层层抓实抓细。要健全中央统筹、省负总责、市县乡抓落实的乡村振兴工作机制，尤其市、县两级要把三农工作作为重头戏，县委书记要当好"一线总指挥"，一抓到底、抓出成效。

要以提升组织力凝聚振兴合力。乡村振兴是一项历史性任务和系统性工作，其进展与成效关系全面建设社会主义现代化国家战略全局，必须动员更多力量、用更大的力度扎实推进。要落实乡村振兴责任制，各地各部门要按照《乡村振兴责任制实施办法》的要求，立足自身职责服务三农，心往一处想、劲往一处使，引导撬动更多资源投向乡村。要加强农村基层党组织建设，充分发挥基层党组织战斗堡垒作用，为乡村振兴提供坚强组织保障。

要抓紧提升三农干部能力素质。三农工作涉及面广，政治性、政策性强，农业农村发展有其自身规律。各级干部要加强理论学习，将学深悟透习近平总书记关于三农工作的重要论述作为履职尽责的必修课，深刻领悟其精神实质和核心要义，在实际工作中融会贯通、知行合一，成为抓三农的行家里手。要巩固拓展主题教育成果，持续改进工作作风，发扬"四下基层"优良传统，大兴调查研究，坚持从地方实际和农民需要出发思考问题、制定政策，为解决农民"急难愁盼"谋实招、办实事。

蓝图业已绘就，征程就在脚下。2024年是新中国成立75周年，是实施"十四五"规划的关键之年，我们要深刻学习领会习近平总书记重要指示精神，认真贯彻落实中央农村工作会议部署要求，踔厉奋发、勇毅前行，以实际行动推动农业农村高质量发展，谱写农强国强的崭新篇章！

延伸阅读

产业兴旺赋能乡村振兴

"高黎贡山高哟，独龙江水长哟，共产党的恩情比山高来比水长……"一首表达感恩之情的歌，在怒江大峡谷中回荡。

在习近平总书记的亲切关怀下，独龙族于2018年在全国28个人口较少民族中率先实现整族脱贫，全国深度贫困地区怒江州也在2020年底如期打赢脱贫攻坚战。"脱贫只是第一步，更好的日子还在后头。"2019年4月10日，习近平总书记再次给整族脱贫的独龙江乡群众回信时写道。如今的怒江，培育出全新的产业，村寨和城市面貌焕然一新，向着生态之州、产业之州、文化之州迈进。

指着一大片排列齐整的大棚和在阳光下闪着绿油油亮光的田地，楚雄彝族自治州元谋县委书记刘文跃自豪地对调研组说："这里共有来自全国26个省区的105家科研单位和种子生产企业开展制繁种，全国每年有430万亩麦类和1300万亩蔬菜选用'元谋种子'。我们正在做的事情，就是总书记十分关心的种业问题。国以农为本，农以种为先，我们要努力让中国人端牢自己的饭碗。"

云南坚持以农业农村为根、以田园风光为韵、以文化特色为魂、以富民兴村为目的，大力推进一二三产业融合发展，加快打造田园综合体，制定印发《关于推进乡村振兴示范园（田园综合体）试点创建的指导意见》，3年内计划建成10个生态优、环境好、产业兴、百姓富、功能全的省级田园综合体，高质量打造一批州（市）级田园综合体。

云南是中国茶业大省，2021年全省茶叶种植面积740万亩，综合产值1071亿元，全国排名第二。为进一步促进茶产业发展，云南省印发了《云南省茶叶产业高质量发展三年行动工作方案（2023—2025年）》，以普洱市、西双版纳傣族自治州、临沧市、大理白族自治州、保山市、德宏傣族景颇族自治州、红河哈尼族彝族自治州、文山壮族苗族自治州等为重点优势区域，打造勐海县、思茅区、双江拉祜族佤族布朗族傣族自治县等30个县域经济茶叶强县；以普洱茶、滇红茶为主，持续发展滇绿茶，兼顾其他小宗茶品类，优化布局，实现集约化、高效化、集群化发展，努力实现由"茶业大省"向"茶业强省"转变。

　　云南省乡村振兴局局长张晓鸣表示，下一步，将通过实施产业增量提质、乡村旅游、建立完善联农带农机制、发展村集体经济、培育致富带头人、实施农业市场主体倍增行动、消费帮扶等方式拓宽增收渠道，延伸拓展农业产业链，带动农民增收致富。

　　乡村振兴的故事，一个又一个，在云岭大地生动讲述。

——来源：《求是》2023/11

🔖 思考题

　　1."千万工程"的主要做法和经验是什么?

　　2.如何有力有效推进乡村全面振兴?

锚定建设农业强国目标　扎实做好"三农"工作

——习近平总书记对"三农"工作作出的重要指示引发热烈反响

专题四

坚持走中国特色新型工业化道路
加快建设制造强国

　　2023 年 9 月 22 日至 23 日，全国新型工业化推进大会召开，习近平总书记就推进新型工业化作出重要指示指出，"新时代新征程，以中国式现代化全面推进强国建设、民族复兴伟业，实现新型工业化是关键任务"。习近平总书记的重要指示，为我们推进新型工业化提供了根本遵循和行动指南。我们要适应时代要求和形势变化，增强责任感、使命感、紧迫感，努力推动新型工业化不断取得新突破新成效，为全面建成社会主义现代化强国、实现中华民族伟大复兴提供物质基础和产业支撑。

一、新型工业化提出的实践基础

　　一百余年来，中国共产党立足中国国情，坚持一切从实际出发，领导人民成功走出工业现代化道路，取得了举世瞩目的成就，打破了"现代化就是西方化"的迷思，充分表明世界上既不存在定于一尊的现代化模式，也不存在放之四海而皆准的现代化标准，在推进工业现代化方面形成了独有的宝贵经验。

　　早在新民主主义时期，毛泽东同志就指出，中国落后的原因，主要是没有新式工业，强调了工业现代化的重要性。1945 年，毛泽东在《论联合政府》中指出，"没有一个独立、自由、民主和统一的中国，不可能发展工业"，强调了国家存亡、民族解放与工业发展的关系。

　　新中国成立后，把工业化放在经济建设的首位。1954 年，全国人民代表大会首次正式和完整地提出"四个现代化",明确要建设起强大的现代化的工业、现代化的农业、现代化的交通运输业和现代化的国防。1975年,第四届全国人民代表大会第一次会议上明确提出了实现"四个现代化"目标的两个步骤:第一步,在1980年以前,建立一个独立的比较完整的工业和国民经济体系;第二步,在20世纪内,全面实现农业、工业、国防和科学技术的现代化,使中国国民经济走在世界的前列。采取的主要政策措施是致力于建设独立、完整的工业体系,确定以重工业为发展重点,轻重工业协调发展,实施一批重点建设项目,推进工业体系建设,并且强调自力更生为主,争取外援为辅,在国防领域、尖端科技领域和重要资源领域要把主导权掌握在自己手里。

改革开放后,中国对"现代化"提出了更加务实的目标与举措。邓小平同志明确提出"我们搞的现代化,是中国式的现代化"。他将"中国式的现代化"形象地描述为"小康之家""小康状态",并确定了具体的量化标准,即到20世纪末国民生产总值人均1000美元。党的第十二次全国代表大会将"逐步实现工业现代化"作为"把我国建设成为高度文明、高度民主的社会主义国家"进阶目标的重要保障。在此阶段,党中央把人民生活富裕作为奋斗目标,大力解放和发展社会生产力,推动工业现代化建设,坚持改革开放,确立了"以经济建设为中心"的基本路线,积极融入世界分工体系,将科技创新作为第一生产力,促进工业化和信息化的融合,提出走新型工业化的道路。

党的十八大以来,世界正处于百年未有之大变局,新一轮科技革命和产业变革深入推进,工业发展困难较多,转型升级制约较大,在前期工业化遗留的各种问题和阶段性难题没有解决的情况下,又面临全球公共卫生压力、中美贸易摩擦螺旋升级、全球价值链重构等新的严峻考验。中国工业发展机遇与挑战并存,工业现代化的任务艰巨而紧迫。党中央审时度势,做出中国经济由高速度转向高质量发展的重要决策,习近平总书记提出高质量发展是第一要务的重要指示,提出了贯彻新发展理念,构建以国内大循环为主体、国内国际双循环相互促进的新发展格局的新部署、新要求。在实现了第一个百年奋斗目标之后,党的十九大进一步提出现代化强国的建设目标,即从2020年到2035年,在全面建成小康社会的基础上,再奋斗十五年,基本实现社会主义现代化,到21世纪中叶,把我国建成富强民主文明和谐美丽的社会主义现代化强国。

党的二十大进一步明确了2035年中国发展的总体目标,包括人均GDP达到中等发达国家水平、高水平科技自立自强、居民人均可支配收入再上新台阶、碳排放达峰后稳中有降、生态环境根本好转。从这一角度看,新型工业化是高质量工业化,是由工业大国向工业强国转变的工业化。中国拥有 41 个工业大类、207 个工业中类和 666 个工业小类，是全世界唯一拥有联合国产业分类中所列全部工业门类的国家。重大成果竞相涌现，5G、高铁、核电、航天等重要领域跻身世界先进行列，一批优质企业和国产品牌脱颖而出。总体而言，中华民族伟大复兴的历史进程势不可挡，形成了人心所向的历史大势，不可逆转。

二、新型工业化的新内涵、新特征与新要求

新时代新征程，在我国这样一个有 14 亿多人口的发展中大国推进工业化，既要遵循世界工业化的一般规律，更要立足国情，走有中国特色的新型工业化之路。

新型工业化是以科技变革为引领，以高质量发展为主线，以绿色发展为底色，以可持续发展为内在要求，以新科技向各产业、各领域广泛渗透融合、促进产业发展的工业化道路。我国新型工业化道路区别于世界先进国家的工业化过程，也不同于以往传统工业化道路，蕴含着新内涵、新特点、新要求。

（一）新型工业化的"新"内涵

党的十六大报告首次提出新型工业化概念，即坚持以信息化带动工业化，以工业化促进信息化，走出一条科技含量高、经济效益好、资源消耗低、环境污染少、人力资源优势得到充分发挥的新型工业化路子。自党的十六大以来，新型工业化这一概念在党和政府的文件中多次体现。

党的十七大报告指出，坚持走中国特色新型工业化道路。加快建立以企业为主体、市场为主导、产学研相结合的技术创新体系，大力推进信息化与工业化融合。

党的十八大报告提出，推动信息化和工业化深度融合、工业化和城镇化良性互动、城镇化和农业现代化相互协调，促进工业化、信息化、城镇化、农业现代化同步发展。

党的十九大报告提出，更好发挥政府作用，推动新型工业化、信息化、城镇化、农业现代化同步发展。

党的二十大报告提出，到 2035 年基本实现新型工业化，强调坚持把发展经济的着力点放在实体经济上，推进新型工业化，加快建设制造强国、质量强国、航天强国、交通强国、网络强国、数字中国。同时，从党的二十大开始，新型工业化这一新内涵正逐步形成从工信部到各省市的重要纲领。随后从 2022 年 12 月至今，广东、山东、浙江、上海、江苏等省市与工信部不断就新型工业化做出讲话和制定行动方案。

当前，新型工业化面临着新形势和新机遇。新型工业化也有了新内涵和新要求。数字

经济是新一轮科技革命和产业变革最活跃的领域，数字技术已成为推动工业领域提升效率、质量及核心竞争力的重要力量，数字经济大量颠覆性技术的出现和应用是工业化呈现新特征的关键因素。绿色低碳则是新一轮科技革命的另一个重要领域，低碳化成为工业化的约束条件，并催生新产业带来新颠覆。

因此，新型工业化是促进数字经济和实体经济深度融合的工业化，也是加快绿色低碳的工业化；是自主创新驱动的工业化，也是坚持高水平对外开放的工业化；是追求发展质量的工业化，也是以人为本的工业化。

（二）新型工业化"新"在何处

我国长期高度重视工业化发展，2002 年党的十六大报告就提出要"坚持以信息化带动工业化，以工业化促进信息化，走出一条科技含量高、经济效益好、资源消耗低、环境污染少、人力资源优势得到充分发挥的新型工业化路子"。但在当前的新发展阶段，党的二十大报告提出的新型工业化任务，与以前相比在一系列方面都有新的要求，体现出一系列新特征。

1. 新的生产技术

数字化、智能化、绿色化等新的生产技术在新型工业化道路上全面普及。以数字技术为代表的新一轮技术革命和产业变革加速演进，工业领域颠覆性的科技创新不断涌现。新型工业化需要紧跟新技术发展趋势，加快应用数字化、智能化、绿色化等新的生产技术，总体生产技术和管理水平实现从引进、模仿、追赶、局部先进到全面领先或全面现代化的转变。工业革命以来，生产技术发展已经实现了多次历史性、革命性跨越：第一次工业革命是蒸汽机时代，生产技术以蒸汽动力、机械生产为主；第二次工业革命是电气化时代，生产技术以内燃机动力、电气化技术为主；第三次工业革命是信息化时代，生产技术以自动化为主；第四次工业革命是新一轮科技革命时代，数字化智能化技术不断成熟；近期欧盟正式提出"工业 5.0"概念，将以人为本、可持续、富于韧性等理念融入工业发展过程。当前，我国已经有不少企业具备了工业 4.0 的水平，甚至达到了全球领先的技术水平，但整体生产技术仍然处于工业 3.0 左右的水平，实现数字化、智能化和绿色化生产技术继续进步、成熟、普及和深化将是新型工业化的重要内容之一。

2. 新的发展目标

产业安全自主可控、产业基础能力高级化、产业竞争力持续提升成为新型工业化发展的重要目标任务。

更加关注产业安全是我国新型工业化的必然要求。我国制造业全球生产网络日益细化，大量关键零部件与关键材料需要从国外市场进口，长期存在过度依赖进口的隐患。中美经贸摩擦后，一些企业在关键环节受制于人，愈加凸显了该问题的重要性。新冠疫情的冲击将我国产业链供应链深层次和长期的薄弱环节进一步凸显出来。从备受关注的芯片、人工智能、操作系统，再到重型装备制造，甚至是抗疫必需的额温枪，都存在对外依赖大、自身供给能力不足的问题。

更加重视提升工业基础能力是提升产业安全的重要路径。工业基础能力是一个国家整个工业赖以生存和发展的基础，其发展水平直接决定着工业产品的性能、质量和可靠性。从世界工业发达国家发展历程来看，工业基础能力的提升不仅需要长期持续高强度的投入，也需要实施者具有较强的抗风险能力，单靠市场、企业和国家的现行政策难以取得突破。德国、日本、美国等发达国家在其工业化进程中，政府高度重视工业基础能力的提升，采取强有力措施以国家意志积极推动工业基础支撑能力提高。对我国而言，产业基础能力薄弱一直是产业发展面临的关键问题，我国关键基础材料、核心基础零部件、先进基础工艺、产业技术基础等发展滞后，成为制约工业升级的重要"瓶颈"。新发展阶段，将以新型基础设施、新型基础材料、新型基础技术、新型基础人才的"新四基"为牵引，加快我国工业基础能力建设。

更加关注提升制造业的核心竞争力是保持制造业比重基本稳定的主要途径。制造业是国际竞争的核心领域，其发展水平决定着一个国家的综合国力和经济发展潜能。从世界范围看，西方发达国家在经历了近30年制造业占比快速下降之后，近十多年来尤其是在2008年国际金融危机之后，制造业占比下降趋势明显减缓，部分国家已出现制造业占比上升态势。而且新一轮全球制造业转移可能会打破传统模式，发达国家吸引制造业回归并"向下延伸"产业的迹象增强。面对逆全球化趋势加剧、新一轮科技革命和产业变革深入推进的外部环境，更需要新型工业化建设保持工业经济平稳运行和制造业比重基本稳定。

3. 新的发展模式

发展动力创新化、产业结构高端化、区域布局集群化、产业组织结构协同化成为新型工业化高效率发展的主要路径模式。

新发展阶段工业发展路径呈现出新变化，从主要依靠要素投入的规模扩张向主要依靠创新驱动、布局优化、结构优化促进发展转变。发展模式无论与以前相比，还是与其他国家相比都有显著差异。具体表现为：由于技术进步和创新驱动，智能化生产模式正成为工业发展新趋势；产业集群的规模效应、溢出效应更加彰显，以及随着3D打印、工业互联网等柔性制造技术进一步发展，个性化、定制化更加普及，制造业可能呈现更加贴近市场生产的模式；产业链、价值链分工更加深化，生产模式呈现分散化生产特征。生产模式的新变化要求新型工业化建设加快形成先进的产业结构布局、先进的空间结构布局、先进的产业组织结构布局。

与其他国家相比，我国新型工业化道路将更加重视产业结构完整性，将继续巩固强化完整的产业体系与配套能力的产业生态优势。经过改革开放40多年的快速发展，我国工业化水平大幅度提高，建成了体系完整、产能巨大的工业体系，成为世界制造业第一大国和全球第二大经济体，成功探索出一条符合中国国情的工业化道路。中国工业依托完善的产业配套、较高的技术消化吸收和创新能力，以及强大的工程化和制造能力，形成了将复杂的产品设计加工制造成为最终产品并实现规模化生产的能力，即"创新型制造优势"。随着中国工业创新能力的不断提升，产业配套能力还将进一步增强，齐全的产业门类、完善的产业配套和快速的供应链响应能力将成为中国作为新型工业化特有的优势。

与其他国家相比，我国的新型工业化还将打破传统的结构升级和产业转移模式。以美国、日本和德国为代表的发达国家，在整个制造业或制造业的多个行业表现出世界领先的技术水平、强大的全球竞争力，掌控全球价值链，引领制造业的发展方向。虽然我国近年来产业升级和价值链提升较快，但整体仍处于全球价值链的中低端环节，正向中上游位置不断攀升，新型工业化建设应着力提升全球价值链的话语权。中国工业发展不能走西方发达国家大规模离岸外包转移、造成产业"空心化"的老路，必须在国内保留加工制造能力。

4. 新的发展成效

产品质量高端化、生产过程集约化、生产效益最大化是新型工业化发展成效的核心表现。新型工业化具有产品质量高、生产效率高、资源利用效率高的特点，实现新型工业化，质量和效益水平需达到新的高度。

一是产品质量高，主要行业产品质量水平达到或接近国际先进水平，包括性能、寿命、安全性、可靠性、经济性和外观等各个方面的不断改善，能满足人民群众对美好生活的需要。新型工业化要引领新时代美好生活，坚持发展为了人民、发展依靠人民、发展成果由人民共享，不断满足人民群众对美好生活的需要。我国新型工业化发展需要服从和服务于人民群众消费需求的变化，根据需求变化不断推进优化供给结构、标准化建设等举措，提高供给质量，满足人民群众个性化、多样化、绿色、健康、安全的物质产品需要，为引领美好生活、实现共同富裕提供强大的工业支撑。

二是资源利用效率高，实现人与自然的和谐发展、绿色发展，形成环境污染少、资源消耗低的绿色低碳工业体系。与我国的经济规模相比，我国主要生产性资源不足，不少生产要素如水、土地的资源禀赋低，不少矿产资源严重依赖外部供给。因此，我国工业化生产过程必须始终注重集约高效化，最大限度减少对资源的消耗，最大限度发挥资源的内在价值。

三是生产效率高，能取得较好的经济效益。新型工业化要能支持构建以国内大循环为主体、国内国际双循环相互促进的新发展格局，保障国内产业和经济安全，支撑人均国内生产总值达到中等发达国家水平，实现共同富裕，支持到 2035 年基本实现社会主义现代化的主要目标。新型工业化要求我国工业生产具有世界先进水平的劳动生产率，工业利润率居于世界领先水平之列，特别是新型工业化要能够有效地带动和扩大人均可支配收入和中等收入群体规模，为实现共同富裕提供重要保障。

5. 新的全球格局

国内国际双循环相互促进的新发展格局是新型工业化发展面临的全新格局。新型工业化要求进一步提升开放力度，增强工业发展的国内外共享，充分融入和引领全球产业链供应链，有效支撑国内国际双循环大格局。

打造以国内大循环为主体、国内国际双循环相互促进的新发展格局是今后我国工业化发展的重要要求。新型工业化过程中，我国将在科技和产业自立自强的基础上，进一步扩大高水平对外开放，新型工业化要求我国工业进一步从跟跑、并跑到领跑，与全球经济的联系更加密切，成为全球产业链供应链中不可或缺的一部分。进一步融入和引领全球产业链供应链，一方面意味着我国要更加充分地利用全球的市场和技术，保持我国出口在国际贸易市场的份额，让更多优质中国产品造福世界人民，促进国内工业进一步发展。另一方面，意味着新型工业化进一步支撑国内共同富裕和国内市场扩大，为其他国家产品提供更大的市场空间，带动全球共同发展。

三、推动新型工业化实现高质量发展　赋能中国式现代化征程

（一）深刻认识推进新型工业化的重大意义

习近平总书记强调，中国梦具体到工业战线就是加快推进新型工业化。推进新型工业化，是以习近平同志为核心的党中央从党和国家事业全局出发，着眼全面建成社会主义现

代化强国作出的战略部署，具有重大的现实意义和深远的历史意义。

1. 推进新型工业化是实现中国式现代化的必然要求

工业化是现代化的前提和基础。新中国成立特别是改革开放以来，我们用几十年时间走完西方发达国家几百年走过的工业化历程，创造了经济快速发展和社会长期稳定的奇迹。党的十八大以来，在以习近平同志为核心的党中央坚强领导下，我国产业体系更加健全，产业链更加完整，产业整体实力和质量效益不断提高，产业创新力、竞争力、抗风险能力显著提升，新型工业化步伐显著加快。历史和现实都表明，在我们这样一个有 14 亿多人口的发展中大国推进工业化，既要遵循世界工业化的一般规律，更要立足国情，走有中国特色的新型工业化之路。新时代新征程上，新型工业化具有新的内涵和特征，是坚持社会主义市场经济改革方向、坚持高水平对外开放、加快构建新发展格局的工业化，是把实现人民对美好生活的向往作为出发点和落脚点、促进全体人民共同富裕的工业化，是坚持高水平科技自立自强、依靠创新驱动发展的工业化，是建设现代化产业体系、加快迈向全球价值链中高端的工业化，是坚持人与自然和谐共生、促进绿色低碳发展的工业化，是顺应新一轮科技革命和产业变革趋势、促进数字经济和实体经济深度融合的工业化。推进新型工业化，必须准确把握其时代特征和内涵要求，转变发展方式，创新发展路径，以新型工业化发展的新成效加快中国式现代化进程。

2. 推进新型工业化是全面建成社会主义现代化强国的根本支撑

党的二十大擘画了全面建成社会主义现代化强国的宏伟蓝图，到 2035 年基本实现社会主义现代化，到 21 世纪中叶把我国建成富强民主文明和谐美丽的社会主义现代化强国。实现这一宏伟目标，必须大幅提升经济实力、科技实力、综合国力，实现高水平科技自立自强，建成现代化经济体系，形成新发展格局，基本实现新型工业化、信息化、城镇化、农业现代化，基本实现国防和军队现代化。工业是一国综合国力的根基，是建设农业强国、科技强国、质量强国、航天强国、交通强国、网络强国、数字中国和世界一流军队的重要支撑。对于我们这样的大国而言，没有强大的工业，现代化强国的奋斗目标就难以实现。必须加快推进新型工业化，加快建设制造强国，做强做优做大实体经济，为全面建成社会主义现代化强国提供强大物质基础、技术支撑和精神动力。

3. 推进新型工业化是构建大国竞争优势的迫切需要

实体经济是我国发展的本钱，是构筑未来发展战略优势的重要支撑，是在国际经济竞争中赢得主动的根基。新中国成立以来特别是改革开放以来，我国建成了门类齐全、独立完整的工业体系，为国民经济保持长期快速发展提供了有力支撑，显著增强了从容应对国内外各种风险挑战的信心和底气。当今世界，科技与产业是大国竞争的焦点。面对日益激烈的国际竞争，必须加快推进新型工业化，实现高水平科技自立自强，保护好全球最完整的产业体系，提升产业链供应链韧性和安全水平，提高制造业在全球产业分工中的地位和竞争力，确保我国在大国博弈中赢得主动。

4. 推进新型工业化是实现经济高质量发展的战略选择

工业是经济增长的主引擎，在稳定宏观经济大盘中发挥着关键作用。工业是技术创新的主战场，是创新活动最活跃、创新成果最丰富、创新应用最集中、创新溢出效应最强的领域。据统计，美国工业占国内生产总值比重不到20%，但70%的创新活动直接或间接依托于工业领域。工业为国民经济各部门提供原材料、能源和技术装备，是实现"双碳"目标的重要领域，是满足人民美好生活需要的重要支柱。没有工业的高质量发展，就没有经济的高质量发展。推动经济高质量发展，重点在工业，难点也在工业。必须加快推进新型工业化，完整、准确、全面贯彻新发展理念，促进技术进步和结构优化升级，推动经济发展质量变革、效率变革、动力变革。

（二）新阶段我国新型工业化发展面临的挑战和机遇

以2020年我国基本实现工业化、全面建成小康社会为标志，并考虑到当前全球新一轮科技革命和产业变革仍在发展进步，以及2018年中美经贸摩擦和2020年以来全球新冠疫情的影响，当前我国工业化进一步发展面临着全新的挑战与机遇。在挑战与机遇并存的新发展阶段，继续推进新型工业化是我国建设社会主义现代化国家的必然要求，是新时代新征程提出的重大考验。

1. 新阶段新型工业化发展面临的挑战

正如党的二十大报告所述，中国式现代化是人口规模巨大的现代化，我国14亿多人口整体迈进现代化社会，规模超过现有发达国家人口的总和，艰巨性和复杂性前所未有，这一判断同样适用于我国新型工业化所面临的巨大挑战。

一是我国新型工业化面临发达国家全方位打压和确保产业链供应链安全的巨大挑战。改革开放以来，我国对内改革促进经济发展、对外开放承接发达国家产业转移，首先发展的是中低端产业，而发达国家专注于产业链中高端，我国与发达国家在产业分工上总体处于互补关系，这对于我国工业化发展相对有利。但随着我国工业化发展进入中后期，我国产业逐步向中高端升级，发达国家对我国产业发展有可能对其优势产业构成竞争甚至威胁的担心开始加剧,美国逐渐把我国视为其发展的一个挑战。以 2018 年美国发动中美经贸摩擦为主要标志,美国开启了全方位打压我国工业发展的新阶段。中美经贸摩擦以来,美方对我国出口商品大幅度加征关税,打压我国外部市场空间;频频把我国企业和相关科研院所列入"实体清单",对这些企业进口关键零部件、原材料、软件等进行全面封锁,全方位打压我国重要企业发展;美方开始全面限制我国接触和获得各项前沿技术,从企业合同、科研合作、高等教育等多个方面设置重重障碍,导致我国技术合作与创新的环境出现恶化;美国不遗余力推动其供应链去中国化,特别是美国联合日韩等经济体开始打造具有更强控制力的半导体产业链,对我国产业安全带来了巨大威胁。

二是我国面临东南亚等后发国家低成本竞争的挑战。我国产业发展不仅面临发达国家的技术限制和打压,还面临后发国家的低成本竞争。近年来,随着经济发展,我国劳动力成本上涨较快,东南亚国家的成本优势不断凸显。此外,新一轮产业革命和产品内分工降低了后发国家发展工业的难度,小规模国家也有可能发展起一些以前难以发展的大工业,这些都显著增大了后发国家对我国工业的挑战。特别是 2018 年以来,在国内成本攀升、美国推动供应链去中国化的冲击下,我国制造企业外迁数量明显增多,不少企业将生产线迁至越南、马来西亚、墨西哥等地,而且上下游配套企业跟随转移使产业链外迁呈现链条化的趋势。在我国产业链外迁过程中,跨国公司的带动作用非常明显,往往一个龙头企业出去,就有一大批配套企业一起转移。比如,三星集团在越南建设生产基地,带动 200 多家配套企业到越南投资设厂,既有本地企业,也有不少中国企业。微观数据显示,近年来制造业产业链外迁出现加速的势头。在我国国内产业升级没有完成,中高端产业还没有形成较强国际竞争力的情况下,产业链外迁已经成为我国制造业高质量发展的一个潜在的重要挑战。

三是国内面临产业布局不合理和工业对高素质劳动力吸引力弱的挑战。工业发展是支撑各地区经济发展的重要基础,但我国各地区工业发展中长期存在低水平同质化竞争较为普遍的问题,地区之间没有形成高质量的分工合作,很多地区都没有形成本地特色优势产业,这种同质化发展模式导致工业发展中普遍存在各种资源向优势区域集聚、强者愈强弱者愈弱的现象,这已经成为新发展阶段优化产业布局、促进区域协调发展的一个重要挑战。另外,一方面,近年来我国工业部门大力推动数字化、智能化、绿色化发展,工业生产环节对劳动力数量和体力的要求大幅度减少,而对高素质劳动力的要求越来越高;另一方面,我国不少就业人员仍然存在对工业就业、特别是工厂就业的偏见,不少劳动力更愿意从事自由度更高的服务业就业或者灵活就业。此外，工业部门劳动报酬水平也不够高，缺乏对高素质劳动力的吸引，导致工业部门招工难现象普遍存在，这也是制约我国新型工业化更好发展的重要挑战。

2. 新阶段新型工业化发展面临的机遇

21 世纪初以来，新一轮技术变革和产业革命开始孕育并取得快速发展，正在并将继续对全球工业发展产生重要影响。同时，我国基本完成了工业化，人均国内生产总值超过 1 万美元，中等收入群体不断扩大，国内市场规模进一步扩大。国内外环境的深刻变化蕴含着新型工业化发展的诸多机遇。

一是新一轮科技革命和产业变革带来新的发展机遇。新一轮产业革命通过智能制造技术，特别是低成本智能化机器人替代人工，大幅度降低了对劳动力的需求，劳动力因素在制造业产业分工中的地位和影响日渐弱化，有利于解决我国制造业发展中劳动力供应不足的问题。

二是中美之间大国竞争全面升级，相关产业迎来新机遇。在中美经贸摩擦之前，产业链供应链安全问题并不突出，国内企业在关键核心零部件的选择上，往往优先选择更加成熟的进口产品，国内相关产业缺乏市场应用的机会。在美国技术封锁下，我国自主可控水平低的核心技术和产品面临着断供的风险，这将客观倒逼国内相关技术攻关和产业发展，给相关产业带来新的机遇。此外，中美经贸摩擦有利于促使我国进一步加大知识产权保护执法力度，更好维护国内外企业的知识产权，这也将有利于我国推动产权体制创新完善，为创新提供更好的外部环境。

三是我国超大规模市场的优势将越来越突出。2020 年我国人均 GDP 超过一万美元，基本实现了工业化。从国际经验看，工业化是后发国家现代化发展过程中难度最大的阶段，很多陷入中等收入陷阱的国家，基本是由于工业难以升级，比如难以从劳动密集型产业升级到资本密集型产业，或者难以从资本密集型产业升级到技术密集型产业。基本实现工业化以后，经济体已经建立了完整的工业体系，经济发展进入到以服务业为主的新阶段，这一发展阶段虽然增长的速度比以前有所下滑，但经济发展的难度显著下降，经济更有可能呈现持续平稳增长的新态势。随着经济发展，我国中等收入群体规模将进一步扩大，国内市场的需求优势将更加显现。国内市场规模进一步扩大，一方面有利于增加对国内产品、特别是高端工业品的需求，发挥需求引领对产业升级的拉动作用，另一方面有利于增加对国外产品的需求，从而扩大我国市场在国际经济体系中的重要性，有利于我国进一步增强国际话语权，争取更加有利的新型工业化外部环境。

（三）推进新型工业化要牢牢把握高质量发展的要求

高质量发展是中国式现代化的本质要求，是全面建设社会主义现代化国家的首要任务。新时代新征程推进新型工业化，把高质量发展的要求贯穿新型工业化全过程，要坚持以人民为中心的发展思想，完整、准确、全面贯彻新发展理念，统筹发展和安全，坚持走中国特色新型工业化道路。

使创新发展成为推进新型工业化的第一动力。把握以数字化、绿色化为特征的新一轮科技革命和产业变革方向，推动实现高水平科技自立自强。充分发挥社会主义市场经济条件下的新型举国体制优势，强化高水平自主技术要素供给。推进新一代信息技术、生物技术、新能源、新材料等领域的关键核心技术攻关工程，推动数字技术与实体经济深度融合，推进产业绿色低碳发展，促进制造业高端化、数字化、绿色化和融合化发展。深入实施产业基础再造工程和重大技术装备攻关工程，突破核心能力短板、关键能力短板和基础能力短板，加快建设制造强国、质量强国、航天强国、交通强国、网络强国、数字中国。

使协调发展成为推进新型工业化的内生需要。推动新型工业化、信息化、城镇化、农业现代化同步发展，着力解决工业化进程中的发展不平衡不充分问题。促进实体经济、科技创新、现代金融、人力资源协同发展，形成科技—产业—金融良性循环。推进新型基础设施建设，加快建设以实体经济为支撑的现代化产业体系，推进战略性新兴产业、支柱产业、传统产业有效协同。基于主体功能区定位优化重大生产力布局，促进区域协调发展，不断完善高新园区、产业园区的功能和布局。推进产业集群化、融合化发展，打造一批具有国际竞争力的先进制造业集群和数字产业集群。

使绿色发展成为推进新型工业化的普遍形态。以推进碳达峰碳中和为抓手，建设资源节约、环境友好的绿色工业化体系，加快发展方式绿色转型，协同推进降碳、减污、扩绿、增长，推进生态优先、节约集约、绿色低碳发展。狠抓绿色低碳技术攻关，发展绿色低碳产业，以能源革命和绿色制造为突破口，构建以新能源为主体的现代绿色低碳能源体系和以绿色制造为主体的现代化产业体系。健全资源环境要素市场化配置体系，倡导绿色消费，全面推进绿色生产和消费转型，推动形成绿色低碳的生产方式和生活方式。

使开放发展成为推进新型工业化的必由之路。建设互利共赢、多元平衡、安全高效的全面开放的工业化体系，深度参与全球产业分工和合作，不断增强我国国际经济合作和竞争新优势。增强国内国际两个市场两种资源的联动效应，以国内大循环形成对全球要素资源的强大吸引力、在激烈国际竞争中的强大竞争力、在全球资源配置中的强大推动力，强化规则、规制、管理、标准等制度型开放。加强与共建"一带一路"国家市场、规则和标准的联通，深化金砖国家新工业革命伙伴关系，促进金砖国家在数字化、工业化、创新、包容和投资等领域的合作。

使共享发展成为推进新型工业化的根本目的。推进新型工业化的成果更多更公平地惠及全体人民，将实现共同富裕这个长期的历史过程与新型工业化进程有机结合。注意避免新型工业化进程中收入分配的"极化效应"，推进技术创新、制造业高级化，要兼顾环境效益和社会效益。促进数字经济和实体经济深度融合，利用数字经济消除西方发达国家日渐拉大的数字鸿沟，在创造高质量就业的同时缩小收入差距，使新型工业化成为创新驱动的、可持续的、包容的工业化，从而在推进新型工业化进程中实现全体人民共同富裕的现代化。

当今世界正处于百年未有之大变局，单边主义、保护主义明显上升，世界进入新的动荡变革期，我国发展进入战略机遇和风险挑战并存、不确定难预料因素增多的时期。推进新型工业化，必须坚持统筹发展和安全，增强风险意识，树立底线思维，这也是高质量发展的内在要求。要统筹产业发展和产业安全，统筹开放发展和经济安全，在推进新型工业化过程中积极探索开放经济条件下提升国家产业安全水平的有效路径。坚持底线思维、极限思维，加快关键核心技术攻关，提升产业基础高级化、产业链现代化水平，有效推进产业链强链补链稳链，积极开展重点领域产业竞争力调查和产业安全评估，完善产业安全管理体系，尤其是建立权责清晰、多部门紧密协作的产业链供应链安全管理体系。强化产业安全政策对制造业发展规划、重大科技专项、反垄断等各项微观经济政策制定实施的指导和协调作用。

延 伸 阅 读

从"制造"迈向"智造"　5G+工业互联网加速新型工业化进程

2023 年 11 月，工业和信息化部公布《2023 年 5G 工厂名录》，遴选产生了 300 家已建成的 5G 工厂，覆盖 24 个国民经济大类，建设投资总额达 97.3 亿元。这些 5G 工厂有效促进了企业数字化转型，助力企业实现提质、降本、增效、绿色发展。

在中央经济工作会议就 2024 年经济工作部署的九大重点任务中，"以科技创新引领现代化产业体系建设"被列在首位。以 5G 等新一代信息技术为基础的"5G+工业互联网"已成为加速中国新型工业化进程的重要支撑。

5G 工厂助力企业提质降本增效

入选《2023 年 5G 工厂名录》的本溪工具 5G 工厂是辽宁首个国家级 5G 工厂。该工厂生产的锯条产品,主要用于大型切割类机器设备。5G 工厂的投入使用,对本溪工具有限公司生产效率的提升起到了重要作用。据悉,通过 5G 优化后的生产流程,助力本溪工具公司产量提高了 1.5 倍、缩短了 50% 的待料时间以及 20% 的交货期。

"相邻齿高度差 ≤ 0.04mm;十刀内高度差 ≤ 0.1mm;检测点位于铣刀加工位置 2m ~ 2.5m 距离之内。"这是本溪工具公司对锯条锯齿检测的毫米级"苛刻"标准。在生产线改造过程中,视觉识别系统是改造中的重点和难点。

"传统锯条产品质检方式依赖人工肉眼识别,视觉疲惫导致差错率高,极大影响产能和交货期。如今,5G 高清摄像头与自动化生产线同频联动,通过高清图片自动检测,将双金属带锯条不良产品分离生产线,建立完善的缺陷算法模型,可以实现车间的物料无人智能检测,实现 2 分钟一个频次。"参与生产流程改造的中国移动辽宁公司有关负责人表示。

入选《2023 年 5G 工厂名录》的南京中兴滨江 5G 工厂,是中兴通讯的全球 5G 智能制造基地,基地主要生产以 5G 为代表的新一代无线通信设备。

在南京中兴滨江 5G 工厂,机器视觉、机器人、AGV 小车智能运营中心,分别扮演着眼睛、双手、双腿和大脑的角色,协同配合,实现自主生产,促使工厂人均产出提升 113%,交货周期缩短 42%,产品上市周期缩短 17%。工厂规划的新型数据中心还能每年给工厂节省约 3000 万度电。

通过全面覆盖的 5G 网络,南京中兴滨江 5G 工厂打造自动化、数字化、智能化生产线,应用 5G、AI、数字孪生、大数据等多项技术,建成了多项 5G+工业互联网应用场景。

目前,南京中兴滨江 5G 工厂生产的 5G 基站,全球发货量排名第二。2022 年工业产值达 404 亿元。

"5G 全连接"赋能传统生产线数字化升级

随着新一轮科技革命和产业变革的加速演进,生产设备智能化、生产环节自动化、生产质量标准化,成为传统制造业数字化转型的显著特征。

在上海福贝宠物用品股份有限公司超过 10000 平方米的宠物食品生产间里,在岗工作人员仅十几位。在生产线旁边的中央控制室内,一排操作台面、十余个显示屏幕,以及仅有的一位技术工程师成为了"常规配置"。

生产线上机器设备有条不紊地运行、中控室里大屏数据实时更新……这条无人化生产线针对宠物食品工厂从生产到发货所包含的各个功能模块实现了数字化升级。

"5G全连接环境下，接收到订单后，系统会自动判断食品配料是否齐全，然后进行配料、混合、膨化、烘干到装袋，机器之间通过5G通信'沟通'，实现智能自动化生产，也可以'自我体检'，只需要一名技术工程师即可正常运作。"该工厂相关负责人蔡京定介绍称。

中国移动上海公司松江分公司高级解决方案经理李浩对央广网记者表示，以较为复杂的膨化环节为例，"生产不同SKU的产品，需要更换不同模具进行膨化。不同于过去需要生产线工人对照订单信息临时找模具、换模具，现在借助5G+工业互联网平台，客户订单下达的同时，订单信息同步上传到MES（智能制造系统），生产车间就能及时根据订单需求提前更换模具，实现快速切线。"

在湖北，借助全省首条5G全连接中药生产线，中华老字号中药企业马应龙搭上了智能化改造、数字化转型的"快车"。通过采用中药软膏剂从辅料处理到配制、灌装、包装集成一体的全自动生产模式，马应龙实现了产品自动化、标准化生产。生产线每分钟能生产180支痔疮膏，每年生产软膏1.5亿支。

同时，借助5G专网和新一代信息技术，这家传统的中华老字号工厂如今科技感十足，一系列智能化设备、现代化生产线的布局，推动马应龙园区产能提升60%以上、生产效率提升30%以上，产品交付周期平均缩短一半以上。

"5G+工业互联网"加速新型工业化进程

工业互联网是第四次工业革命的关键支撑，5G是新一代信息通信技术演进升级的重要方向，二者都是实现经济社会数字化转型的重要驱动力量。

2023年11月，为促进"5G+工业互联网"规模化发展，工业和信息化部印发《"5G+工业互联网"融合应用先导区试点建设指南》，鼓励各地通过加大政策支持力度、夯实基础设施建设等举措，助力新型工业化。

工业和信息化部部长金壮龙在2023中国5G+工业互联网大会上指出，要继续扎实做好"5G+工业互联网"各项工作，为推进新型工业化、建设现代化产业体系提供坚强的支撑。

中国信通院技术与标准研究所副所长汤立波在接受央广网记者采访时指出，"5G+工业互联网"带来"一加一大于二"的叠加放大效应，有利于推动工业互联网创新发展战略、5G 战略落地实施。

汤立波表示，在新型工业化发展进程中，"5G+ 工业互联网"主要发挥基础性作用、聚合性作用、融合性作用。例如，在基础性方面，国际电信联盟定义的 5G eMBB、URLLC、mMTC 三大应用场景与工业互联网应用发展需求紧密契合，"5G+ 工业互联网"将更好满足工业网络无线化发展的趋势和基础要求，5G 技术标准的持续演进也推动 5G 面向工业的支持能力不断增强；在聚合性方面，"5G+ 工业互联网"与人工智能、大数据、云计算的有机结合将带动相关技术创新和产业发展；在融合性方面，"5G+ 工业互联网"与工业特有的技术、知识、经验紧密结合，由基础环节向关键环节延伸，充分调动产业各方的积极性和创造性，共同打好"团体赛"。

"经过前期的开拓探索，目前我国'5G+ 工业互联网'已进入规模化发展的新阶段，'5G+ 工业互联网'已实现工业行业大类全覆盖，并向其他国民经济重点行业加速延伸。"汤立波表示，5G 与工业互联网的融合将加速数字中国、智慧社会建设，加速中国新型工业化进程，为中国经济发展注入新动能。

——来源：央广网，2024-01-05

思考题

1. 新型工业化有哪些新的特征？
2. 如何推进我国新型工业化进程？

开年经济观察｜工信部：以数字化转型推进新型工业化

实施科教兴国战略　强化现代化建设人才支撑

党的二十大报告强调科教兴国战略，并将科教兴国战略、人才强国战略、创新驱动发展战略摆在一起，将教育、科技、人才整合到一起进行系统谋划，共同服务于创新型国家建设。这是对社会发展动力的科学判断，更是面对激烈国际竞争引领未来的历史选择。深入实施科教兴国战略，既要把握好教育、科技、人才之间的有机联系，又要讲究协同配合、系统集成，共同塑造发展的新动能新优势。

深入实施科教兴国战略，必须紧紧牵住培育拔尖创新型人才这个"牛鼻子"。科技是第一生产力、人才是第一资源、创新是第一动力。深入贯彻科教兴国战略，必须牢牢抓住"人"这一关键要素，优化科技人才的培养和发展环境，让各类人才的创造活力竞相迸发、充分涌流。

一、加快建设教育强国　为中华民族伟大复兴提供有力支撑

百年大计，教育为本。党的十八大以来，以习近平同志为核心的党中央高度重视教育工作，召开全国教育大会，印发实施《中国教育现代化 2035》，开启了加快教育现代化、建设教育强国的历史新征程。我国建成了世界最大规模的教育体系，各级教育普及程度总体稳居全球中上收入国家行列，其中学前教育、义务教育已经达到高收入国家平均水平，高等教育毛入学率 59.6%，进入普及化阶段。教育服务国家战略和经济社会发展能力显著提升，大中专院校为国家输送上亿名毕业生，急需紧缺人才培养取得积极进展。中国教育国际影响力显著提升，以更加开放自信主动的姿态走向国际舞台。

当前，我国正处于全面建设社会主义现代化国家的关键时期，教育发展的外部环境和内部条件正在发生复杂而深刻的重大变化。从国内看，乡村振兴和新型城镇化深入推进，国家重大区域战略和区域协调发展战略持续实施，对教育资源的布局结构提出了新要求。优化人口发展战略，积极应对人口老龄化，迫切要求进一步提高教育普及水平和发展质量。扩大中等收入群体，促进共同富裕，必须进一步提升全民受教育程度和劳动者技能。实施创新驱动发展战略，加快实现高水平科技自立自强，迫切需要把发展科技第一生产力、培养人才第一资源、增强创新第一动力更好结合起来，推动教育链、人才链和创新链融合发展。推进文化自信自强，必须更加充分地发挥教育在培育和践行社会主义核心价值观中的重要作用，不断提升全社会文明程度。

从国际看，世界百年未有之大变局加速演进，新一轮科技革命和产业变革深入发展，国际力量对比深刻调整，全球人才和科技竞争更为激烈，必须把握战略主动，全面提高人才自主培养质量，着力造就拔尖创新人才，加快建设世界重要人才中心和创新高地。数字经济发展迅速，新产业、新模式、新业态层出不穷，对人才培养结构和学习者能力素养提出了更高要求，也在重塑教育形态和学习方式。我们要准确识变、科学应变、主动求变，不断提升我国教育综合实力和国际竞争力，为构建人类命运共同体作出更大贡献。

面对新形势新要求，必须立足中华民族伟大复兴战略全局和世界百年未有之大变局，深刻领悟"两个确立"的决定性意义，坚持党对教育工作的全面领导，落实立德树人根本任务，始终把握教育既是民生、又是国计的重要属性，系统谋划、加快推进教育强国建设，为以中国式现代化推进中华民族伟大复兴提供有力的人才和智力支撑。

（一）厚植爱国情怀，培育时代新人

爱国主义是中华民族的民族心、民族魂，是中华民族最重要的精神财富，是中国人民和中华民族维护民族独立和民族尊严的强大精神动力。爱国主义教育是世界各国教育的必修课。2023 年 10 月 24 日，十四届全国人大常委会第六次会议表决通过《中华人民共和国爱国主义教育法》（以下简称"爱国主义教育法"），对加强新时代爱国主义教育，传承和弘扬爱国主义精神，凝聚全面建设社会主义现代化国家、全面推进中华民族伟大复兴的磅礴力量，提供了有力法治保障，也为教育系统深化爱国主义教育明确了方向任务、提供了依据保障，具有重大而深远的意义。要全面落实法律规定，厚植爱国主义情怀，努力培养担当民族复兴大任的时代新人。

1. 深刻领会爱国主义教育法的精神实质，增强做好爱国主义教育的使命感责任感

习近平总书记高度重视爱国主义教育，就弘扬爱国主义精神、开展爱国主义教育发表一系列重要论述，作出一系列重要指示批示，强调培养社会主义建设者和接班人，首先要培养学生的爱国情怀，弘扬爱国主义精神要从少年儿童抓起，要把爱国主义教育贯穿国民教育和精神文明建设全过程。颁布实施爱国主义教育法，是贯彻落实习近平总书记相关重要论述精神和党中央决策部署的重要举措。落实好立德树人根本任务，回答好培养什么人、怎样培养人、为谁培养人的根本问题，必须把爱国主义教育作为必修课和核心课题。教育系统牢记习近平总书记嘱托，将爱国主义教育作为立德树人的鲜明底色，全面融入学科体系、教学体系、教材体系、管理体系，贯穿教育工作全过程，取得了积极成效。

爱国主义教育法全面总结新时代爱国主义教育成功经验，把握爱国主义教育规律特点，对爱国主义教育作出了系统规定。下一步，要在既有工作基础上，深刻领会爱国主义教育法的精神实质，强化使命担当，进一步开展好爱国主义教育工作。要教育引导学生坚持爱国和爱党爱社会主义相统一，深刻认识党的领导是中国特色社会主义的最本质特征和最大制度优势，深化对中国共产党领导和中国特色社会主义道路的政治认同、思想认同、理论认同、情感认同，立志听党话、跟党走，立志扎根人民、奉献国家。教育引导学生把自身的理想同祖国的前途、把自己的命运同民族的命运紧密联系在一起，引导学生树立和坚持正确的国家观、历史观、民族观、文化观，增强爱国意识和爱国情感，增强民族自豪感和自信心，让爱国主义精神在学生心中扎根。教育引导学生在社会实践中厚植家国情怀、增长知识才干，把爱国之情、报国之志融入祖国改革发展的伟大事业之中、融入人民创造历史的伟大奋斗之中。教育引导学生铸牢中华民族共同体意识，自觉维护国家统一和民族团结，自觉履行维护祖国的安全、荣誉和利益的义务。

2. 全面掌握爱国主义教育法的主要内容，切实履行实施爱国主义教育的法定职责

我国有各级各类学校 51.85 万所，在校生 2.93 亿人。青少年学生是爱国主义教育的重要群体，学校是加强爱国主义教育的重要阵地。爱国主义教育法明确了国家将爱国主义教育纳入国民教育体系，并规定了教育行政部门、各级各类学校应当履行的职责。要以贯彻落实爱国主义教育法为新的起点，全面履行法定职责，不断增强教育的针对性实效性和吸引力感染力，切实把法律规定转化为深入开展爱国主义教育的生动实践。

坚持思政课主阵地和融入教学全过程相结合。爱国主义教育法规定，各级各类学校应当将爱国主义教育贯穿学校教育全过程，办好、讲好思想政治理论课，并将爱国主义教育内容融入各类学科和教材中。思想政治理论课是爱国主义教育的主阵地，各级各类学校都要把这门课办好、讲好。要按照国家规定建立爱国主义教育相关课程联动机制，针对各年龄段学生特点，确定爱国主义教育的重点内容，充分挖掘各门课程所蕴含的爱国主义教育元素和所承载的爱国主义教育功能，构建爱国主义教育与知识体系教育相统一的育人机制。

坚持课堂教学和实践活动相结合。开展爱国主义教育既要深化理论诠释，讲清楚是什么、为什么，推动爱国主义教育进教材、进课堂、进头脑，全过程、全方位开展爱国主义教育；又要强调实践育人，将课堂教学与课外实践和体验相结合，把爱国主义教育内容融入学校各类主题活动，通过组织学生参观爱国主义教育基地、参加校外实践活动等方式，增强情感认同，实现同频共振，发挥好实践育人功能。

坚持知识传授和文化浸润相结合。要通过思想政治理论课的专门讲授，让学生理解和掌握历史文化、国家象征和标志、宪法法律、国家统一和民族团结、国家安全和国防、英烈和模范人物事迹及其体现的民族精神、时代精神等。着力营造浓厚的爱国主义教育校园氛围，挖掘校园文化中蕴含的爱国主义教育元素和承载的丰厚道德资源，为培育青少年学生的爱国主义情感创造良好的文化环境。

坚持情感培育和规范行为相结合。习近平总书记强调，爱国，不能停留在口号上。开展爱国主义教育，要培育和增进广大青少年学生对中华民族和伟大祖国的情感，让他们立志成长为在社会主义现代化建设中可堪大用、能担重任的栋梁之材。同时，也要教育引导广大青少年学生牢牢守住底线和红线，自觉抵制爱国主义教育法所禁止的行为。对损害党的领导、国家利益和社会主义制度的言行，要及时依法予以制止和惩戒，营造良好的爱国主义教育氛围。

3. 充分用好爱国主义教育法的保障措施，推动凝聚多方参与爱国主义教育的强大合力

习近平总书记强调，办好教育事业，家庭、学校、政府、社会都有责任。爱国主义教育是一项系统工程，既要创造学校教育小环境，又要营造社会大氛围。爱国主义教育法明确规定，爱国主义教育坚持中国共产党的领导，健全统一领导、齐抓共管、各方参与、共同推进的工作格局。开展爱国主义教育，既要练好"内功"，做到守土有责、守土负责、守土尽责，又要借好"外力"，充分用好爱国主义教育法规定的支持保障措施，加强与家庭、社会等各方面沟通协调，不断完善全员、全过程、全方位育人体制机制。

指导开展家庭教育，夯实爱国主义教育之"基"。家庭是人生的第一所学校，家长是孩子的第一任老师，要给孩子讲好"人生第一课"，帮助他们扣好人生第一粒扣子。要发挥学校与家庭联系紧密的独特优势，加强对家庭教育的专业支持，指导家长落实爱国主义教育法规定，把热爱祖国融入家庭教育，引导家长积极支持、配合学校开展爱国主义教育教学活动，引导、鼓励未成年人参加爱国主义教育社会活动。

丰富教育资源供给，凝聚爱国主义教育之"力"。各级教育行政部门、各级各类学校要积极依法统筹协调、主动争取各方面支持，大力丰富爱国主义教育资源供给，充分运用好红色资源、文物古迹、爱国主义教育基地和各类文化场馆等资源，用好爱国主义题材的文艺作品、优秀课外读物、动漫、音视频产品等，创新方式、凝聚力量，推动构建社会大课堂，不断增强爱国主义教育的系统性、丰富性、针对性。

推动学习宣传阐释，营造爱国主义教育之"势"。要以学习宣传爱国主义教育法为契机，组织开展全系统贯通式的专题培训，统一思想认识、更新教育理念，全面总结实施爱国主义教育的成功经验和有效做法，对照法律查摆存在的问题与短板，推动形成依法实施爱国主义教育的新局面。要落实爱国主义教育法规定，支持开展爱国主义教育理论研究，广泛宣传推广教育系统深入开展爱国主义教育的好经验、好做法、好成果，坚持正确的舆论导向，唱响弘扬爱国主义精神的主旋律，共同营造良好的社会舆论氛围。

（二）加快建设教育强国的着力点

1. 加快建设教育强国，要在党的全面领导下贯彻落实根本任务

立德树人是教育的根本任务；培养什么人、怎样培养人、为谁培养人是教育的根本问题，也是建设教育强国的核心课题。习近平总书记强调，"我们要建设的教育强国，是中国特色社会主义教育强国"。一方面，这一论断对我国教育的根本任务和根本问题作出了本质性的规定。建设中国特色社会主义教育强国，办的是社会主义教育，目的在于培养一代又一代德智体美劳全面发展的社会主义建设者和接班人，培养一代又一代在社会主义现代化建设中可堪大用、能担重任的栋梁之材，确保党的事业和社会主义现代化强国建设后继有人。另一方面，这一论断蕴含着建设教育强国的坚强保证。中国共产党的领导是中国特色社会主义最本质的特征，是中国特色社会主义制度的最大优势。党的全面领导直接关系我国教育事业的根本方向和最终成败，是新时代新征程做好教育工作的本质特征和最大优势，是建设中国特色社会主义教育强国的根本政治保证。加快建设教育强国，必须坚持党对教育事业的全面领导，始终牢记为党育人、为国育才的崇高使命，全面贯彻党的教育方针，落实立德树人的根本任务，建立健全坚持和加强党全面领导教育事业的组织体系、制度体系、工作机制，形成纵到底、横到边、全覆盖的工作格局，不断完善党委统一领导、党政齐抓共管、部门各负其责的教育领导体制；必须坚持马克思主义指导地位、坚持中国特色社会主义教育发展道路、坚持社会主义办学方向，坚持用习近平新时代中国特色社会主义思想铸魂育人，推进大中小学思想政治教育一体化建设，深度实施"大思政课"建设工程，着力加强社会主义核心价值观教育，把立德树人融入各领域各环节各方面，在全社会树立科学的人才观、成才观、教育观，在加快推进教育现代化的新征程中不断培养担当民族复兴大任的时代新人。

2. 加快建设教育强国，要聚焦核心功能强化教育强国顶层设计

支撑引领中国式现代化，是建设教育强国的核心功能。习近平总书记强调："教育是提高人民综合素质、促进人的全面发展的重要途径，是民族振兴、社会进步的重要基石，是对中华民族伟大复兴具有决定性意义的事业。"当前，党和国家的中心任务就是团结带领全国各族人民全面建成社会主义现代化强国、实现第二个百年奋斗目标，以中国式现代化全面推进中华民族伟大复兴。建设教育强国，既与实现人的现代化直接相关，又与整个民族和社会的现代化紧密相连；推进教育现代化，既是实现中国式现代化的重要组成部分，又为实现其他领域的现代化、全面推进中国式现代化提供重要支撑。加快建设教育强国，必须立足全面推进中国式现代化的整体进程，充分把握新时代新征程新阶段对建设教育强国提出的新的更高要求，综合考量世界大发展大变革大调整对推进教育现代化带来的挑战与机遇，同时对接科技强国、人才强国、乡村振兴等国家重大战略，围绕党的二十大报告对建设教育强国制定的总体目标和《中国教育现代化2035》绘就的宏伟蓝图进行系统规划、精密部署和超前布局；必须对标新时代中国特色社会主义建设总体战略安排，聚焦建设教育强国的战略性问题及当前教育发展面临的紧迫性问题和人民群众关心的问题，建强涵盖指导思想、基本理念、基本原则、战略目标、重点任务、实施路径、保障机制等顶层设计，在总体规划、系统推进的基础上分区展开、分步细化，办好人民满意的教育，以教育现代化为中国式现代化提供坚实支撑。

3. 加快建设教育强国，要围绕重要任务建设好高质量教育体系

服务高质量发展，是建设教育强国的重要任务。习近平总书记强调，"要坚持把高质量发展作为各级各类教育的生命线，加快建设高质量教育体系"。高质量发展与高质量教育密不可分、相辅相成。一方面，高质量发展是全面建设社会主义现代化国家的首要任务，实现高质量发展必须构建高质量教育体系、办好高质量教育，这是高质量发展在教育领域的内在要求和生动体现。另一方面，高质量教育体系是实现高质量教育的支撑系统，

能够通过高效传承、传播先进文化提升国民综合素质和能力，促进科技进步和生产工具革新，推动生产关系的调整和完善，从而助推经济社会高质量发展，最终实现物质、精神、政治、生态、社会文明的协调发展。加快建设教育强国，必须坚持以人民为中心的发展思想，加快建设面向全体人民的高质量教育体系，夯实基础教育基点，普及普惠发展学前教育，优质均衡发展义务教育，全面普及高中阶段教育，提高职业教育服务能力，强化高等教育龙头竞争力，保障和完善特殊教育，构建德智体美劳全面培养、服务终身学习的现代教育体系；必须建立健全更加系统完备、科学规范、运行有效的教育管理体制和制度体系，从学科体系、教学体系、教材体系、管理体系等方面进行全要素科学谋划，完善教育质量标准体系和教育质量评估监测机制，推动各级教育高水平高质量普及，构建全社会共同参与的教育治理新格局；必须推动高质量教育体系与高水平科技、高素质人才的有机融合、统筹推进，立足我国人才缺口状况和科学技术发展态势，加快一流大学和一流学科建设，加强高等学校创新体系建设，提高拔尖创新人才自主培养能力，健全多层次职业技术人才培养体系，统筹职业教育、高等教育、继续教育，推进职普融通、产教融合、科教融汇，有的放矢培养国家战略人才和急需紧缺人才，源源不断培养高素质技术技能人才，以高质量教育体系有效助推高质量发展。

4. 加快建设教育强国，要推进改革创新激发由"大"到"强"的强劲动力

改革是教育事业发展的根本动力。习近平总书记指出："从教育大国到教育强国是一个系统性跃升和质变，必须以改革创新为动力。"我国有着世界上规模最大的教育体系，要运行好、发展好这样庞大而复杂的教育事业，要实现从教育大国到教育强国的跃升，必须不断深化教育领域综合改革，大力推进教育体制改革创新。加快建设教育强国，必须坚持系统观念，整体协同推进教育领域改革创新，统筹推进育人方式、办学模式、管理体制、保障机制改革，坚决破除一切制约教育高质量发展的思想观念束缚和体制机制弊端，扭转教育功利化倾向，打造健康的教育环境和生态，全面提高教育治理体系和治理能力现代化水平；必须把促进教育公平融入教育综合改革各方面各环节，缩小教育的城乡、区域、校际、群体差距，加快构建优质均衡的基本公共教育服务体系，让每个孩子都能享有公平而有质量的教育；必须加强教师队伍建设，健全中国特色教师教育体系，造就高素质专业化创新型教师队伍；必须紧跟时代前沿，以教育数字化作为开辟教育发展新赛道和塑造发展新优势的重要突破口，深入实施国家教育数字化战略行动，建好用好国家智慧教育平台等一系列数字平台和资源，推动信息技术在教学、管理、学习、评价等方面的应用，全面提升教育信息化水平和师生信息素养，加快信息化时代教育变革，充分适应数字时代知识获取方式和传授方式、教和学关系的革命性变化；必须统筹做好"引进来"和"走出去"两篇大文章，在全面提升国际交流合作水平、有效利用世界一流教育资源和创新要素的同时，积极参与全球教育治理，大力推进"留学中国"品牌建设，推动实施联合国2030年可持续发展议程教育目标，深度参与国际教育规则、标准、评价体系的研究制定，不断提升我国教育的国际影响力和话语权，为早日实现教育强国目标提供强劲动力和旺盛活力。

（三）切实加强师德师风建设

强国必先强教，强教必先强师。党的十八大以来，以习近平同志为核心的党中央高度重视教师队伍建设，把师德师风建设作为提升新时代教师素质、办好人民满意教育的首要任务。习近平总书记在主持中共中央政治局第五次集体学习时强调，加强师德师风建设，引导广大教师坚定理想信念、陶冶道德情操、涵养扎实学识、勤修仁爱之心，树立"躬耕教坛、强国有我"的志向和抱负，坚守三尺讲台，潜心教书育人。在2023年全国优秀教师代表座谈会上，习近平总书记致信与会代表，勉励大家大力弘扬教育家精神，牢记为党育人、为国育才的初心使命，树立"躬耕教坛、强国有我"的志向和抱负，自信自强、踔厉奋发，为强国建设、民族复兴伟业作出新的更大贡献。

从"四有好老师""四个引路人"到"四个相统一"，再到寄语广大教师大力弘扬教育家精神，习近平总书记对新时代加强师德师风建设不断提出新要求，为培养造就适应教育强国需求的高素质专业化师资队伍提供了根本遵循。建设教育强国，龙头是高等教育。高校作为实施高等教育的主要组织机构，要在教育强国战略中舞好龙头、担好重任，必须深刻理解并贯彻落实好习近平总书记关于教师队伍建设的重要论述，坚持以师德师风建设贯穿始终，着力塑造一支追求教育家精神的"四有好老师"队伍，全面强化立德树人的核心支撑。

1. 坚定理想信念，铸牢立德树人之"魂"

从好老师要"有理想信念"到要"做学生奉献祖国的引路人"，再到要有"心有大我、至诚报国的理想信念"，习近平总书记对教师理想信念的要求不断具体、明晰、丰富。深入贯彻落实习近平总书记的重要讲话精神，引导和促进广大教师坚定理想信念，不断铸牢立德树人之"魂"，是新时代高校师德师风建设的首要任务。一是强化理论武装。要让教育者先受教育，坚持不懈用习近平新时代中国特色社会主义思想武装教师头脑、指导教师行动，不断提升理论修养和思想政治素质，补足精神之钙，把稳思想之舵，筑牢信仰之基，深刻领悟"两个确立"的决定性意义，增强"四个意识"、坚定"四个自信"、做到"两个维护"。通过学思用贯通滋养初心，以知信行合一践行使命，把坚定的政治信仰展现在教育教学的全过程。二是突出价值导向。教育的本质是一棵树摇动另一棵树，一朵云推动另一朵云，一个灵魂唤醒另一个灵魂。大力引导教师带头践行社会主义核心价值观，将社会主义核心价值观融入教育教学和人才培养全过程，体现在学校管理及校园文化建设各环节，使之内化为一种共同价值追求和行动准则，教育和引导青少年不负时代、不负人民，立大志、明大德、成大才、担大任，自觉把人生理想融入国家和民族事业之中。三是厚植教育情怀。习近平总书记强调："情怀要深，保持家国情怀，心里装着国家和民族，在党和人民的伟大实践中关注时代、关注社会，汲取养分、丰富思想。"引导广大教师始终心怀"国之大者"，努力践行"为党育人、为国育才"的初心使命；始终把办好人民满意的教育作为矢志追求，坚定热心从教、精心从教、长期从教、终身从教的理想与抱负；始终坚持"四个服务"的办学方针，在守正创新中解决好为谁培养人、培养什么人、怎样培养人的根本问题，呕心沥血传道授业、至诚至真立德树人。

2. 陶冶道德情操，夯实立德树人之"基"

习近平总书记指出："老师是学生道德修养的镜子。好老师应该取法乎上、见贤思齐，不断提高道德修养，提升人格品质，并把正确的道德观传授给学生。"引导和促进广大教师陶冶道德情操，不断夯实立德树人之"基"，是新时代高校师德师风建设的重中之重。首先是完善制度建设。将师德表现作为教师招聘引进、职称评聘、推优评先、聘期考核、项目申报、教学评价等工作的首要要求，立好导向标、用好指挥棒，不断完善融教育、激励、考核、监督、惩处于一体的制度体系，持续优化以职业道德为核心的教师道德情操养成机制，通过条件前置、刚性约束、监督延伸、奖惩结合，着力锻造德才兼备、德能相济、德技双馨的教师队伍。其次是强化师德实践。良好的道德情操是在长期的教育实践中锤炼而成的。坚持"以德为先"，系统化、常态化、机制化加强师德养成教育，增强教师以德立身、以德立学、以德施教的思想自觉和行动自觉，坚持立德与修身相结合、言传与身教相统一，在三尺讲台的育人实践中锤炼高尚道德情操。建立健全教师参加送教下乡、送课入企、公益讲座、社会培训等志愿服务活动的制度，鼓励支持广大教师在服务社会的生动实践中恪守职业精神、培塑优良师德。最后是发挥先进典型示范引领。广泛开展最美教师、师德标兵、育人楷模、教学名师等评选活动，选树优秀教师，彰显榜样力量，形成示范引领，激励"赶学比超"。充分利用学校官网、微信公众号、微博等多元传播载体，加大对先进典型的宣传力度，让身边人讲好身边事、用身边事激励身边人，传递师德正能量、弘扬时代主旋律，使师德建设更加贴近生活、贴近实际、贴近教师。

3. 涵养扎实学识，稳固立德树人之"本"

教育家要有启智润心、因材施教的育人智慧，勤学笃行、求是创新的躬耕态度。对教师的知识、能力和素质要求，决定了高校必须多措并举，引导和促进广大教师涵养扎实学识，不断稳固立德树人之"本"。优化培养体系，大力实施"教师教学能力提升计划"，有效构建"校本培训＋专业送培＋国外研修"相结合的培养体系，切实加强教师的综合素质培养，为教师提升教书育人的能力本领进行系统赋能，使之成为"经师"和"人师"相统一的"大先生"。完善评价体系，坚持将上好课、教好书、育好人作为评价教师的基本要求，围绕师德师风、专业水平、教学实绩、育人成效等教师职业行为与责任担当中的核心要素制定导向鲜明的评价体系，引导教师回归初心、聚焦主业、潜心教学、矢志育人。健全支持体系，优化相关政策与机制，打通教师学术进修、在职教育、学历提升、职级晋升的平台与通道，拓展教师的职业发展空间；加大对教师教学创新、改革实践、成果产出的支持力度，促进教师教研并进、科教融汇。

4. 勤修仁爱之心，深植立德树人之"根"

习近平总书记指出："好老师应该是仁师，没有爱心的人不可能成为好老师。"爱是教育的灵魂，没有爱就没有教育。因此，教师必须自觉坚持勤修乐教爱生、甘于奉献的仁爱之心。培养博大爱心，学会从内心深处关爱、理解、尊重和宽容学生，把真情、真心、真爱贯穿教书育人全过程，积极用爱培育爱、激发爱、传播爱，让每一位学生以爱为帆，以梦为桨，舟行潮头，搏击学海。学会换位思考，注重用"学生的心灵"去感悟，用"学生的立场"去思考，用"学生的眼光"去审视，用"学生的兴趣"去实践，站在学生视角思考学生成长中遇到的问题，帮助学生自我教育、自我完善，努力成为学生的好朋友和知心人。强化责任担当，切实肩负起传播知识、传播思想、传播真理，塑造灵魂、塑造生命、塑造新人的时代重任，始终做到心中有责、肩上担责、手头尽责，悉心从教、精心育人、用心治学，以对学生的深爱诠释对教育的挚爱，以对教育的挚爱彰显对国家的热爱。

二、加强基础研究　实现高水平科技自立自强

习近平总书记在二十届中央政治局第三次集体学习时的重要讲话，对加强基础研究相关重大问题作出深刻阐述、提出明确要求，为推动基础研究高质量发展提供了根本遵循和行动指南。要深刻领会习近平总书记关于基础研究的系列重要讲话重要指示批示精神，深入把握加强基础研究的重大意义、丰富内涵和实践要求，切实增强做好基础研究工作的思想自觉、政治自觉和行动自觉，为加快实现高水平科技自立自强筑牢根基。

（一）深刻把握基础研究的重大意义

当前，新一轮科技革命和产业变革深入发展，学科交叉融合不断推进，基础研究转化周期明显缩短，国际科技竞争向基础前沿前移。从源头和底层解决关键技术问题，是应对国际科技竞争的迫切需要。我们要不断加强基础研究，为实现高水平科技自立自强、加快建设世界科技强国夯实坚实根基。

基础研究是整个科学体系的源头。基础研究是所有技术问题的总机关，基础研究的突破，往往能够带来生产力的深刻变革和社会的巨大进步。历史上任何一次科技革命均是建立在基础研究的突破之上。18世纪60年代的第一次技术革命，标志是蒸汽机的广泛应用，这与近代力学、热力学发展有着密切的关联。19世纪70年代的第二次技术革命，标志是电力的应用，这是电磁理论突破引发的成果。20世纪40年代的第三次技术革命，标志是原子能技术、电子技术和空间技术的广泛应用，这是在相对论、量子力学等基础理论突破的基础上产生的。基础研究的突破，极大改变了人类对世界的认知方式，进而会引起产业革命，对人类社会的发展产生深远影响。

加强基础研究是实现高水平科技自立自强的迫切要求。基础研究是根本的源动力，是实现科技自立自强的前提。党的十八大以来，传统要素增长的驱动力逐渐减弱，科技进步对增动力、调结构、转方式的贡献日益凸显。党的二十大报告突出强调要加强基础研究、突出原创、鼓励自由探索。推进科技自立自强，必须持之以恒加强基础研究。坚持需求导向，组织高水平的科学家、技术和产业等方面的专家，凝练核心基础科学问题，发挥我国集中力量办大事的制度优势，做大做强基础研究，提升"从0到1"的原创能力。

加强基础研究是建设世界科技强国的必由之路。基础研究是强国基石，高水平的原始创新是科技强国的重要标志。党的十八大以来，我国在中微子振荡、铁基超导、量子信息、干细胞、脑科学、类脑芯片、纳米材料等基础前沿方向取得一批具有国际影响力的重

大原创成果。但我国科技工作仍面临诸如芯片、高温空间发动机等关键领域的"卡脖子"问题，其根源在于基础研究跟不上。必须坚持问题导向，瞄准未来科技和产业发展的制高点，加强多学科融合的基础研究，统筹部署战略导向的体系化基础研究、前沿导向的探索性基础研究、市场导向的应用性基础研究，发挥新型举国体制优势，努力建设科技强国。

（二）新时代以来我国基础研究取得历史性成就

党的十八大以来，在以习近平同志为核心的党中央的坚强领导下，全国科技界努力拼搏奋斗，我国的科技实力从量的积累迈向质的飞跃、从点的突破迈向系统能力的提升，科技创新取得新的历史性成就。"智能造""中国芯""未来车""数据港"等技术加快发展，基础研究和原始创新不断加强，一些关键核心技术实现突破，进入创新型国家行列。

坚持创新在我国现代化建设全局中的核心地位。创新是民族进步之魂，科技创新必须摆在国家发展全局的核心位置。新时代10余年来，党中央把提升原始创新能力摆在更加突出的位置，成功组织一批重大基础研究任务、建成一批重大科技基础设施，基础前沿方向重大原创成果持续涌现。在全面建成社会主义现代化强国的征程中推进高水平科技创新，这是一项崭新的事业，也是一个全新的命题。习近平总书记强调，"只有重视基础研究，才能永远保持自主创新能力"，深刻阐明了加强基础研究对增强自主创新能力、增添高水平科技自立自强后劲、夯实科技强国基础的极端重要性，指引我国充分发挥科技创新的引领作用，注重基础研究，加大科技基础建设，聚焦原始创新能力，重大科技创新成果竞相涌现，基础研究整体实力显著增强。

把科技自立自强作为国家发展的战略支撑。科技是国家强盛之基，科技自立自强的观念早已深入人心。新时代10余年来，以习近平同志为核心的党中央坚持创新在我国现代化建设全局中的核心地位，把科技自立自强作为国家发展的战略支撑，引领我国科技事业密集发力、加速跨越，重大科技创新成果竞相涌现，科技自立自强迈出坚实步伐，实现了历史性、整体性、格局性重大变化。历史和实践反复告诉我们，关键核心技术是要不来、买不来、讨不来的，只有科技自立自强才能建设质量强国、网络强国、数字中国、制造强国等。我们必须加大基础科学和前沿领域的投入，筑牢国家科技基础，抢占前沿技术的制高点、塑造发展新动能新优势，赢得未来竞争的主动权。在涉及国家安全的关键领域、核心技术上，要下好先手棋、赢得主动权，实现科技自立自强。

重大科技创新成果竞相涌现。基础研究的根扎得越深，创新之树就越枝繁叶茂。新时代10余年来，基础研究整体实力显著加强，化学、材料、物理、工程等学科整体水平明显提升。在量子信息、干细胞、脑科学等前沿方向上取得一批重大原创成果。我国成功组织了一批重大基础研究任务，"嫦娥五号"实现地外天体采样返回，"天问一号"开启火星探测，"怀柔一号"引力波暴高能电磁对应体全天监测器卫星成功发射，"慧眼号"直接测量到迄今宇宙最强磁场，500米口径球面射电望远镜首次发现毫秒脉冲星，新一代"人造太阳"首次放电，"雪龙2"号首航南极，76个光子的量子计算原型机"九章"、62比特可编程超导量子计算原型机"祖冲之号"成功问世。散裂中子源等一批具有国际一流水平的重大科技基础设施通过验收。科技自立自强迈出坚实步伐，取得历史性、突破性的重大成就。

（三）加强基础研究战略部署，扎实做好基础研究工作

二十届中央政治局围绕加强基础研究进行第三次集体学习，习近平总书记主持学习并发表重要讲话，对加强基础研究作出战略部署，强调"强化基础研究前瞻性、战略性、系统性布局""深化基础研究体制机制改革""建设基础研究高水平支撑平台""加强基础研究人才队伍建设""广泛开展基础研究国际合作""塑造有利于基础研究的创新生态"六项工作，为新时代做好基础研究工作指明了方向。

强化基础研究前瞻性、战略性、系统性布局。基础研究处于科研链条的起始端，地基打得牢，科技事业大厦才能建得高。加强基础研究要突出其前瞻性、战略性和系统性布局，为创新发展提供基础理论支撑和技术源头供给。首先，要有前瞻眼光。要善于"高处"想好问题，"低处"找准问题，超前布局变革性的新技术，及早谋划、有的放矢。其次，要有战略思维。针对国计民生中的重大科学问题，从产业需求和实际应用出发，凝练重大的基础科学问题，开展基础性研究，加强底层技术攻关，满足国家战略需求。最后，要有系统观念。基础研究是一个系统工程，教育是基础，科技是关键，人才是根本，坚持教育发展、科技创新、人才培养一体推进，深入实施创新驱动发展战略，推进教育发展、人才培养与科技创新之间形成良性系统循环。

深化基础研究体制机制改革。习近平总书记强调，"必须发挥好制度、政策的价值驱动和战略牵引作用。"首先，健全多元化基础研究投入机制。基础研究是公益性事业，政府公共财政投入是主体。我国企业对基础研究的投入严重不足，因此，要稳步增加基础研究的财政投入力度，通过税收优惠等方式激励企业加大基础研究投入，鼓励社会力量捐赠、设立科学基金等多元化投入。其次，优化基础研究支持体制。完善基础研究项目的组织、申报、评审和决策机制，实施差异化管理和国内外同行评议，针对基础学科自身的特

殊性，在经费拨发、日常管理、评判考核等方面形成与应用型学科有所区别的支持模式。再次，构筑均衡发展的高质量学科体系。学科均衡协调发展是实现基础研究重点跨越的重要条件。支持基础学科、重点学科、新兴学科、交叉学科、冷门学科和薄弱学科发展，推动学科交叉融合和跨学科研究，加快建设具有中国特色、世界一流的优势学科。

建设基础研究高水平支撑平台。构建分工明确、定位合理、优势互补的国家战略科技力量协同机制。首先，发挥国家实验室引领作用。探索建立国家重点实验室作为独立责任主体申请和承担国家科技任务的机制，支持其围绕孕育重大原始创新、推动学科发展和解决国家重大科技问题开展研究，发挥其引领作用。其次，布局建设基础学科研究和前沿科学中心。优化高水平研究型大学、科技领军企业和新型研发机构等骨干力量，差异化开展人才培养、学科建设、基础研究的定位与布局。坚持问题和目标导向，吸引国内外一流基础学科和前沿科技人才进行合作交流，打造开放创新、具有国际影响力的基础学科和前沿科技高地。再次，超前部署新型科研信息化基础平台。聚焦新一轮科技革命重大方向，瞄准大数据、人工智能、区块链等前沿科学，超前建设科学数据中心，搭建新型科研信息化基础平台。完善科学数据开放共享的法制化、规范化、标准化，最大限度发挥平台作用。通过项目合作、人才交流、学术研讨、共同攻关等多种方式，强化不同类型基础研究创新基地的协同。

加强基础研究人才队伍建设。加强基础研究，归根结底要靠高水平人才。首先，打造基础研究人才培养平台。加大对基础研究人才支持力度，培养使用战略科学家，支持青年科技人才挑大梁、担重任，不断壮大科技领军人才队伍和一流创新团队，让更多基础研究人才竞相涌现。其次，完善基础研究人才差异化评价和长周期支持政策。在人才评价制度改革中，要充分考虑战略导向的体系化基础研究、前沿导向的探索性基础研究、市场导向的应用型基础研究之间的差异性，完善分类评价制度，加快建立以创新价值、能力、贡献为导向的人才评价体系。由于基础研究普遍周期较长，解决基础科学问题需要花大力气、找好方法、不断试错，要完善对其长周期支持政策。再次，坚持走基础研究人才自主培养之路。发挥高校特别是"双一流"高校基础研究人才培养主力军作用，加强国家急需高层次人才培养，深入实施"中学生英才计划""强基计划""基础学科拔尖学生培养计划"，源源不断地培育基础研究后备力量。

广泛开展基础研究国际合作。国际科技竞争日趋激烈，但竞争中也蕴含合作机会。在加强基础研究内部支持的同时，积极推动基础研究国际合作。首先，实施开放包容的国际合作战略。聚焦全球性挑战，布局新兴前沿领域，整合全球智力资源，推进基础研究国际合作，打造优势领域"长板"，补上薄弱领域"短板"。其次，建立深层次基础研究合作机制。坚持引进来、走出去并举，组织实施国际大科学工程和大科学计划，倡导设立国际科技组织，支持和引导国内和外籍科学家参与研究和任职。办好一流国际学术期刊和学术交流平台。引导促进民间基础研究国际合作，吸引国际高水平基础研究人才为我国企业提供智力支持。再次，加大基础研究计划对外开放力度。提升科研机构、大学、实验室和创新团队开展国际合作的能力，鼓励我国科学家主动"走出去"，积极参加全球各类基础研究学术团体。积极参与筹备基础研究领域国际性学术交流会议，主动设置前沿议题，逐渐增强我国在基础研究中的话语权。

塑造有利于基础研究的创新生态。创新生态是滋养创新精神、强化创新动力的基础性社会生态环境。经过几代科技工作者的接续奋斗，我国铸就的"两弹一星"精神、载人航天精神、西迁精神、探月精神等，共同塑造了独具中国特色的创新生态，成为支撑基础研究发展的不竭动力。首先，加强国家科普能力建设。强化社会科普责任，促进科普与科技创新的协同发展，构建新时代大科普发展格局。实施全民科学素质提升行动，开展多渠道传播科学知识、科技成就的活动，树立热爱科学、崇尚科学的社会风尚。其次，弘扬科学家精神和科学精神。广泛宣传基础研究领域涌现的先进事迹和典型，教育引导广大科技工作者传承老一辈科学家以身许国、心系人民，把论文写在祖国大地上的光荣传统和科学家精神，在全社会大力弘扬追求真理、勇攀高峰的科学精神。再次，强化科学教育。在"双减"中做好科学教育加法，构建校内、校外有机融合的科学教育体系，激发青少年探索欲、好奇心、想象力，培育具备科学家潜质、愿意投身科学事业的青少年群体。同时，各级领导干部要学习科技知识，增强把握科学发展规律的能力，提升科技创新治理的现代化管理水平。

三、深入实施人才强国战略　培养德才兼备的高素质人才

培养造就大批德才兼备的高素质人才，是国家和民族长远发展大计。党的二十大报告提出，"深入实施人才强国战略"。坚持科技是第一生产力、人才是第一资源、创新是第一动力，深入实施科教兴国战略、人才强国战略、创新驱动发展战略，方能开辟发展新领域新赛道，不断塑造发展新动能新优势。推进中国式现代化建设，必须培养造就现代化建设需要的高素质人才，发挥人才引领驱动现代化建设的作用，使人才自身在现代化建设中得

到全面自由的发展，着力探索强化人才支撑作用的实现路径。

（一）从世界人力资源大国迈入世界人才强国行列

教育、科技、人才是全面建设社会主义现代化国家的基础性、战略性支撑。早在改革开放之初，邓小平同志就指出了人才问题在现代化建设中的极端重要性，"靠空讲不能实现现代化，必须有知识，有人才。没有知识，没有人才，怎么上得去？"他多次强调，"中国的事情能不能办好，社会主义和改革开放能不能坚持，经济能不能快一点发展起来，国家能不能长治久安，从一定意义上说，关键在人"。在长期的现代化建设进程中，我们党在全社会营造了尊重劳动、尊重知识、尊重人才、尊重创造的氛围，提出了实施人才强国战略，推进了一系列人才建设重大举措。

党的十八大以来，我们党着力推动人才强国建设的理论创新和实践探索。习近平总书记强调，要"营造人人皆可成才、人人尽展其才的良好环境，努力培养数以亿计的高素质劳动者和技术技能人才"。在中央人才工作会议上，习近平总书记明确提出"八个坚持"，即坚持党对人才工作的全面领导，坚持人才引领发展的战略地位，坚持面向世界科技前沿、面向经济主战场、面向国家重大需求、面向人民生命健康的目标方向，坚持全方位培养用好人才的重点任务，坚持深化人才发展体制机制改革的重要保障，坚持聚天下英才而用之的基本要求，坚持营造识才爱才敬才用才的环境，坚持弘扬科学家精神。习近平总书记关于新时代人才工作的一系列重要论述，深化了对我国人才事业发展的规律性认识，深刻回答了为什么建设人才强国、什么是人才强国、怎样建设人才强国等重大问题。深入贯彻落实习近平总书记关于新时代人才工作的新理念新战略新举措，我国在实施人才强国战略进程中取得了历史性成就，拥有了一支规模宏大、素质优良、结构不断优化、作用日益突出的人才队伍。

我国人口受教育水平明显提高，人口素质不断提升。2020年第七次全国人口普查统计结果显示，我国15岁及以上人口的平均受教育年限由2010年的9.08年提高至9.91年，文盲率由2010年的4.08%下降为2.67%。与第六次全国人口普查相比，我国每10万人中拥有大学文化程度的由8930人上升为15467人，增长规模和速度位居全球第一。

作为一个发展中人口大国，中国人力资源竞争力近20年进入"爆发式增长"时期。2020年中国人力资源竞争力提升至全球第11位，上升名次位列第一，与美国的人才竞争力差距逐步缩小。我国形成人力资源"低成本—高效益"的开发模式，人力资源开发贡献水平从2000年的全球第26位上升到2010年的第4位，2018年更是跃升至首位，成为全球人力资源开发进步最快的国家，为中国经济增长、社会发展和人民生活水平提高做出重要贡献。

我国已经成为世界科技人力资源最为丰富的国家。我国以两院院士、国家重大人才工程入选者、国家重大科技项目负责人等为主体的高层次创新型科技人才数量超过 4 万人，2022 年全球高被引科学家人数 1169 人，占全球的 16.2%，位居第二。科技进步贡献率由 2012 年的 52.2% 提高至 2021 年的 60% 以上，中国稳居全球人才竞争优势国家方阵。

我国从一个技能人才短缺国家一跃成为高技能人才大国，工匠人才辈出。全国技能人才总量到 2021 年已经超过 2 亿人，其中高技能人才超过 6000 万人，比 2012 年翻了一倍。技能人才占就业人员总量的比例超过 26%，高技能人才占技能人才的比例达到 30%。弘扬劳模精神和工匠精神，建设知识型、技能型、创新型劳动者大军，中国制造的品质革命再创辉煌。

我国人才发展环境不断改善。党的十八大以来，构建具有全球竞争力的人才发展治理体系逐步完善，从中央各部门到地方各级政府，从高校科研院所到各类企事业单位，普遍把人才作为发展之基、创新之源，紧紧围绕激发人才活力，营造良好的政策环境、市场环境、工作环境和生活环境，不断加大人才工作推进力度，持续深化人才体制机制改革，全社会尊重人才、见贤思齐、鼓励创新、宽容失败的氛围日益浓厚，形成了近者悦、远者来的良好人才发展环境。各地区各部门结合实际研究制定一系列与国家重大人才政策相衔接的具体举措，逐步形成国家、部门、地方三级贯通的政策体系，为人才资源优先开发、结构优先调整、投资优先保证、制度优先创新提供有力保障。各地深入实施人才强省、强市、强县战略，因地制宜实施各具特色的人才政策，积极主动融入服务高质量发展。我国已经从一个世界人力资源大国迈入世界人才强国行列。

（二）人才强国建设进入高质量发展的攻坚期

习近平总书记在党的二十大报告中提出了到 2035 年建成人才强国的奋斗目标，全面部署了"完善人才战略布局，坚持各方面人才一起抓，建设规模宏大、结构合理、素质优良的人才队伍"等各项任务。应当看到，人才强国建设已经进入高质量发展的攻坚期，人才发展体制机制的深层次矛盾更加凸显，国际人才竞争的环境更加激烈与动荡。这就要求人才强国建设必须树立发展新理念新思路，开辟发展新领域新赛道，塑造发展新动能新优势。

坚持以中国式现代化的发展理念、质量标准和科学方式培养造就大批德才兼备的高素质人才。作为现代化建设的承担者、引领者，人才的现代化与社会的现代化有机统一、协调发展。实现人才的现代化，根本目的是推进人才发展从传统向现代的转型，即推进包括人才的思想观念、素质能力、行为方式、社会关系等方面的现代转型。党的二十大报告提出了中国式现代化的本质要求。按照这一本质要求，必须确立为党育人、为国育才的教育理念，准确把握"培养什么样的人、如何培养人、为谁培养人"这个根本性问题，坚持知识传授与价值引领双塑造，培养担当民族复兴大任的时代新人。应全面提高人才自主培养的质量，着力造就拔尖创新人才，聚天下英才而用之。

坚持以现代化建设的重大战略需求为导向，吸引和集聚各方面优秀人才。党的二十大报告对加快建设国家战略人才力量作出重要部署，提出努力培养造就更多大师、战略科学家、一流科技领军人才和创新团队、青年科技人才、卓越工程师、大国工匠、高技能人才的目标要求。高质量发展和科技自立自强迫切需要加快建设国家战略人才力量，实施新时代人才强国战略。应完善人才发展的新型举国体制，打破原有的以行业和职业静态划分人才队伍类别的传统做法，明确以国家战略需求为导向的人才分类新理念，聚焦建设世界重要人才中心和创新高地，重塑国家战略科技力量的新格局，形成诸多领域人才国际竞争的比较优势，为中国式现代化建设提供战略人才支撑。

坚持以支撑现代化建设的效能为目标，深化人才发展体制机制改革。党的二十大报告提出，深化人才发展体制机制改革，真心爱才、悉心育才、倾心引才、精心用才，求贤若渴，不拘一格，把各方面优秀人才集聚到党和人民事业中来。人才发展体制机制管根本、管长远，是影响人才集聚和发挥效能的根本性问题。强化现代化建设人才支撑，需要营造人才成长和发挥作用的良好环境，破除人才发展的体制机制性梗阻，持续释放人才创新创造活力，以人才现代化的体制机制建设促进形成人才国际竞争的比较优势，进而转化为创新优势、竞争优势和发展优势，为人才支撑现代化建设提供强有力的制度保障。

（三）着力探索人才强国的基本实现路径

实现人才强国应紧扣支撑现代化建设、推动高质量发展、引领驱动科技创新等重大使命展开，应围绕现代化建设的需要和人才发展的现状不断加以丰富，将人才素质能力、人才发展环境、人才治理体系三个层面作为基本实现路径。

聚焦人才素质能力，明确德才兼备的根本标准，全面提高自主培养质量。习近平总书记在党的二十大报告中提出，"坚持为党育人、为国育才"，"培养造就大批德才兼备的高素质人才"。这就明确了人才素质能力现代化最根本的标准——德才兼备，做到这一点需要全面提高自主培养质量。当今世界人才的竞争，首先是人才培养的竞争。中国是一个大国，对人才数量、质量、结构的需求是全方位的，满足这样庞大的人才需求必须主要依靠自己培养，提高人才供给自主可控能力。教育、科技、人才三大战略系统集成、协同发力，形成培养人才的接力组合拳，是提高自主培养质量、实现人才素质能力现代化的有效途径。应坚持教育优先发展的战略地位，发挥高校培养人才的主阵地作用，重点聚焦解决基础研究人才数量不足、质量不高问题。全方位谋划基础学科人才培养，突破常规、创新模式，更加重视科学精神、创新能力、批判性思维的培养教育。探索形成中国特色、世界水平的工程师培养体系，努力建设一支爱党报国、敬业奉献、具有突出技术创新能力、善于解决复杂工程问题的工程师队伍。

坚持营造识才爱才敬才用才的环境，营造良好人才创新生态环境，包括国际化、市场化、法治化和智能化的发展环境。习近平总书记指出："坚持营造识才爱才敬才用才的环境，这是做好人才工作的社会条件。必须积极营造尊重人才、求贤若渴的社会环境，公正平等、竞争择优的制度环境，待遇适当、保障有力的生活环境，为人才心无旁骛钻研业务创造良好条件，在全社会营造鼓励大胆创新、勇于创新、包容创新的良好氛围。"实现人才强国，需要尊重人才成长规律，激发人才创造活力，建设聚天下英才而用之的良好发展环境。创新人才是支撑现代化建设的核心问题。着力实施人才强国战略，应营造良好人才创新生态环境，充分激发广大科技人员积极性、主动性、创造性。加快建设世界重要人才中心和创新高地，促进人才区域合理布局和协调发展，着力形成人才国际竞争的比较优势，通过人才中心和创新高地建设的示范作用，营造一批具有国际竞争力的现代化人才创新生态环境。人才创新生态环境需要政府积极发挥政策扶持、公共服务和监管作用。培育创新文化，弘扬科学家精神，涵养优良学风，营造创新氛围，需要全社会的积极参与和全力维护。

建立既有中国特色又有国际竞争比较优势的人才发展体制机制和科学规范、开放包容、运行高效的人才发展治理体系。习近平总书记指出，要"把我国制度优势转化为人才优势、科技竞争优势，加快形成有利于人才成长的培养机制、有利于人尽其才的使用机制、有利于人才各展其能的激励机制、有利于人才脱颖而出的竞争机制，把人才从科研管理的各种形式主义、官僚主义的束缚中解放出来"。人才治理体系是国家治理体系的重要组成部分，在改革人才培养、使用、评价、服务、支持、激励等机制方面下功夫，必须坚持"破""立"结合，真正建立既有中国特色又有国际竞争比较优势的人才发展体制机制。

必须坚持党对人才工作的全面领导，在党的领导下对人才制度体系进行顶层设计和全面部署，搭建和完善人才制度框架，深化人才体制机制改革和创新，做好人才发展相关法律法规制度安排，构建由政府、市场、社会、用人单位、人才等多方充分发挥作用的中国特色人才发展治理框架，进一步理清多元主体在人才治理中的角色与责任边界。遵循人才成长规律和科研规律，进一步破除"官本位"、行政化的传统思维，完善人才管理制度，做到人才为本、信任人才、尊重人才、善待人才、包容人才。全面提升人才治理效能，系统布局、重点突破，将人才制度优势转化为人才治理效能。从人才发展治理主体、治理格局、治理体制、治理机制、治理方式、治理工具、治理能力、治理评价等方面综合采取措施，从党与政府、政府与市场、政府与社会、政府各部门之间等多种关系的角度，探讨中国式人才发展治理体系的结构关系及运转机制，构建多元化治理、法治化保障、清单化管理、数字化转型的制度框架，形成人才发展治理有效运行的新格局。

延 伸 阅 读

中华人民共和国爱国主义教育法

（2023年10月24日第十四届全国人民代表大会常务委员会第六次会议通过）

目录

第一章　总则

第二章　职责任务

第三章　实施措施

第四章　支持保障

第五章　附则

第一章　总则

第一条　为了加强新时代爱国主义教育，传承和弘扬爱国主义精神，凝聚全面建设社会主义现代化国家、全面推进中华民族伟大复兴的磅礴力量，根据宪法，制定本法。

第二条　中国是世界上历史最悠久的国家之一，中国各族人民共同创造了光辉灿烂的文化、共同缔造了统一的多民族国家。国家在全体人民中开展爱国主义教育，培育和增进对中华民族和伟大祖国的情感，传承民族精神、增强国家观念，壮大和团结一切爱国力量，使爱国主义成为全体人民的坚定信念、精神力量和自觉行动。

第三条 爱国主义教育应当高举中国特色社会主义伟大旗帜，坚持以马克思列宁主义、毛泽东思想、邓小平理论、"三个代表"重要思想、科学发展观、习近平新时代中国特色社会主义思想为指导，坚持爱国和爱党、爱社会主义相统一，以维护国家统一和民族团结为着力点，把全面建成社会主义现代化强国、实现中华民族伟大复兴作为鲜明主题。

第四条 爱国主义教育坚持中国共产党的领导，健全统一领导、齐抓共管、各方参与、共同推进的工作格局。

第五条 爱国主义教育应当坚持思想引领、文化涵育，教育引导、实践养成，主题鲜明、融入日常，因地制宜、注重实效。

第六条 爱国主义教育的主要内容是：

（一）马克思列宁主义、毛泽东思想、邓小平理论、"三个代表"重要思想、科学发展观、习近平新时代中国特色社会主义思想；

（二）中国共产党史、新中国史、改革开放史、社会主义发展史、中华民族发展史；

（三）中国特色社会主义制度，中国共产党带领人民团结奋斗的重大成就、历史经验和生动实践；

（四）中华优秀传统文化、革命文化、社会主义先进文化；

（五）国旗、国歌、国徽等国家象征和标志；

（六）祖国的壮美河山和历史文化遗产；

（七）宪法和法律，国家统一和民族团结、国家安全和国防等方面的意识和观念；

（八）英雄烈士和先进模范人物的事迹及体现的民族精神、时代精神；

（九）其他富有爱国主义精神的内容。

第七条 国家开展铸牢中华民族共同体意识教育，促进各民族交往交流交融，增进对伟大祖国、中华民族、中华文化、中国共产党、中国特色社会主义的认同，构筑中华民族共有精神家园。

第八条 爱国主义教育应当坚持传承和发展中华优秀传统文化，弘扬社会主义核心价值观，推进中国特色社会主义文化建设，坚定文化自信，建设中华民族现代文明。

第九条 爱国主义教育应当把弘扬爱国主义精神与扩大对外开放结合起来，坚持理性、包容、开放，尊重各国历史特点和文化传统，借鉴吸收人类一切优秀文明成果。

第十条 在每年10月1日中华人民共和国国庆日，国家和社会各方面举行多种形式的庆祝活动，集中开展爱国主义教育。

第二章 职责任务

第十一条 中央爱国主义教育主管部门负责全国爱国主义教育工作的指导、监督和统筹协调。

中央和国家机关各部门在各自职责范围内，组织开展爱国主义教育工作。

第十二条 地方爱国主义教育主管部门负责本地区爱国主义教育工作的指导、监督和统筹协调。

县级以上地方人民政府教育行政部门应当加强对学校爱国主义教育的组织、协调、指导和监督。县级以上地方文化和旅游、新闻出版、广播电视、电影、网信、文物等部门和其他有关部门应当在各自职责范围内，开展爱国主义教育工作。

中国人民解放军、中国人民武装警察部队依照本法和中央军事委员会的有关规定开展爱国主义教育工作，并充分利用自身资源面向社会开展爱国主义教育。

第十三条 工会、共产主义青年团、妇女联合会、工商业联合会、文学艺术界联合会、作家协会、科学技术协会、归国华侨联合会、台湾同胞联谊会、残疾人联合会、青年联合会和其他群团组织，应当发挥各自优势，面向所联系的领域和群体开展爱国主义教育。

第十四条 国家采取多种形式开展法治宣传教育、国家安全和国防教育，增强公民的法治意识、国家安全和国防观念，引导公民自觉履行维护国家统一和民族团结，维护国家安全、荣誉和利益的义务。

第十五条 国家将爱国主义教育纳入国民教育体系。各级各类学校应当将爱国主义教育贯穿学校教育全过程，办好、讲好思想政治理论课，并将爱国主义教育内容融入各类学科和教材中。

各级各类学校和其他教育机构应当按照国家规定建立爱国主义教育相关课程联动机制，针对各年龄段学生特点，确定爱国主义教育的重点内容，采取丰富适宜的教学方式，增强爱国主义教育的针对性、系统性和亲和力、感染力。

第十六条 各级各类学校应当将课堂教学与课外实践和体验相结合，把爱国主义教育内容融入校园文化建设和学校各类主题活动，组织学生参观爱国主义教育基地等场馆设施，参加爱国主义教育校外实践活动。

第十七条 未成年人的父母或者其他监护人应当把热爱祖国融入家庭教育，支持、配合学校开展爱国主义教育教学活动，引导、鼓励未成年人参加爱国主义教育社会活动。

第十八条 国家机关应当加强对公职人员的爱国主义教育，发挥公职人员在忠于国家、为国奉献，维护国家统一、促进民族团结，维护国家安全、荣誉和利益方面的模范带头作用。

第十九条　企业事业单位应当将爱国主义教育列入本单位教育计划，大力弘扬劳模精神、劳动精神、工匠精神，结合经营管理、业务培训、文化体育等活动，开展爱国主义教育。

教育、科技、文化、卫生、体育等事业单位应当大力弘扬科学家精神和专业精神，宣传和培育知识分子、专业技术人员、运动员等胸怀祖国、服务人民、为国争光的爱国情感和爱国行为。

第二十条　基层人民政府和基层群众性自治组织应当把爱国主义教育融入社会主义精神文明建设活动，在市民公约、村规民约中体现爱国主义精神，鼓励和支持开展以爱国主义为主题的群众性文化、体育等活动。

第二十一条　行业协会商会等社会团体应当把爱国主义精神体现在团体章程、行业规范中，根据本团体本行业特点开展爱国主义教育，培育会员的爱国热情和社会担当，发挥会员中公众人物和有社会影响力人士的示范作用。

第二十二条　国家鼓励和支持宗教团体、宗教院校、宗教活动场所开展爱国主义教育，增强宗教教职人员和信教群众的国家意识、公民意识、法治意识和爱国情感，引导宗教与社会主义社会相适应。

第二十三条　国家采取措施开展历史文化教育和"一国两制"实践教育，增强香港特别行政区同胞、澳门特别行政区同胞的爱国精神，自觉维护国家主权、统一和领土完整。

国家加强对推进祖国统一方针政策的宣传教育，增强包括台湾同胞在内的全中国人民对完成祖国统一大业神圣职责的认识，依法保护台湾同胞的权利和利益，坚决反对"台独"分裂行径，维护中华民族的根本利益。

国家加强与海外侨胞的交流，做好权益保障和服务工作，增进海外侨胞爱国情怀，弘扬爱国传统。

第三章　实施措施

第二十四条　中央和省级爱国主义教育主管部门应当加强对爱国主义教育工作的统筹，指导推动有关部门和单位创新爱国主义教育方式，充分利用各类爱国主义教育资源和平台载体，推进爱国主义教育有效实施。

第二十五条　县级以上人民政府应当加强对红色资源的保护、管理和利用，发掘具有历史价值、纪念意义的红色资源，推动红色旅游融合发展示范区建设，发挥红色资源教育功能，传承爱国主义精神。

县级以上人民政府文化和旅游、住房城乡建设、文物等部门应当加强对文物古迹、传统村落、传统技艺等历史文化遗产的保护和利用，发掘所蕴含的爱国主义精神，推进文化和旅游深度融合发展，引导公民在游览观光中领略壮美河山，感受悠久历史和灿烂文化，激发爱国热情。

第二十六条 爱国主义教育基地应当加强内容建设，丰富展览展示方式，打造精品陈列，为国家机关、企业事业单位、社会组织、公民开展爱国主义教育活动和参观学习提供便利服务，发挥爱国主义教育功能。

各类博物馆、纪念馆、图书馆、科技馆、文化馆、美术馆、新时代文明实践中心等，应当充分利用自身资源和优势，通过宣传展示、体验实践等方式，开展爱国主义教育活动。

第二十七条 国家通过功勋荣誉表彰制度，褒奖在强国建设、民族复兴中做出突出贡献的人士，弘扬以爱国主义为核心的民族精神和以改革创新为核心的时代精神。

第二十八条 在中国人民抗日战争胜利纪念日、烈士纪念日、南京大屠杀死难者国家公祭日和其他重要纪念日，县级以上人民政府应当组织开展纪念活动，举行敬献花篮、瞻仰纪念设施、祭扫烈士墓、公祭等纪念仪式。

第二十九条 在春节、元宵节、清明节、端午节、中秋节和元旦、国际妇女节、国际劳动节、青年节、国际儿童节、中国农民丰收节及其他重要节日，组织开展各具特色的民俗文化活动、纪念庆祝活动，增进家国情怀。

第三十条 组织举办重大庆祝、纪念活动和大型文化体育活动、展览会，应当依法举行庄严、隆重的升挂国旗、奏唱国歌仪式。

依法公开举行宪法宣誓、军人和预备役人员服役宣誓等仪式时，应当在宣誓场所悬挂国旗、奏唱国歌，誓词应当体现爱国主义精神。

第三十一条 广播电台、电视台、报刊出版单位等应当创新宣传报道方式，通过制作、播放、刊登爱国主义题材的优秀作品，开设专题专栏，加强新闻报道，发布公益广告等方式，生动讲好爱国故事，弘扬爱国主义精神。

第三十二条 网络信息服务提供者应当加强网络爱国主义教育内容建设，制作、传播体现爱国主义精神的网络信息和作品，开发、运用新平台新技术新产品，生动开展网上爱国主义教育活动。

第四章 支持保障

第三十三条 国家鼓励和支持企业事业单位、社会组织和公民依法开展爱国主义教育活动。

国家支持开展爱国主义教育理论研究，加强多层次专业人才的教育和培训。

对在爱国主义教育工作中做出突出贡献的单位和个人，按照国家有关规定给予表彰和奖励。

第三十四条 中央爱国主义教育主管部门建立健全爱国主义教育基地的认定、保护、管理制度，制定爱国主义教育基地保护利用规划，加强对爱国主义教育基地保护、管理、利用的指导和监督。

各级人民政府应当加强对爱国主义教育基地的规划、建设和管理，完善免费开放制度和保障机制。

第三十五条 国家鼓励和支持创作爱国主义题材的文学、影视、音乐、舞蹈、戏剧、美术、书法等文艺作品，在优秀文艺作品评选、表彰、展览、展演时突出爱国主义导向。

第三十六条 国家鼓励和支持出版体现爱国主义精神的优秀课外读物，鼓励和支持开发体现爱国主义精神的面向青少年和儿童的动漫、音视频产品等。

第三十七条 任何公民和组织都应当弘扬爱国主义精神，自觉维护国家安全、荣誉和利益，不得有下列行为：

（一）侮辱国旗、国歌、国徽或者其他有损国旗、国歌、国徽尊严的行为；

（二）歪曲、丑化、亵渎、否定英雄烈士事迹和精神；

（三）宣扬、美化、否认侵略战争、侵略行为和屠杀惨案；

（四）侵占、破坏、污损爱国主义教育设施；

（五）法律、行政法规禁止的其他行为。

第三十八条 教育、文化和旅游、退役军人事务、新闻出版、广播电视、电影、网信、文物等部门应当按照法定职责，对违反本法第三十七条规定的行为及时予以制止，造成不良社会影响的，应当责令及时消除影响，并依照有关法律、行政法规的规定予以处罚。构成违反治安管理行为的，依法给予治安管理处罚；构成犯罪的，依法追究刑事责任。

第三十九条 负有爱国主义教育职责的部门、单位不依法履行爱国主义教育职责的，对负有责任的领导人员和直接责任人员，依法给予处分。

第五章　附则

第四十条 本法自 2024 年 1 月 1 日起施行。

——来源：新华社，2023-10-25

思考题

1. 新时代如何厚植爱国情怀，培育时代新人？

2. 如何加强基础研究战略部署，扎实做好基础研究工作？

《求是》杂志发表习近平总书记重要文章《扎实推动教育强国建设》

专 题 六

筑牢总体国家安全观
谱写新时代国家安全新篇章

国家安全工作是党治国理政一项十分重要的工作。2014 年，习近平总书记创造性提出总体国家安全观，涵盖政治、军事、经济、文化、网络等诸多领域，为新时代国家安全工作指明了方向，为党和国家兴旺发达、长治久安提供了有力保证。2024 年是总体国家安全观提出十周年。站在历史性跨越的新起点上，面对国家安全形势的新变化新特点新趋势，我们更要凝聚起攻坚克难、砥砺前行的强大力量，筑牢全面建设社会主义现代化国家的安全屏障。

一、牢固树立和践行总体国家安全观　开创国家安全新局面

进入新时代，我国面临更为严峻的国家安全形势，外部压力前所未有，传统安全威胁和非传统安全威胁相互交织，"黑天鹅""灰犀牛"事件时有发生。习近平总书记在党的二十大报告中指出，"国家安全是民族复兴的根基，社会稳定是国家强盛的前提"，旗帜鲜明阐释了新时代新征程上国家安全的战略地位。党的十八大以来，在习近平总书记亲自擘画、亲自指挥、亲自推动下，国家安全领导体制和法治体系、战略体系、政策体系不断完善，在原则问题上寸步不让，以坚定的意志品质维护国家主权、安全、发展利益，国家安全得到全面加强。在全面建设社会主义现代化强国的新征程上，我们要深刻领悟"两个确立"的决定性意义，进一步学懂弄通做实习近平新时代中国特色社会主义思想，坚定不移贯彻总体国家安全观，敢于斗争、善于斗争，不断开创新时代国家安全现代化新局面。

（一）深刻领会总体国家安全观的重大意义和贡献

习近平总书记指出："这是一个需要理论而且一定能够产生理论的时代，这是一个需要思想而且一定能够产生思想的时代。"中国特色社会主义进入新时代，我国国家安全形势发生深刻复杂变化，总体国家安全观应运而生，为维护和塑造中国特色国家安全指明了前进方向，为建设一个持久和平、普遍安全的世界贡献了中国智慧和中国方案。

总体国家安全观锚定了新时代国家安全的历史方位。党的十八大以来，习近平总书记从人类发展大潮流、世界变化大格局、中国发展大历史的高度和视野，深刻指出世界百年未有之大变局进入加速演变期、中华民族伟大复兴进入关键时期。习近平总书记强调，"实现中华民族伟大复兴的中国梦，保证人民安居乐业，国家安全是头等大事""统筹发展和安全，增强忧患意识，做到居安思危，是我们党治国理政的一个重大原则"，为我们从党和国家工作全局上认识国家安全、定位国家安全、把握国家安全提供了根本指导。这一系列重大战略判断，指明了新时代国家安全所处的新的历史方位，是我们在新征程上准确识变、科学应变、主动求变的基本坐标和依据。

总体国家安全观明确了新时代国家安全的根本政治保证。我们党诞生于国家内忧外患、民族危难之时，对国家安全的重要性有着刻骨铭心的认识，始终把维护国家安全工作紧紧抓在手上。习近平总书记指出，坚持党对国家安全工作的绝对领导，是新时代国家安全工作的根本政治原则，是做好国家安全工作的根本保证。党的十八届三中全会决定成立中央国家安全委员会，目的就是更好适应我国国家安全面临的新形势新任务，建立集中统一、高效权威的国家安全体制，加强对国家安全工作的领导。在习近平总书记亲自谋划、亲自部署、亲自推动下，中央国家安全委员会成立以来，围绕完善国家安全领导体制，不断强化顶层设计，完善国家安全法治体系、战略体系和政策体系，建立国家安全工作协调机制和应急管理机制，推动各级党委（党组）把国家安全责任制落到实处，形成"全国一盘棋"的强大合力，开创了新时代国家安全崭新局面。

总体国家安全观开辟了新时代国家安全的前进道路。方向决定前途，道路决定命运。中国特色国家安全道路，是中国特色社会主义道路在国家安全上的具体体现。党的十八大以来，习近平总书记反复强调坚持走中国特色国家安全道路。2021年11月18日，习近平总书记在主持审议《国家安全战略（2021—2025年）》时明确指出，走中国特色国家安全道路，必须坚持党的绝对领导，完善集中统一、高效权威的国家安全工作领导体制，实现人民安全、政治安全、国家利益至上相统一；坚持捍卫国家主权和领土完整，维护边疆、边境、周边安定有序；坚持安全发展，推动高质量发展和高水平安全动态平衡；坚持总体战，统筹传统安全和非传统安全；坚持走和平发展道路，促进自身安全和共同安全相协调。这一重大论断，是对中国特色国家安全道路的系统性、原创性理论概括，明确了中国特色国家安全道路的重要特征，树立起指引新时代国家安全前进方向的航标。

总体国家安全观彰显了新时代国家安全的大国担当。当前，人类社会面临的治理赤字、信任赤字、发展赤字、和平赤字有增无减，传统安全和非传统安全问题复杂交织，安全问题的联动性、跨国性、多样性更加突出，建设持久和平、普遍安全的世界任重道远。总体国家安全观高举构建人类命运共同体旗帜，推动构建相互尊重、公平正义、合作共赢的新型国际关系，坚决反对霸权主义、强权政治，为引领国家间关系提供了新思想、新模式；树立共同、综合、合作、可持续的全球安全观，坚持通过和平方式解决问题和争端，同各国合力应对气候变化、恐怖主义、网络安全、公共卫生、难民等非传统安全挑战，为推动解决地区热点和全球性安全问题发挥了建设性作用；坚持共商共建共享，推动"一带一路"快速成长为开放包容的国际合作平台、各方普遍欢迎的全球公共产品，为促进世界共同发展、以可持续发展促进可持续安全提供了更多合作契机。

总体国家安全观指引新时代国家安全取得历史性成就。党的十八大以来，在以习近平同志为核心的党中央坚强领导下，国家安全得到全面加强，实现了从分散到集中、迟缓到高效、被动到主动的历史性变革。国家安全体系基本形成，国家安全能力显著提升，人民防线更加巩固，全民国家安全意识显著增强。坚定维护政权安全、制度安全、意识形态安全，顶住和反击外部极端打压遏制，推动香港局势实现由乱到治重大转折，深入开展涉台、涉疆、涉藏、涉海等斗争，稳步推进兴边富民、稳边固边，妥善处置周边安全风险，反渗透反恐怖反分裂斗争卓有成效。把安全发展贯穿国家发展各领域全过程，防控经济金融风险取得重大进展，关键核心技术攻关取得重要进展，扫黑除恶专项斗争取得胜利，生态环境保护发生历史性、转折性、全局性变化，妥善应对重大自然灾害，统筹疫情防控和经济社会发展，网络、数据、人工智能、生物、太空、深海、极地等新型领域安全能力持续增强，有力应对海外利益风险挑战。国家主权、安全、发展利益得到全面维护，社会大局保持长期稳定，我国成为世界上最有安全感的国家之一。

（二）全面学习把握总体国家安全观的科学理论体系

习近平总书记是总体国家安全观的创立者。在领导全党全国各族人民进行具有许多新的历史特点的伟大斗争中，习近平总书记以"我将无我，不负人民"的领袖情怀，运用马克思主义的立场观点方法，汲取中华优秀传统战略文化的精髓，继承和发展了中国共产党捍卫国家主权、安全、发展利益的奋斗经验和集体智慧，提出一系列具有原创意义的新理念新思想新战略，为创立和发展总体国家安全观发挥了决定性作用、作出了决定性贡献。

总体国家安全观从坚持和发展中国特色社会主义的战略高度，系统回答了中国特色社会主义进入新时代，如何既解决好大国发展进程中面临的共性安全问题，同时又处理好中华民族伟大复兴关键阶段面临的特殊安全问题这个重大时代课题，是一个系统完整的科学理论体系，内涵丰富、博大精深，涉及治党治国治军等各个方面，标志着我们党对国家安全基本规律的认识达到了新高度。

总体国家安全观的关键是"总体"。强调大安全理念，涵盖政治、军事、国土、经济、金融、文化、社会、科技、网络、粮食、生态、资源、核、海外利益、太空、深海、极地、生物、人工智能、数据等诸多领域，而且将随着社会发展不断动态调整。强调做好国家安全工作的系统思维和方法，加强科学统筹，做到统筹发展和安全、统筹开放和安全、统筹传统安全和非传统安全、统筹自身安全和共同安全、统筹维护国家安全和塑造国家安全，着力解决国家安全工作不平衡不充分的问题。强调国家安全要贯穿到党和国家工作全局各方面、各环节，绝非某一领域、单一部门的职责，必须把安全和发展置于同等重要地位、同步决策部署、同样积极落实。强调打总体战，形成汇聚党政军民学各战线各方面各层级的强大合力，全社会全政府全体系全手段应对重大国家安全风险挑战。

总体国家安全观的核心要义，集中体现为习近平总书记在主持十九届中央政治局第二十六次集体学习时的重要讲话中提出的"十个坚持"。即坚持党对国家安全工作的绝对领导，坚持中国特色国家安全道路，坚持以人民安全为宗旨，坚持统筹发展和安全，坚持把政治安全放在首要位置，坚持统筹推进各领域安全，坚持把防范化解国家安全风险摆在突出位置，坚持推进国际共同安全，坚持推进国家安全体系和能力现代化，坚持加强国家安全干部队伍建设。

（三）深切体悟总体国家安全观的理论品格

总体国家安全观秉承马克思主义国家安全理论本色，坚守为人民谋安全的信念，承载为中华民族伟大复兴护航的使命，饱含对人类前途命运的睿智思考，展现了以习近平同志为主要代表的新时代中国共产党人的政治品格、价值追求、精神风范。

坚定的人民立场。国家安全最广泛、最深厚的基础是人民。总体国家安全观把人民立场作为根本立场，坚持人民至上、生命至上，强调国家安全为了人民、依靠人民，深刻回答了国家安全为了谁、依靠谁的重大问题。

顽强的斗争精神。敢于斗争、敢于胜利，是党和人民不可战胜的强大精神力量。和平环境是斗争而来的，不是妥协而来的。总体国家安全观始终着眼实现中华民族伟大复兴的中国梦，把握新的伟大斗争的历史特点，强调敢于斗争、善于斗争，增强斗争本领，矢志战胜一切可以预见和难以预见的风险挑战。

深沉的忧患意识。常怀远虑、居安思危是中国共产党人的鲜明特质。总体国家安全观直面风险挑战，强调立足最困难最复杂的情况，做最坏的打算，力争最好的结果，关键时刻要有亮剑和出手的战略勇气。

卓越的战略思维。战略问题是一个政党、一个国家的根本性问题，战略上判断得准确，战略上谋划得科学，战略上赢得主动，党和人民事业就大有希望。以习近平同志为核心的党中央高瞻远瞩，作出了一系列关乎党和国家前途命运的重大战略决策部署，比如，决策成立中央国家安全委员会，领导和推动国防和军队改革，制定实施香港国安法，构建新安全格局，等等。总体国家安全观强调，不论国际形势如何变幻，要保持战略定力、战略信心、战略耐心，把战略的坚定性和策略的灵活性结合起来。

勇于创新的精神。坚持创新驱动，是推动实现高水平安全的根本之策。当前，国家安全形势和国家安全斗争形态都发生了深刻变化，如果我们不识变、不应变、不求变，就可能陷入战略被动、错失战略机遇。总体国家安全观深刻总结党的十八大以来国家安全事业系统性革命性创新实践，提出统筹发展和安全、维护和塑造国家安全、推动国家安全体系和能力现代化等重大创新理念。

宏阔的世界眼光。正确处理中国和世界的关系，是事关党的事业成败的重大问题。总体国家安全观深刻洞察当今世界发展大势和时代发展潮流，强调中国始终不渝走和平发展道路，坚持维护自身安全和共同安全相统一，既努力实现自身目标，又力争为世界作出更大贡献。总体国家安全观充分阐明中国国家安全治理的价值理念、工作思路和机制路径，为那些既希望维护社会安全稳定又希望保持自身独立性的国家提供了重要借鉴。

（四）奋力开创新时代国家安全现代化新局面

党的二十大报告明确提出了二〇三五年国家安全总体目标和未来五年国家安全目标任务，并设专章部署国家安全工作。我们要全面准确贯彻落实党的二十大重要部署和要求，坚持党对国家安全工作的绝对领导，坚持总体国家安全观，扎实推进国家安全体系和能力现代化，确保国家长治久安、社会安定有序、人民安居乐业。

不断健全国家安全体系。国家安全体系是国家治理体系的重要组成部分，是维护和塑造国家安全的重要支撑。要坚持党中央对国家安全工作的集中统一领导，坚决贯彻中央国家安全委员会主席负责制，完善高效权威的国家安全领导体制。强化国家安全工作协调机制，落实党委（党组）国家安全责任制，确保党中央关于国家安全工作的决策部署落到实处。完善国家安全法治体系，进一步健全完善以国家安全法为统领的中国特色国家安全法律体系，健全反制裁、反干涉、反"长臂管辖"机制。完善国家安全战略、政策体系，深入实施《国家安全战略（2021—2025年）》和重点领域国家安全政策。完善风险监测预警体系，推动风险监测、研判、预警、处置各环节有效衔接。完善国家应急管理体系，推动形成统一指挥、专常兼备、反应灵敏、上下联动的中国特色应急管理体制。完善重点领域安全保障体系和重要专项协调指挥体系，强化国土、经济、重大基础设施、科技、文化、社会、生态、军事、金融、网络、人工智能、数据、生物、资源、核、太空、海洋、极地、海外利益等安全保障体系建设。完善国家安全力量布局，构建全域联动、立体高效的国家安全防护体系。

持续增强维护国家安全能力。国家安全能力建设具有基础性、根本性、长期性的意义。要着眼维护和塑造国家安全的战略需要，更加注重协同高效，更加注重法治思维，更加注重科技赋能，更加注重基层基础，加强重点领域安全能力建设，全面提升国家安全能力。坚定维护国家政权安全、制度安全、意识形态安全，对容易诱发政治问题特别是重大突发事件的敏感因素、苗头性倾向性问题，做到眼睛亮、见事早、行动快，及时消除各种政治隐患，严厉打击敌对势力渗透、破坏、颠覆、分裂活动。确保粮食、能源资源、重要产业链供应链安全。加强海外安全保障能力建设，维护我国公民、法人在海外合法权益，维护海洋权益。提高防范化解重大风险能力，着力防范各类风险挑战内外联动、累积叠加，严密防范系统性安全风险。全面加强国家安全教育，提高各级领导干部统筹发展和安全能力，增强全民国家安全意识和素养，筑牢国家安全人民防线。

全面提高公共安全治理水平。社会安全与人民群众切身利益关系最密切，是人民群众安全感的晴雨表，是社会安定的风向标。要坚持安全第一、预防为主，建立大安全大应急框架，完善公共安全体系，推动公共安全治理模式向事前预防转型。完善社会治理体系，加强源头管控，及时把矛盾纠纷化解在基层、化解在萌芽状态，夯实国家安全和社会稳定的基层基础。推进安全生产风险专项整治，加强重点行业、重点领域安全监管。提高防灾减灾救灾和急难险重突发公共事件处置保障能力，加强国家区域应急力量建设，建立健全基层防灾减灾救灾力量体系。强化食品药品安全监管，提高食品药品安全保障水平。健全生物安全监管预警防控体系，加强重大疫情防控救治体系和应急能力建设，有效遏制重大传染性疾病传播。依法维护数据安全，加强个人信息保护。发展壮大群防群治力量，强化社会治安整体防控，推进扫黑除恶常态化，依法严惩群众反映强烈的各类违法犯罪活动。

二、筑牢金融安全防线 助力金融强国建设

金融是国民经济的血脉，是国家核心竞争力的重要组成部分，关系中国式现代化建设全局。2023 年 10 月 30 日至 31 日召开的中央金融工作会议明确强调，"必须坚持高质量发展和高水平安全良性互动，以高质量发展促进高水平安全，以高水平安全保障高质量发展，发展和安全要动态平衡、相得益彰"。金融安全是国家安全的重要组成部分，是经济平稳健康发展的重要基础。维护金融安全是关系我国经济社会发展全局的一件带有战略性、根本性的大事。

（一）如何理解金融安全的概念

金融安全范畴非常广泛。从经济视角看，金融安全包括金融市场安全、金融机构安全、金融制度安全、宏观经济安全等；从交叉视角看，金融安全包括金融与政治安全、金融与国防安全、金融与信息安全、金融与生态安全等；从全球化视角看，金融安全包括金融自主权安全、金融开放安全、国际资本流动安全等。

关于金融安全，通常可理解为，一国的金融体系能够抵御内外部冲击，金融主权相对处于没有危险和不受威胁，国家其他利益处于免受金融手段或渠道所致危险威胁的状态。在此状态下，金融监管制度较为完备，金融基础设施有效运转，金融机构稳健运行，金融风险得以防控，金融活动有序开展，金融环境保持健康。

《国家安全法》第二十条对维护金融安全进行了规定：国家健全金融宏观审慎管理和金融风险防范、处置机制，加强金融基础设施和基础能力建设，防范和化解系统性、区域性金融风险，防范和抵御外部金融风险的冲击。

（二）金融安全面临的风险和挑战

当前，我国金融领域各种矛盾和问题相互交织、相互影响，经济金融风险隐患仍然较多。首先，据财政部统计，2022 年地方政府性基金预算本级收入比 2021 年下降 21.6%。地方财政自给能力下降，地方政府债务违约风险，特别是隐性债务问题呈现出风险上升趋势。其次，房地产市场不稳定性加剧。我国房地产行业的高杠杆率问题，容易导致房地产

债务违约对银行业的冲击。同时，当购房者贷款违约风险上升，也将加剧对金融等多个领域的系统性风险。最后，伴随数字经济发展，传统金融在经历数字化转型时也衍生出相关的新型风险，如数字货币风险。数字货币依托区块链等技术，其底层技术缺陷会对数字货币的安全性和高效性造成威胁。因此，能否有力防范化解金融相关重大风险是顺利推进中国式现代化的重要保障。

此外，个别国家把金融当成地缘博弈工具，屡屡玩弄货币霸权，动辄就挥舞"金融制裁"大棒大打出手，一些居心叵测者妄图兴风作浪、趁乱牟利，不仅有"看空者""做空者"，还有"唱空者""掏空者"，企图动摇国际社会对华投资信心，妄图引发我国内金融动荡。这些都给新形势下维护金融安全带来了新挑战。

（三）坚定不移走好中国特色金融发展之路

1. 强化党中央对金融工作的集中统一领导，准确把握金融发展方向和前进方向

加强党对经济工作的全面领导，是我国经济发展的根本保证。金融工作是国家经济发展的重要组成部分，对于实现高质量发展具有重要意义，必须坚持党的全面领导特别是党中央的集中统一领导。党的十八大以来，习近平总书记高度重视金融工作，就做好金融工作作出一系列重要论述和指示批示，突出强调了党中央对金融工作的集中统一领导这个根本保证和最大优势，科学指明了坚定不移走中国特色金融发展之路这个前进方向，引领我国金融业显著提升了综合实力和国际竞争力。

立足新征程，统筹好"两个大局"赋予了金融系统新的战略使命，要求进一步强化党中央对金融工作的集中统一领导，着力提升在国内国际两个市场配置资源、提高定价权的能力，加快建设金融强国。一方面，金融是国家核心竞争力的重要组成部分，在以中国式现代化全面推进中华民族伟大复兴的壮阔征程中，必须加快形成经济与金融之间新的良性循环关系，以重大经济和社会发展战略引领金融改革、开放和创新，打造服务于推进中国式现代化的金融工作新局面，谱写金融体系现代化建设新篇章。另一方面，货币金融是一个国家政治和经济的综合反映，在我国加速走向世界舞台中央的伟大历史进程中，推进国际货币体系多元化、国际金融秩序合理化是完善全球经济治理的重要内容之一，也越来越成为我国参与国际竞争和推动国际经济秩序更加公正合理的关键变量。

面对新使命，金融发展和稳定的战略性意义比任何时候都更为重要，战略任务比任何时候都更紧迫，决定了要比任何时候都更加坚决维护党中央权威和集中统一领导，把加强党的领导贯穿于金融工作的全过程、各方面，坚决、高效落实党中央的重大决策部署，不断完善党管金融的体制机制，把党的领导这一制度优势转化为金融治理效能。

2. 坚持服务实体经济的根本宗旨，加快建设中国特色现代金融体系

党的十八大以来，我们党不断深化对金融本质和规律的认识，突出强调服务实体经济这个根本宗旨，积极稳妥推进重要领域和关键环节金融改革，不断提升对实体经济的储蓄动员能力、投资引导能力和资金配置能力，有力支撑了经济社会发展大局。立足新征程，金融工作要始终牢牢把握高质量发展这个首要任务，完整、准确、全面贯彻新发展理念，聚焦中央金融工作会议提出的"三个着力"，为经济社会发展提供高质量服务。

一是着力营造良好的货币金融环境。良好的货币金融环境是保持经济持续增长和物价水平基本稳定的基础。只有依托良好的货币金融环境，确保适当的投融资成本，才能强化居民对未来收入、企业对未来经营、外资对经贸往来的良性预期，促进有效需求和有效供给、消费和投资、内需和外需间的良性互动循环，进而增强实体经济增长稳定性。为此，要健全中国特色现代货币政策框架，始终保持货币政策的稳健性，更加注重做好跨周期和逆周期调节，充实货币政策工具箱，为稳定物价、促进经济增长、扩大就业、维护国际收支平衡营造良好的货币金融环境。要充分发挥货币政策工具的总量和结构双重功能，更好地支持科技创新、民营小微、先进制造、绿色发展等重大战略、重点领域和薄弱环节。

二是着力打造现代金融机构和市场体系。金融机构和市场体系是动员储蓄、配置资金的重要主体，我国是超大规模经济体，必须打造与之相匹配的现代金融机构和市场体系，疏通资金进入实体经济的渠道。为此，要优化融资结构，构建由银行信贷、债券市场、股票市场、风险投资等组成的全方位、多层次融资渠道，有效引导金融资源配置到经济社会发展的重点领域和薄弱环节，不断培育实体经济发展新动能。要完善机构定位，支持国有大型金融机构做优做强，当好服务实体经济的主力军和维护金融稳定的压舱石，明确并引导政策性金融机构、中小金融机构等回归本源和主业。要打造规则统一、监管协调的金融市场，进一步提高上市公司质量，培育一流投资银行和投资机构，提升投资者专业能力，增加长期资本供给。要健全法人治理，完善中国特色现代金融企业制度，完善国有金融资本管理，拓宽银行资本金补充渠道，做好产融风险隔离。

三是着力推进金融高水平开放。金融高水平开放是构建开放型经济新体制的重要方面，是以对外开放的主动赢得经济发展和国际竞争的主动的必然要求。立足"两个大局"，在推进金融高水平开放进程中，必须统筹好开放和安全的重大关系，确保国家经济和金融安全。为此，要坚持"引进来"和"走出去"并重，稳步扩大金融领域制度型开放，吸引

更多中长期资金、机构投资者和海外投资者进入我国市场，投资人民币资产，提升我国市场的融资功能和资源配置效率。要统筹推进国际金融中心建设，增强上海国际金融中心的竞争力和影响力，巩固提升香港国际金融中心地位，强化全球资源配置功能。

3. 全面加强金融监管，持之以恒防范化解金融风险

金融安全是国家安全的重要组成部分，是经济平稳健康发展的重要基础。维护金融安全，是关系我国经济社会发展全局的一件带有战略性、根本性的大事。立足新征程，要扎紧监管"篱笆"，以高效监管促进金融高质量发展，积极稳妥防范化解金融风险，牢牢守住不发生系统性金融风险的底线。

切实提高金融监管有效性。高效金融监管是金融强国的必备条件，要适应金融业综合运营新趋势、金融创新不断深化新形势，坚持目标导向和问题导向，强化金融规则、体制以及监管执行等方面工作的一体协调，积极构建中国特色金融监管体系。要以深化机构改革为契机，以加强制度建设为重点，以强化金融法治为关键，加快探索构建中国特色金融监管体系的"四梁八柱"，全面强化"五大监管"，杜绝监管真空，弥补薄弱环节，强化金融风险源头管控、统筹管控，进一步提升金融监管有效性。

积极稳妥防范化解金融风险。防范化解金融风险是金融工作的永恒主题，要以"时时放心不下"的责任感，按照"猛药去疴治已病，抓早抓小治未病"思路，进一步做好防范化解金融风险工作。要完善金融风险防范、预警和处置机制，对风险早识别、早预警、早暴露、早处置，健全具有硬约束的金融风险早期纠正机制，在维护金融稳定的同时规避道德风险。要把握好权和责、快和稳等的关系，稳妥处置重点区域、重点行业和重点机构风险，严厉打击非法金融活动。要严格规范金融市场交易行为，强化金融机构防范风险主体责任，加快推进金融稳定立法，建立维护金融稳定的长效机制。

三、着力加强新时代网络安全建设

2023年7月14日，全国网络安全和信息化工作会议在北京召开。习近平总书记强调，新时代新征程，网信事业的重要地位作用日益凸显。要以新时代中国特色社会主义思想为指导，全面贯彻落实党的二十大精神，深入贯彻党中央关于网络强国的重要思想，切实肩负起举旗帜聚民心、防风险保安全、强治理惠民生、增动能促发展、谋合作图共赢的使命任务，坚持党管互联网，坚持网信为民，坚持走中国特色治网之道，坚持统筹发展和安全，坚持正能量是总要求、管得住是硬道理、用得好是真本事，坚持筑牢国家网络安全屏障，坚持发挥信息化驱动引领作用，坚持依法管网、依法办网、依法上网，坚持推动构建网络空间命运共同体，坚持建设忠诚干净担当的网信工作队伍，大力推动网信事业高质量发展，以网络强国建设新成效为全面建设社会主义现代化国家、全面推进中华民族伟大复兴作出新贡献。

（一）新时代网络安全的重要意义

1. 筑牢可信可控数字中国安全屏障的重要保障

一是网络安全是数字中国建设的重要基础。2023年，《数字中国建设整体布局规划》明确提出，"筑牢可信可控的数字安全屏障"。一个强大而高性能的网络，是保障数字中国发展的重要基础。二是网络安全成为数字经济安全的重要内容。安全是发展的前提和保障。加快推进数字中国建设，必须切实维护网络安全。数字经济的高速增长放大了网络安全风险，带动网络安全需求激增。打通数据壁垒、消除数据孤岛、挖掘数据最大价值，成为各类组织机构新的业务需求。在保障网络安全的前提下，充分利用数据资源，使数据价值最大化，已然成为政府、企业数字化转型和推动数字经济高质量发展的关键。

2. 以新安全格局保障新发展格局的战略需求

一是网络安全是新安全格局的关键组成。党的二十大报告提出，"以新安全格局保障新发展格局"，"强化经济、重大基础设施、金融、网络、数据、生物、资源、核、太空、海洋等安全保障体系建设"，是新征程上顺应世界之变、时代之变、历史之变的必然要求。二是网络安全是新发展格局不可或缺的重要保障。一方面，我国网络安全制度体系不断完善，《中华人民共和国网络安全法》《中华人民共和国数据安全法》等法律相继颁布，《关键信息基础设施安全保护条例》《网络安全审查办法》等规范性文件陆续出台，依"法"保障网络安全的"四梁八柱"逐渐成型。另一方面，网络安全已成为新时代我国面临的复杂挑战。2023年4月，中国网络安全产业联盟发布报告，披露了2010年以来曝光的十余起美国情报机构实施网络攻击、开展网络监控及窃密、泄露扩散网络攻击武器和工具的案例，网络安全复杂多变、日益严峻。面对安全风险交织叠加的新形势，必须统筹兼顾、综合施策，提前预判，系统部署。

3. 推动国家安全体系和能力现代化建设的必要条件

一是筑牢网络安全防线事关国家安全和社会稳定。当今时代，网络空间战略博弈和安全斗争的内容与形式进一步复杂化，筑牢网络安全防线刻不容缓。网络空间不仅成为各类网络攻击与安全威胁的第一战场，也是推进社会治理的重要场域。二是网络安全是信息化协同发展的必要条件。"现代化"作为一个具有历史性、不断发展的概念，其核心要求经历了从工业化向信息化的关键转变。随着信息技术的普及和应用，现代化的重心逐渐向信息化领域转移。习近平总书记强调，"网络安全和信息化是一体之两翼、驱动之双轮"。信息化为我国抢占新一轮发展制高点、构筑国际竞争新优势提供了有利契机，需要统一谋划和部署。网络安全为信息化协同发展提供了有力保障。

（二）我国网络安全工作取得积极进展

近年来，在习近平总书记关于网络强国的重要思想指引下，我国网络安全工作取得积极进展，网络安全政策法规体系不断健全，网络安全工作体制机制日益完善，全社会网络安全意识和能力显著提高，广大人民群众在网络空间的获得感、幸福感、安全感不断提升。

1. 网络安全顶层设计不断完善

2023 年 6 月 1 日，网络安全法施行六周年。这部我国网络安全领域的基础性法律，对个人信息保护、治理网络诈骗、实施网络实名制等方面作出明确规定，成为我国网络空间法治化建设的重要里程碑。

近年来，我国加快推进网络安全领域顶层设计，在深入贯彻落实网络安全法基础上，制定完善网络安全相关战略规划、法律法规和标准规范，网络安全"四梁八柱"基本确立。

颁布《中华人民共和国数据安全法》《中华人民共和国个人信息保护法》《关键信息基础设施安全保护条例》等法律法规，出台《汽车数据安全管理若干规定（试行）》《生成式人工智能服务管理暂行办法》等政策文件，让网络安全工作在法治化轨道上运行；制定发布 300 余项网络安全国家标准，我国网络安全标准国际话语权和影响力显著提升。

建立关键信息基础设施安全保护制度、网络安全审查制度、云计算服务安全评估制度，发布《网络安全审查办法》《云计算服务安全评估办法》，有效防范化解供应链网络安全风险；出台《数据出境安全评估办法》，提升国家数据出境安全管理水平。

建立健全网络安全应急工作机制，实施《国家网络安全事件应急预案》，构建起"全国一盘棋"的工作体系，形成维护网络安全的强大合力。

2. 网络安全教育、技术、产业融合发展

网信事业要发展，离不开高水平的专业人才队伍。近年来，各地各部门出台系列政策举措，推动加快网络安全学科建设和人才培养进程。2016 年，六部门联合印发《关于加强网络安全学科建设和人才培养的意见》，推动开展网络安全学科专业和院系建设，创新网络安全人才培养机制。设立"网络空间安全"一级学科，实施一流网络安全学院建设示范项目。目前，已有60余所高校设立网络安全学院，200余所高校设立网络安全本科专业。

中央网信办会同相关部门指导武汉市建设国家网络安全人才与创新基地，积极探索网络安全教育、技术、产业融合发展新机制新模式；工信部和北京市共同打造国家网络安全产业园区，重点推动网络安全产业集聚发展、网络安全核心技术突破；全国首个跨省域国家级网络安全产业园区落地成渝，打造引领西部网络安全产业创新发展的高地。

我国网络安全人才培养进程不断加快，技术能力稳步提高，产业体系快速发展，人才培养、技术创新、产业发展的良性生态正在加速形成。

3. 全民网络安全意识和防护技能持续加强

互联网通达亿万群众，连接党心民心。

聚焦强制授权、过度索权等违法违规收集使用个人信息问题，2019年以来，中央网信办、工信部、公安部、市场监管总局联合开展App违法违规收集使用个人信息专项治理，有力震慑违法犯罪行为。

针对非法利用摄像头偷窥个人隐私画面、交易隐私视频等侵害公民个人隐私的行为，2021年5月起，有关部门开展摄像头偷窥等黑产集中治理工作，督促各类平台处置相关违规有害信息、下架违规产品，切实维护人民群众的合法权益。

网络安全为人民，网络安全靠人民。维护网络安全是全社会的共同责任。

2014年以来，国家网络安全宣传周连续9年在全国范围内举办，广泛开展网络安全进机关、进企业、进学校、进社区等活动，以通俗易懂的语言、群众喜闻乐见的形式，有力推动了全社会网络安全意识和防护技能的提升。

如今，各方面齐抓共管的良好局面已经形成，网络安全的共治共建渐入佳境，越来越多的人民群众正自觉成为网络安全的守护者，共同筑牢网络安全之堤。

（三）新时代网络安全面临的挑战

1. 网络安全法律体系不够完善

第一，法律法规仍待细化落实。尽管网络安全法律体系逐步建立健全，但是每部新法案从开始实施到完善落实，都需要一定的过渡期。新法内的一些具体规定要具体"落地"，都需要完善一系列措施及配套政策。《中华人民共和国数据安全法》出台后，仍需要制定相关的配套措施，针对需要明确的重点问题进一步细化，明确《中华人民共和国数据安全法》的分级分类制度的具体要求与标准，进一步提高实操性，才能提供实践指导。

第二，法律法规配套仍需加强。总体来说，网络安全领域的立法质量不断提高，法律的操作性、规范性不断增强，但现有网络安全领域配套法律法规仍需完善。一方面，法律配套制度涉及部门多，协调难度大，影响因素交错复杂，客观上会带来一定的困难。另一方面，网络技术发展迅猛，情况变化很快，这也给法律法规配套的制定和落实带来一定的挑战。

2. 新技术引发网络安全新风险

第一，新场景引发新挑战。随着互联网应用的普及，网络安全技术的应用场景也越来越广泛。在线支付、在线购物、在线教育等都离不开网络安全技术，随之而来的网络安全风险也不断激增。一是网络黑客、电信网络诈骗等犯罪问题频发。根据公安部公布的数据，2023 年全国共破获电信网络诈骗案件 43.7 万起。随着科技的进步，互联网为人们的工作生活带来便利的同时，网络诈骗手法也不断翻新，封装 App、群发邮件"引流"、AI 语音视频造假诈骗等花招层出不穷。据公安部门统计，高发电信网络诈骗案件发案占比近 80%。二是虚拟货币存在网络安全风险。虚拟货币的网络安全风险主要源于其网络特性。一方面，虚拟货币存在网络漏洞和后门程序等安全风险，黑客利用这些漏洞可以窃取用户信息，进而盗取用户的虚拟货币资产。另一方面，在线交易平台的安全性、个人信息的保护程度不够等都是影响虚拟货币安全的重要因素。有些在线交易平台缺乏安全保障，导致用户在交易过程中遭受虚拟货币被盗的风险。

第二，网络技术犯罪持续高发。随着网络技术的飞速发展，网络技术犯罪已成为一个不容忽视的问题。近年来，网络技术犯罪持续高发，带来了重大经济损失和数据安全风险。一是勒索软件攻击愈演愈烈。勒索软件是一种流行的网络攻击工具，通过加密用户文件等方式进行勒索。近年来几乎所有国家的政府、金融、医疗、交通等行业均受到影响。2022 年，勒索软件活跃程度再度飙升，攻击事件数量同比增长 13%，超过以往五年的总和。各大勒索攻击团伙不断改进攻击手法和模式，使得新一代勒索软件攻击更加复杂、更有针对性，呈现出勒索软件智能化、多重勒索常态化等趋势。以多重勒索为例，新型勒索软件攻击从单端的支付赎金即可恢复被加密的数据，逐渐演变成窃取商业信息、非法销售数据、DDoS 攻击等勒索方式结合的新模式。二是软件供应链数据泄露事件频发。随着软件产业快速发展，软件供应链也愈加复杂，极易触发一系列安全问题，网络安全整体防护难度越来越大。据 IBM 发布《2022 年数据泄露成本报告》显示，五分之一的数据泄露事件是由软件供应链受陷造成，识别并遏制供应链事件所耗费的平均总时长要比全球数据泄露事件长 26 天。供应链攻陷事件的总成本是 446 万美元，比数据泄露事件的全球平均总成本高 2.5%，且后者已达到史上最高水平，比过去两年高出近 13%。据相关网络安全公司报告显示，2022 年针对软件供应商的网络攻击同比增长 146%，其中 62% 的数据泄露归因于供应链安全漏洞。

3. 网络战形势错综复杂

我国面临的网络战、封锁战、舆论战形势日益严峻。一是网络代码已经被武器化。网络攻击手段和网络攻击主体的特征明显，敌对势力利用其掌控的强大网络技术对我国连接的国际互联网实施有组织、集团化的网络断网、网域除名等，对我国政府部门、高校、重点企事业单位的网络系统进行精准的网络攻击及窃密。2022 年 9 月，美国国家安全局对我国西北工业大学网络长时间入侵攻击，窃取关键敏感数据，对我国的国家安全造成了严重的危害。二是社交媒体被政治化、"武器化"。敌对势力利用网络漏洞实施攻击和制造散布虚假信息，利用其影响力制造发动网络舆论战，造成网络舆论信息真假难辨，从而迷惑蛊惑网民，影响民众的思想和准确分析判断，制造对立，引发社会矛盾。同时，网络空间的军事化趋势加剧，威胁越来越大，数字外交、网络外交成为维护数字利益的政治手段。面对网络风险和挑战，加强网络安全和维护国家安全十分迫切和重要。

4. 核心技术自主可控能力不够强

自主可控是确保网络安全的必要条件。目前，我国在网信领域（如芯片和基础软件等方面）仍存在一些短板。芯片方面，其短板在于制造工艺、装备、材料、设计工具等方面。以 AI 芯片为例，我国起步晚，在算法方面缺乏原始创新，目前仍依赖进口。基础软件方面，操作系统大部分依赖 Windows，国产操作系统很少；大型工业基础软件，如集成电路涉及软件基本上是进口，自主研发的较少。我国亟须"扬长处，补短板"，努力突破"卡脖子"问题，提升自主可控能力，保障网络安全。

5. 网络空间竞争加剧，网络安全人才供需失衡

其一，网络安全攻防实战人才不足。当前，我国网络安全领域人才不足，已成为阻碍我国产业发展的主要因素，特别是实战型人才培养方面，存在显著的需求缺口。据《网络安全人才实战能力白皮书》调查数据显示，"到 2027 年，我国网络安全人员缺口将达 327 万，而高校人才培养规模为 3 万 / 年，许多行业面临着网络安全人才缺失的困境"。此外，由于高校缺乏实战环境，过于注重理论知识传授而轻视实践能力培养，所培养的网络安全人才往往无法迅速融入实际工作，高达 92% 的企业认为自己缺乏网络安全实战人才。攻防实战人才必须具备在实际业务环境中，利用网络安全技术和工具进行安全监督和解析、

危险度评估或风险评估与衡量、渗透测试事件研判等业务能力，这对网络安全攻防实战人才的培养路径提出了高标准、高要求。

其二，缺乏网络安全人才发展规划。随着全球信息化进程的推进，众多国家已经认识到网络安全的重要性，并纷纷制定国家网络安全战略。然而，相较于美国等发达国家在网络安全人才培养方面的系统性和层次性，我国在这方面起步较晚。尽管我国已经发布了一些网络安全战略规划文件，强调了人才培养的重要性，但总体上来说，仍缺乏网络安全人才培养的整体规划和顶层设计。相比之下，美国已具备领先的网络人才战略和体系，并发布了《国家网络人才和教育战略》，旨在推动政府、企业、学校和其他组织在人才培养和发展领域的改革，以适应当前和未来的网络人才需求，将对国际网络安全产生深远影响，同时，也给我国的网络安全人才培养战略带来了挑战。

6. 国际网络空间竞争新格局带来新考验

其一，网络空间国际规则尚未达成共识。在网络安全事件和局部地区冲突风险相互交织的背景下，网络空间国际规则的模糊性和不确定性加剧。2022年，国际地缘政治冲突加剧，俄乌陷入"拉锯战"，中美博弈更加激烈，在网络空间主权、全球网络产品和服务供应链以及数据跨境流动等方面，可能面临新一轮的规则和格局调整。我国正面临国际网络空间规则、信息技术产业等领域更为严峻和复杂的竞争态势，这给我国参与和主导网络空间规则制定带来了新的挑战。

其二，全球网络空间安全机制尚未形成。在数字时代，信息技术为人们生活带来便捷的同时，也为网络犯罪全球化和产业化创造了条件。当前阶段，全球面临着网络霸权、网络犯罪和数据泄露等问题的严峻挑战，深刻影响着各国和地区的政治、经济、社会和文化等各个方面。金融、交通、能源三大关键基础设施领域成为网络攻击重灾区，安全态势严峻。鉴于网络犯罪具有隐蔽性和跨国性，更容易逃避监管，传统的国际刑事司法协助机制程序复杂、过程冗长、条件严苛，已经无法适应现实需求。然而，新型的网络空间国际规则制定工作尚未取得突破性进展。

（四）新时代下筑牢网络安全屏障的对策建议

1. 多措并举加强网络安全管理

一是健全法律法规建设。建立健全网络安全的法律保障体系，强化数据分类分级保护、数据安全审查、数据出境管理等制度措施，提高网络数据监测预警和应急处置能力，维护网络空间秩序。二是要加强网络安全监管。不断创新和落实我国网络安全战略，实现权责明确的多部门联动结合监管和合作协调，提高跨部门的网络安全响应能力，加强网络安全监管工作。开展网络设备日常巡检和自查，及时采取措施堵塞安全风险漏洞，查漏补缺、减少风险点，维护计算机及网络基础设施安全，确保网络安全。

2. 科技赋能推动网络安全发展

一是加强技术创新，提升自主可控能力。加强数字技术创新，实现网络安全关键技术自主可控，是筑牢数字中国安全屏障的底气所在。要加强网络安全核心技术的自主研发，提升我国国产网络安全产品质量，加强先进安全产品和技术创新，进一步提高科技转化运用能力，加强人工智能技术、区块链等新一代信息技术的应用转化，形成价值闭环，保证相关技术创新的持续推进。二是坚持科技向善，针对新场景加强科技治理。依据电信网络诈骗技术迭代升级等特点，打通数据壁垒，通过"反诈大数据法律监督模型"，对涉诈网址、域名、App 等黑灰产违法犯罪进行溯源治理；针对数字藏品、数字身份等跨平台流通和持久存续的迫切需求，推动区块链底层框架适配互通，打造区块链公用基础设施，支撑形成自主可控、全国一体、流通顺畅、全程追溯的分布式数字凭证技术应用体系。

3. 提升全民全社会网络安全素养

一是制定人才专项计划。通过明确培养目标、优化培养方式，有计划、有目的地推进和实施网络安全人才培养工作。高校是网络安全人才培养的主阵地，要以目标为导向，依托学校教育系统开展扎实的基础知识教育，通过专项培训活动促进领域专业人才的培养，通过高水平的行业竞赛发现和培养特殊人才，以"硬实力"打造一支具有全球竞争力的网络安全团队。二是加强网络安全宣传。一方面，完善网络安全工作机制。定期组织网络安全工作者学习网络相关法律知识；积极开展网络安全应急处置应急演练，推进构建网络安全工作体系；开展网络安全风险点摸排，强化重要数据安全和个人信息保护意识，切实维护网络信息安全。另一方面，加强社会网络安全教育。促进政府、企业和社会各界对网络安全宣传的共同参与及配合，着力提高公众的网络安全意识和技能水平。除了利用传统的电视、报纸和杂志等媒体，还可充分利用社交网络、视频平台、移动应用等新媒体渠道，向公众传递网络安全知识和信息。

4. 推动国际网络安全多元化合作

一是积极开展国际合作，共同应对网络安全问题。加强对话，共同构建网络安全命运共同体。加强国际网络问题的信息共享及在网络安全技术和管理工作方面的沟通与合作，积极汲取其他国家的成功经验和技术，主动争取网络空间的主导权和话语权。在保证公开、公正的前提下，持续开展交流合作，共促技术发展，并致力于完善全球网络安全治理。二是加强网络犯罪综合防治体系，积极推进网络安全合作关系的机制建设和平台建设，充分整合资源，共同打击网络洗钱、勒索、贩毒等犯罪行为。鉴于网络犯罪相比于传统犯罪更易于逃避监管，执法机关应积极开展国际合作，与相关国家和地区建立制度化、常态化的合作机制，共同打击网络犯罪。

延伸阅读

习近平"典"论国家安全

国家安全是国家生存发展的基本前提，维护国家安全是全国各族人民根本利益所在。党的十八大以来，习近平总书记立足中华民族伟大复兴战略全局和世界百年未有之大变局，把保证国家安全当作"头等大事"，围绕国家安全作出一系列重要论述。让我们一起学习总书记相关用"典"，学习领会国家安全的极端重要性，增强忧患意识，做到居安思危。

安而不忘危，
存而不忘亡，
治而不忘乱。

【总书记说】

改革开放以来，我们党始终高度重视正确处理改革发展稳定关系，始终把维护国家安全和社会安定作为党和国家的一项基础性工作。我们保持了我国社会大局稳定，为改革开放和社会主义现代化建设营造了良好环境。"安而不忘危，存而不忘亡，治而不忘乱。"同时，必须清醒地看到，新形势下我国国家安全和社会安定面临的威胁和挑战增多，特别是各种威胁和挑战联动效应明显。我们必须保持清醒头脑、强化底线思维，有效防范、管理、处理国家安全风险，有力应对、处置、化解社会安定挑战。

——2014年4月25日在十八届中央政治局第十四次集体学习时的讲话

【典出】

出自《周易·系辞下》。意思是君子在国家安定的时候要不忘危险，国家存在的时候要不忘败亡，国家大治的时候要不忘变乱。强调当政者要有忧患意识，对可能威胁国家前途命运的困难和危险时刻保持警惕，居安思危，永不懈怠，兢兢业业，如此才能安身保国。

图之于未萌，

虑之于未有。

【总书记说】

今后 5 年，可能是我国发展面临的各方面风险不断积累甚至集中显露的时期。我们面临的重大风险，既包括国内的经济、政治、意识形态、社会风险以及来自自然界的风险，也包括国际经济、政治、军事风险等。如果发生重大风险又扛不住，国家安全就可能面临重大威胁，全面建成小康社会进程就可能被迫中断。我们必须把防风险摆在突出位置，"图之于未萌，虑之于未有"，力争不出现重大风险或在出现重大风险时扛得住、过得去。

——2015 年 10 月 29 日在十八届五中全会第二次全体会议上的讲话

【典出】

出自后晋刘昫等的《旧唐书·柳亨传》所附《柳泽传》。意思是在祸患尚未萌发时就预先提防，在灾祸没有到来时未雨绸缪。

明者防祸于未萌，

智者图患于将来。

【总书记说】

推动创新发展、协调发展、绿色发展、开放发展、共享发展，前提都是国家安全、社会稳定。没有安全和稳定，一切都无从谈起。"明者防祸于未萌，智者图患于将来。"我们必须积极主动、未雨绸缪，见微知著、防微杜渐，下好先手棋，打好主动仗，做好应对任何形式的矛盾风险挑战的准备，做好经济上、政治上、文化上、社会上、外交上、军事上各种斗争的准备，层层负责、人人担当。

——2016 年 1 月 18 日在省部级主要领导干部学习贯彻党的十八届五中全会精神专题研讨班上的讲话

【典出】

出自西晋陈寿的《三国志》。意思是明智的人在灾祸没有萌生的时候就加以防范，聪明的人对于将来可能发生的危害会预先进行估计，只有这样，在灾祸危害发生的时候，才能从容应对。

聪者听于无声，

明者见于未形。

【总书记说】

维护网络安全，首先要知道风险在哪里，是什么样的风险，什么时候发生风险，正所谓"聪者听于无声，明者见于未形"。感知网络安全态势是最基本最基础的工作。

——2016年4月19日在网络安全和信息化工作座谈会上的讲话

【典出】

出自西汉司马迁的《史记·淮南衡山列传》。意思是聪慧明智、思虑通达的人，善于观察、思考、深辨、细究，掌握事物的发展规律和发展方向，作出正确的判断，故能洞察事物的未来，于无声处听有声，于无形处见有形，有先见之明。

备豫不虞，

为国常道。

【总书记说】

当前，我国正处于一个大有可为的历史机遇期，发展形势总的是好的，但前进道路不可能一帆风顺，越是取得成绩的时候，越是要有如履薄冰的谨慎，越是要有居安思危的忧患，绝不能犯战略性、颠覆性错误。面对波谲云诡的国际形势、复杂敏感的周边环境、艰巨繁重的改革发展稳定任务，我们既要有防范风险的先手，也要有应对和化解风险挑战的高招；既要打好防范和抵御风险的有准备之战，也要打好化险为夷、转危为机的战略主动战。我们要继续进行具有许多新的历史特点的伟大斗争，准备战胜一切艰难险阻，朝着我们党确立的伟大目标奋勇前进。

——2018年1月5日在新进中央委员会的委员、候补委员和省部级主要领导干部学习贯彻习近平新时代中国特色社会主义思想和党的十九大精神研讨班上的讲话

【典出】

出自唐代吴兢的《贞观政要》。意思是对可能发生的意外事先做好防备，这是治理国家的基本做法。

不困在于早虑，

不穷在于早豫。

【总书记说】

随着我国社会主要矛盾变化和国际力量对比深刻调整，我国发展面临的内外部风险空前上升，必须增强忧患意识、坚持底线思维，随时准备应对更加复杂困难的局面。

——2021年1月11日在省部级主要领导干部学习贯彻党的十九届五中全会精神专题研讨班上的讲话

【典出】

出西汉刘向的《说苑·谈丛》。意思是要想不陷入困境，就须提前谋划；要想不至于绝境，就须事先预防。

——来源：《新民晚报》，2022-04-15

思考题

1. 总体国家安全观具有哪些理论品格？

2. 如何筑牢新时代网络安全屏障？

安邦定国！新修订的反间谍法7月开始施行

专 题 七

以习近平文化思想为指引建设中华民族现代文明

文化关乎国本国运。2023年10月7日至8日召开的全国宣传思想文化工作会议最重要的成果，就是首次提出"习近平文化思想"。作为习近平新时代中国特色社会主义思想的文化篇，习近平文化思想是新时代党领导文化建设实践经验的理论总结，丰富和发展了马克思主义文化理论，标志着我们党对中国特色社会主义文化建设规律的认识达到了新高度，表明我们党的历史自信、文化自信达到了新高度，为做好新时代新征程宣传思想文化工作、担负起新的文化使命提供了强大思想武器和科学行动指南。

一、习近平文化思想的形成过程、重大意义与鲜明特质

（一）习近平文化思想的形成过程

党的十八大以来，以习近平同志为核心的党中央把文化建设摆在全局工作的重要位置，积极推进中国特色社会主义文化理论和实践创新，不断深化对社会主义文化建设的规律性认识，就新时代文化建设提出一系列新思想新观点新论断，形成了习近平文化思想。

2013年8月，在党的十八大后首次全国宣传思想工作会议上，习近平总书记强调"意识形态工作是党的一项极端重要的工作"。

2017年10月，党的十九大报告中首次提出"新的文化使命"这一重大命题，要求"推动社会主义文化繁荣兴盛"。

2018年8月，全国宣传思想工作会议以"九个坚持"概括宣传思想工作的规律性认识，即：坚持党对意识形态工作的领导权，坚持思想工作"两个巩固"的根本任务，坚持

用新时代中国特色社会主义思想武装全党、教育人民，坚持培育和践行社会主义核心价值观，坚持文化自信是更基础、更广泛、更深厚的自信，是更基本、更深沉、更持久的力量，坚持提高新闻舆论传播力、引导力、影响力、公信力，坚持以人民为中心的创作导向，坚持营造风清气正的网络空间，坚持讲好中国故事、传播好中国声音。习近平总书记在讲话中强调"必须把统一思想、凝聚力量作为宣传思想工作的中心环节"。

2021 年 7 月，在庆祝中国共产党成立 100 周年大会上，"两个结合"重大论断首次正式提出，即"坚持把马克思主义基本原理同中国具体实际相结合、同中华优秀传统文化相结合"。

2022 年 10 月，党的二十大从五个方面重点部署文化建设工作，要求"必须坚持中国特色社会主义文化发展道路"。

2023 年 6 月，习近平总书记在文化传承发展座谈会上深刻总结中华文明的五个突出特性，对于"两个结合"特别是"第二个结合"进行了深刻阐述；明确文化建设方面的"十四个强调"，即：强调坚持和加强党对宣传思想文化工作的全面领导，担负起新的文化使命，建设社会主义文化强国，铸就社会主义文化新辉煌；强调坚持马克思主义在意识形态领域指导地位的根本制度，推进马克思主义中国化时代化，建设具有强大凝聚力和引领力的社会主义意识形态；强调坚持文化自信，推动社会主义文化繁荣兴盛，建设中华民族现代文明；强调以社会主义核心价值观引领文化建设，广泛开展中国特色社会主义和中国梦宣传教育，使全体人民在理想信念、价值理念、道德观念上紧紧团结在一起；强调加快构建中国特色哲学社会科学，以我国实际为研究起点，阐释中国道路、解读中国实践、构建中国理论；强调推动中华优秀传统文化创造性转化、创新性发展，让中华文化展现出永久魅力和时代风采；强调提高新闻舆论传播力引导力影响力公信力，弘扬主旋律、传播正能量，巩固壮大奋进新时代的主流思想舆论；强调坚持以人民为中心的创作导向，把社会效益放在首位，推出更多增强人民精神力量的优秀作品；强调要像爱惜自己的生命一样保护历史文化遗产，加强文物保护利用和文化遗产保护传承，守护好中华文脉；强调中国式现代化是物质文明和精神文明相协调的现代化，能促进全体人民精神生活共同富裕，促进人的全面发展；强调铸牢中华民族共同体意识，建设中华民族共有精神家园；强调过不了互联网这一关就过不了长期执政这一关，要把互联网这个变量变成事业发展的增量，培育积极健康向上向善的网络文化，建设网络文明；强调提升国家文化软实力和中华文化影响力，加强国际传播能力建设，讲好中国故事，推动中华文化更好走向世界；强调弘扬全人类共同价值，落实全球文明倡议，推动文明交流互鉴，丰富世界文明百花园，等等。

文化传承发展座谈会鲜明提出担负新的文化使命等重大创新观点。新的文化使命是指：在新的起点上继续推动文化繁荣、建设文化强国、建设中华民族现代文明。

2023年10月，在全国宣传思想文化工作会议上，党中央正式提出并系统阐述了习近平文化思想。这是一个重大决策，在党的理论创新进程中具有重大意义，在党的宣传思想文化事业发展史上具有里程碑意义。在这次会议上，习近平总书记对宣传思想文化工作作出重要指示，提出"七个着力"的要求，即：着力加强党对宣传思想文化工作的领导，着力建设具有强大凝聚力和引领力的社会主义意识形态，着力培育和践行社会主义核心价值观，着力提升新闻舆论传播力引导力影响力公信力，着力赓续中华文脉、推动中华优秀传统文化创造性转化和创新性发展，着力推动文化事业和文化产业繁荣发展，着力加强国际传播能力建设、促进文明交流互鉴。

习近平总书记对宣传思想文化工作作出重要指示，将"用党的创新理论武装全党、教育人民"作为宣传思想文化工作的首要政治任务。

习近平文化思想内涵丰富，思想深邃，博大精深，为我们在新时代新征程继续推动文化繁荣、建设文化强国、建设中华民族现代文明提供了强大思想武器和科学行动指南。

（二）习近平文化思想的重大意义

作为习近平新时代中国特色社会主义思想的重要组成部分，习近平文化思想是我们党在宣传思想文化领域正本清源、守正创新中取得的重要理论成果，是对中国特色社会主义文化建设实践经验的理论总结和最新突破。习近平文化思想深刻回答了新时代文化领域重大理论和实践问题，明确了新时代推动文化繁荣、建设文化强国、建设中华民族现代文明的路线图和任务书，是开创中国式现代化文明新篇章、创造人类文明新形态的强大思想武器和科学行动指南，具有极为重大的理论价值和实践意义。

1. 习近平文化思想是对新时代中国特色社会主义文化建设经验和规律的系统总结，构成了习近平新时代中国特色社会主义思想的文化篇

党的十八大以来，以习近平同志为核心的党中央把文化建设摆在全局工作的重要位置，大力推进中国特色社会主义文化建设，提出了一系列文化建设方面的新思想新观点新论断，提升了我们党对中国特色社会主义文化建设的规律性认识。

其一，从战略高度将文化与党、国家和民族的前途命运相统一，提升了对文化战略地位的总体定位。文化作为国家和民族的灵魂和纽带，是引领国家强盛、民族兴旺的精神凝聚力、价值引导力和内在推动力。在推进中国特色社会主义"五位一体"总体布局和中国式现代化发展进程中,文化既是重要内容,又是力量源泉,是国运兴、民族强的根基。其二,将文化自信纳入中国特色社会主义"四个自信"之中,强调文化自信是"更基本、更深沉、更持久的力量",是道路自信、理论自信、制度自信的根本,从精神维度上提升了对中国特色社会主义的整体认识。其三,提出坚持马克思主义在意识形态领域指导地位的根本制度,确保马克思主义贯穿于党和国家各项事业中,巩固了全党全国人民团结奋斗的共同思想基础。其四,指明了中国共产党在新时代新的文化使命,强调要坚持和加强党对宣传思想文化工作的全面领导,要共同创造属于我们这个时代的新文化,深化了对新时代中国特色社会主义文化建设根本保证力量的认识。其五,提出"第二个结合"重大命题,助推中华优秀传统文化从传统走向现代、从"自在"走向"自觉",巩固了中华民族的文化主体性,同时赋予了马克思主义以深厚的文化滋养,形成了适合中国国情的中国化时代化的马克思主义文化理论形态。在新时代中国特色社会主义文化实践基础上,文化理论不断创新发展和日趋成熟,形成了习近平新时代中国特色社会主义思想的文化篇,标志着我们党对中国特色社会主义文化建设规律的认识达到了新高度。

2. 习近平文化思想是马克思主义魂脉和中华优秀传统文化根脉彼此契合、互相成就的理论创新,推进了马克思主义文化理论创新发展

马克思、恩格斯从唯物史观出发,将文化置于人类社会实践活动中,对文化的生成、发展、本质、特征、功能等进行了全面探讨,批判和破除了唯心主义关于文化的种种错误认知,形成了马克思主义文化理论。马克思主义认为,文化是现实的人的社会实践活动的产物。

马克思主义传入中国后,中国共产党人不断推进马克思主义的魂脉和中华优秀传统文化的根脉融合创新,一方面用马克思主义激活中华优秀传统文化的优秀因子,另一方面将中华优秀传统文化的基因熔铸于马克思主义,二者契合贯通,形成了中国化时代化的马克思主义文化理论。党的十八大以来,随着国内外局势尤其是思想文化领域的变化,以习近平同志为核心的党中央在继承马克思主义文化理论基础上,结合新的时代特点,从历史唯物主义出发对文化的内涵特点、地位作用、原则要求和方法路径等进行了系统探索,极大地推进了中国特色社会主义文化实践创新,开辟了马克思主义文化理论在当代中国发展的新境界。

3. 习近平文化思想为推进中国式现代化、中华民族伟大复兴提供思想武器和行动指南

习近平文化思想明体达用、体用贯通，既有宏观思想层面的总体指导，也有具体实践层面的工作部署。如何在世界变局加速演进中开创新局面，如何在中国式现代化和民族复兴的关键时期展现新作为、担负新的文化使命，是新时代中国共产党文化建设的必答题。以习近平同志为核心的党中央在总结社会主义文化建设历史经验基础上，结合新的历史条件下文化建设的新问题新任务新要求，不断探索和开创了中国特色社会主义文化建设新局面，形成了关于社会主义文化强国建设的时间表和路线图，为做好新征程文化建设提供了强大思想武器和科学行动指南。

4. 习近平文化思想为世界文明交流互鉴和人类文明进步提供中国智慧

当前，百年变局加速演进中的世界文化发展格局发生了深刻变化，世界不同国家、不同文化和不同文明形态，受到来自传统与非传统安全的威胁，共同面临着生存危机与发展危机；新的国际局势错综复杂，逆全球化思潮抬头，单边主义、保护主义明显上升，特别是世界经济增长放缓，贫富差距加大，导致全球文明对话、文化交流面临新的挑战、遭遇新的发展困境。如何正确认识和科学处理世界不同文化与文明的关系，推进全球文明对话、交流、互鉴，实现世界文化和谐共生、繁荣发展，是当代全球共同面临的"文化之问"。以习近平同志为核心的党中央深刻把握世界文化发展大格局和人类文明的未来走向，提出了世界文明多样平等、交流对话、包容互鉴、和谐共生、创新发展等新文明观，创造性地回答了世界"文化之问"，为全球文明发展贡献了宝贵的中国智慧。

（三）习近平文化思想的鲜明特质——明体达用、体用贯通

"体"与"用"是中国古代哲学的一对重要范畴。"明体达用"是北宋胡瑗提出的教育主张，意为要明白经义、通达政事。"体用贯通"是传统哲学对"体""用"结合的一种智慧表达。习近平文化思想"明体达用、体用贯通"的鲜明特征，体现了马克思主义科学性和实践性的高度统一，标志着我们党对中国特色社会主义文化建设规律的认识达到了新高度，表明我们党的历史自信、文化自信达到了新高度。

习近平文化思想具有鲜明的本体特征，突出表现为"两个结合"。在文化传承发展座谈会上，习近平总书记指出："在五千多年中华文明深厚基础上开辟和发展中国特色社会主义，把马克思主义基本原理同中国具体实际、同中华优秀传统文化相结合是必由之路。这是我们在探索中国特色社会主义道路中得出的规律性认识。""两个结合"特别是"第二个结合"是习近平新时代中国特色社会主义思想对马克思主义中国化时代化的原创性理论

贡献。习近平文化思想是"两个结合"的典范，从"魂脉"与"根脉"的高度彰显了这一思想丰富和发展了马克思主义文化理论。习近平总书记强调："我们决不能抛弃马克思主义这个魂脉，决不能抛弃中华优秀传统文化这个根脉。"习近平文化思想坚持把马克思主义基本原理同中华优秀传统文化相结合，既蕴含了马克思主义的思想精髓，又蕴含了中华优秀传统文化的精华；既厚实了马克思主义的理论底蕴，又传承了中华优秀传统文化的实践智慧，让马克思主义成为中国的，中华优秀传统文化成为现代的，让经由"结合"而形成的新文化成为中国式现代化的文化形态。党的十八大以来，习近平总书记围绕宣传思想文化工作发表了一系列重要讲话和指示要求，在文化建设方面提出了一系列新思想新观点新论断，逐步架构起以"九个坚持""十四个强调""七个着力"等为主体内容的习近平文化思想，构成了习近平新时代中国特色社会主义思想的文化篇。

习近平文化思想成于"体"而落于"用"，"体"彰显了习近平文化思想的理论性，"用"展现了这一思想的实践性。"文化兴国运兴，文化强民族强。"文化作为一种软实力，是一个国家、一个民族的灵魂。习近平文化思想始终将意识形态工作摆在重要位置，明确指出意识形态关乎旗帜、关乎道路、关乎国家政治安全，意识形态工作是为国家立心、为民族立魂的工作，必须坚持马克思主义在意识形态领域指导地位的根本制度，建设具有强大凝聚力和引领力的社会主义意识形态。"观乎天文，以察时变；观乎人文，以化成天下。"习近平总书记指出："提高包括广大劳动者在内的全民族文明素质，是民族发展的长远大计。"这要求我们必须加快实施公民道德建设工程，提高全社会道德水准和文明素养。文艺是时代前进的号角。习近平总书记强调："文艺要通俗，但决不能庸俗、低俗、媚俗。"这要求我们强化文艺产品的高水平创作、高品质供给，把有筋骨、有道德、有温度的作品呈现给人民大众。"万物并育而不相害，道并行而不相悖。"中华文明不仅是中华民族的宝贵财富，也是世界文明的瑰宝。习近平总书记将中华文明的突出特性总结为连续性、创新性、统一性、包容性、和平性，其中包容性与和平性体现了习近平文化思想宏阔的世界视野和博大的天下情怀。习近平总书记从天下为公、天下大同的社会理想出发，提出构建人类命运共同体理念；从天人合一、万物并育的生态理念出发，提出共建地球生命共同体的倡议；从各美其美、美美与共的相处之道出发，提出以文明交流超越文明隔阂、以文明互鉴超越文明冲突、以文明共存超越文明优越等方案，探索创立具有包容性的人类文明新形态。

习近平文化思想体中有用、用中有体，"明体达用、体用贯通"体现了其辩证统一性，是本体论与方法论的高度统一、认识论与实践论的高度统一。

二、全面把握"七个着力" 建设中华民族现代文明

在新的起点上继续推动文化繁荣、建设文化强国、建设中华民族现代文明，是我们在新时代新的文化使命。围绕这一新的文化使命，习近平总书记就如何在新时代做好宣传思想文化工作明确提出了"七个着力"的要求，对我国社会主义文化建设作出总体谋划，明确了新时代文化建设的路线图和任务书。"七个着力"既是对党的十八大以来宣传思想文化工作的提炼和升华，同时也是对未来相关工作的具体谋划和部署，是一个内外相联、上下贯通、有总有分的系统性的结构体系，具有明确的目标指向和很强的现实指导性。

（一）着力加强党对宣传思想文化工作的领导

党的领导是宣传思想文化工作的生命线，是宣传思想文化事业始终沿着正确方向前进的根本政治保证。党管宣传是一条铁律，任何时候都不能动摇。方向决定道路，道路决定命运。要始终坚定不移把准政治方向，树牢"四个意识"，坚定"四个自信"，坚决做到"两个维护"，确保宣传思想文化工作始终沿着正确的政治方向和道路前进。要坚持以习近平文化思想引领宣传思想文化工作。习近平文化思想既有文化理论观点上的创新和突破，又有文化工作布局上的部署要求，标志着我们党对中国特色社会主义文化建设规律的认识达到了新高度，表明我们党的历史自信、文化自信达到了新高度，为我们党做好新时代宣传思想文化工作、担负起新的文化使命提供了强大思想武器和科学行动指南。

（二）着力建设具有强大凝聚力和引领力的社会主义意识形态

宣传思想文化工作本质上是意识形态工作，意识形态工作是为国家立心、为民族立魂的工作。宣传思想文化工作要将学习宣传贯彻习近平新时代中国特色社会主义思想作为首要任务，建立线上线下联动的协同机制，扩大习近平新时代中国特色社会主义思想的有效覆盖面，让习近平新时代中国特色社会主义思想成为时代最强音。要树立"阵地"意识，推动主渠道、新阵地融合发展，发挥"头雁"效应，主流媒体要自觉担任宣传思想文化工作的主角，重视"触角"延伸，进一步拓展全媒体时代宣传思想文化工作的广度、密度、深度。同时，深入分析国际国内形势，把握世界范围内思想文化相互激荡、我国社会思想观念深刻变化的趋势，正确处理好马克思主义与中国传统文化、外来文化的关系，不断丰富和发展马克思主义文化理论；坚决抵制各种错误思潮和错误观点的影响，坚决反对和遏制一切危害国家安全、损害民族利益、破坏社会稳定的言行，维护意识形态领域的安全和

稳定，建设具有强大凝聚力和引领力的社会主义意识形态。

（三）着力培育和践行社会主义核心价值观

社会主义核心价值观在充分吸收中华优秀传统文化精神内核的基础上，反映社会主义核心价值体系的丰富内涵和实践要求，是对社会主义核心价值体系的高度凝练和集中表达。培育和践行社会主义核心价值观，要以培养担当民族复兴大任的时代新人为着眼点，强化教育引导、实践养成、制度保障，发挥社会主义核心价值观在国民教育、精神文明创建、精神文化产品创作生产传播中的引领作用，把社会主义核心价值观融入社会发展各方面，转化为人们的情感认同和行为习惯。

（四）着力提升新闻舆论传播力引导力影响力公信力

党的新闻舆论工作是党的一项重要工作，是治国理政、定国安邦的大事。在全球化背景下，面对各种文化的激烈交锋，通过新闻媒体传播和弘扬中华优秀传统文化可以增强中华文明发展的自信心、增强本民族文化认同感，不断增强中华文化的影响力，推动中华民族的历史自信与文化自信不断提升，凝聚奋进之力。巩固壮大主流思想舆论阵地，要始终坚持正确的政治方向、舆论导向和价值取向，坚持马克思主义新闻观，坚持团结稳定鼓劲、正面宣传为主，唱响主旋律，激发正能量。发展壮大主流媒体，要不断提升新闻舆论在传播党的创新理论、宣传党的路线方针政策、反映人民群众呼声、引导社会舆论、塑造国家形象、增强国际话语权等方面的能力。

（五）着力赓续中华文脉、推动中华优秀传统文化创造性转化和创新性发展

中华优秀传统文化中凝聚着中华民族独特的精神基因、行为准则、思想观念以及伦理道德，这些文化因素共同塑造出中华文明的突出特性，主导着中华民族现代文明的发展方式。不从源远流长的历史连续性来认识中国，就不可能理解古代中国，也不可能理解现代中国，更不可能理解未来中国。在建设中华民族现代文明进程中，我们需要将其与中国式现代化推进的历史进程结合，正确把握全球化进程中人类文明发展要求，运用"第二个结合"不断具体地把握中华优秀传统文化创造性转化和创新性发展的着力点。立足"第二个结合"建设中华民族现代文明，一方面要注重积极汲取中华优秀传统文化蕴含的价值理念与精神境界；另一方面应重视文化精神在现代化进程中的碰撞，特别是关注文化普遍性，建立起具有人类现代文明意义上的文化新形态。赓续中华文脉，既是为民族复兴立根铸魂的内在要求，也是繁荣发展社会主义文化、为人民大众提供更多更好精神食粮的现实需要。

（六）着力推动文化事业和文化产业繁荣发展

文化事业和文化产业发展要始终坚持以人民为中心的发展思想，坚持固本培元、守正创新，充分激发全民族文化创新创造活力，不断满足人民日益增长的精神文化生活需要，促进人的全面发展。发展文化事业重在完善公共文化服务体系，满足人民日益增长的精神文化需求、保障人民文化权益。着力缩小城乡公共文化服务差距，深入实施文化惠民工程，全面推进健康中国战略，大力加强文化交流，切实增强人民群众对中国式现代化的政治认同、思想认同、理论认同、情感认同，充分激发合力建设现代化、实现中华民族伟大复兴中国梦的历史自觉和主动精神。发展文化产业重在提供更多满足人民多样化、多层次、多方面的精神文化需求、增强人民精神力量的文化产品，充分发挥文化市场在文化建设中的积极作用。坚持把社会效益放在首位，实现社会效益和经济效益相统一，以不断增强人民群众的文化获得感、幸福感和满意度为出发点和落脚点，高质量供给文化产品和服务，全面加强现代文化产业体系建设，增强国家文化软实力。

（七）着力加强国际传播能力建设、促进文明交流互鉴

加强国际传播能力建设是新时代做好宣传思想文化工作的重要着力点，是百年未有之大变局提供的重要历史机遇，也是事关我国对外发展的重大任务。当前，世界之变、时代之变、历史之变正以前所未有的方式展开，我们不能思想僵化、故步自封、畏缩不前，必须要有新认知、新气象、新作为。要秉持开放包容的文化发展理念，加强国际传播能力建设、促进文明交流互鉴，使中华文化成为世界文明多样性的重要组成部分，在国际社会讲好中国故事、传播好中国声音、展示好中国形象，为构建人类命运共同体提供强大精神支撑和价值引领。中华文明自古就以开放包容闻名于世，在同其他文明的交流互鉴中不断焕发新的生命力。秉持开放包容，就是要更加积极主动地吸收借鉴人类创造的一切优秀文明成果。在加强国际传播能力建设中提高我国的国际话语权、持续不断地进行高质量的文明交流互鉴。

三、铸牢中华民族共同体意识

党的十八大以来，习近平总书记对中国特色社会主义文化建设提出的一系列新思想新观点新论断，是新时代党领导文化建设实践经验的理论总结，丰富和发展了马克思主义文化理论，形成了习近平文化思想。这一重要思想博大精深，既蕴含铸牢中华民族共同体意识的深刻内涵，又为加强中华民族共同体建设、全面推进中华民族伟大复兴提供坚强思想

保证和强大精神力量。

（一）习近平文化思想对增强中华民族凝聚力具有重大意义

习近平文化思想在世界百年未有之大变局加速演进和中华民族伟大复兴关键时期应运而生。面对风高浪急的国际环境和艰巨繁重的国内改革发展稳定任务，只有坚持用习近平新时代中国特色社会主义思想凝心铸魂，深入学习贯彻习近平文化思想，铸牢中华民族共同体意识，才能有效应对意识形态领域的各种挑战，不断增强中华民族凝聚力，汇聚起实现中华民族伟大复兴的磅礴伟力。

习近平文化思想进一步巩固了马克思主义在意识形态领域的指导地位。当前，世界进入新的动荡变革期，国际格局"东升西降"态势明显，但"西强我弱"的国际舆论格局尚未根本扭转，西方国家在文化输出和媒介传播方面占有优势地位。特别是在意识形态领域，信息化条件下社会思想多元激荡，世界范围内文化思潮交锋激烈，我国文化领域发生了广泛而深刻的变革。社会文化生态更加复杂，先进的、积极的意识形态占据主流，但一些落后的观念、消极的思想仍然存在，本土的和外来的文化相互碰撞。建设文化强国、增强文化自信，需要坚持以习近平新时代中国特色社会主义思想为指导，聚焦用党的创新理论武装全党、教育人民。习近平文化思想具有强大感召力，就在于其进一步巩固了马克思主义在意识形态领域的指导地位，在世界文明格局的变迁中更好地构筑中国精神、中国价值、中国力量，夯实中华民族共同体建设的思想基础。

习近平文化思想进一步巩固了全党全国各族人民团结奋斗的共同思想基础。共同的思想基础是一个国家团结一致向前进的根本保证。有了共同的思想基础，就能万众一心、成就共同的目标和事业，反之就会一盘散沙、各行其是、一事无成。回顾我国革命、建设、改革的伟大历程，一百多年来，我们党之所以能够完成其他政治力量不可能完成的艰巨任务，在同各种政治力量和困难挑战的较量中取得一次又一次胜利，根本原因在于坚持把马克思主义基本原理同中国具体实际相结合、同中华优秀传统文化相结合，不断推进理论创新，并用新的理论指导新的实践。习近平文化思想凝聚了全党全国各族人民的共同价值追求，彰显出民族精神与时代精神的有机结合，体现了中国特色社会主义文化建设的最新理论成果和发展方向，为中华民族共同体不断强起来奠定了最坚实的思想文化基础。

习近平文化思想进一步明确了中华民族现代文明建设的根本遵循。人类社会每一次跃进，人类文明每一次升华，无不伴随着文化的历史性进步。习近平总书记指出，"世界上各种文化之争，本质上是价值观念之争，也是人心之争、意识形态之争""如果没有共同的核心价值观，一个民族、一个国家就会魂无定所、行无依归"。**中华民族有着五千多年的文明史，中华文明突出的连续性、创新性、统一性、包容性、和平性**浸润并凝聚着中华民族共同体，中华民族共同体也在五千多年文明的基础上不断创造并承载着新的现代文明。习近平文化思想的形成，充分彰显了我们党用马克思主义真理之光激活了中华文明的基因，用中华优秀传统文化充实了马克思主义的文化生命，使中华民族现代文明和中华民族共同体建设的文化内涵更加深刻，前进方向更加明确。

（二）铸牢中华民族共同体意识是习近平文化思想的重要组成部分

铸牢中华民族共同体意识，是习近平总书记以深远的历史眼光，**宏阔的世界视野**，审古今之变，察时代之势，创造性提出的重大原创性论断，是对马克思主义民族理论的继承和发展，是党的民族工作经验的概括和总结。

2014 年 5 月，在第二次中央新疆工作座谈会上，习近平总书记明确提出中华民族共同体意识，强调要"牢固树立国家意识、公民意识、中华民族共同体意识"。同年 9 月，在中央民族工作会议上，习近平总书记强调要"积极培养中华民族共同体意识"。2017 年，党的十九大报告强调"铸牢中华民族共同体意识"，并载入《党章》和《宪法》。在 2019 年全国民族团结进步表彰大会讲话中，习近平总书记强调，不断铸牢中华民族共同体意识是党的民族工作的重要经验，是党的民族工作的主线。在 2021 年中央民族工作会议讲话中，习近平总书记对铸牢中华民族共同体意识进行了系统性论述，将铸牢中华民族共同体意识提升到新时代民族工作"纲"的高度。在党的二十大报告中，习近平总书记深刻阐述以铸牢中华民族共同体意识为主线，坚定不移走中国特色解决民族问题的正确道路。

铸牢中华民族共同体意识是"两个结合"特别是"第二个结合"的具体体现。习近平总书记着眼"两个大局"，提出铸牢中华民族共同体意识这一重大原创性论断，是新时代马克思主义民族理论中国化时代化的最重要成果。从历史发展角度提出必须坚持正确的中华民族历史观，是马克思主义民族历史过程论与中华民族交往交流交融历史规律的深度结合；从共同体角度提出休戚与共、荣辱与共、生死与共、命运与共的共同体意识，是马克思主义民族交往联合论与中国各民族"你中有我，我中有你"客观实际的深度结合；从方法论角度提出正确把握共同性和差异性的关系、中华民族共同体意识和各民族意识的关系、中华文化和各民族文化的关系、物质和精神的关系，是马克思主义唯物辩证法与中国传统辩证思维的深度结合；从治国理政角度强调中华民族多元一体格局和统一的多民族国家理念，是马克思主义民族国家理论与中华民族"大一统"演进规律的深度结合。这一系列关于铸牢中华民族共同体意识的重要理论判断，是习近平文化思想的有机组成部分。

铸牢中华民族共同体意识是增进中华民族文化主体性的重要举措。文化主体性，是一个国家、一个民族文化所具有的内在本质的规定性，主要表现为文化发展的自主性、自觉能动性和创造性。一种文化要具有穿越时空的引领力、凝聚力、辐射力，必须要有其主体性。如果没有对自身文化的充分认可，就难以汲取中华优秀传统文化中千年传承的浩然之气；如果没有自力更生的强大文化信心，就没有在选定的道路上走下去的坚定意志。坚定中国特色社会主义道路自信、理论自信、制度自信，说到底是要坚定文化自信。唯有精神上站得住、站得稳，一个民族才能在历史洪流中屹立不倒、挺立潮头。唯有铸牢中华民族共同体意识，才能进一步坚定文化自信，强化中华民族文化主体性。

铸牢中华民族共同体意识是推动中华文化守正创新的重要支撑。习近平总书记强调，着力赓续中华文脉、推动中华优秀传统文化创造性转化和创新性发展。传承中华文化，绝不是简单复古，也不是简单化古，而是古为今用，辩证取舍、推陈出新，摒弃消极因素，继承积极思想，"以古人之规矩，开自己之生面"。既不能完全否定传统，走向历史虚无主义；也不能认为只要是传统的就是完全正确的，走向文化保守主义。要加强对中华优秀传统文化的挖掘和阐发，把优秀传统文化的精神标识提炼出来、展示出来，把优秀传统文化中具有当代价值、世界意义的文化精髓提炼出来、展示出来。铸牢中华民族共同体意识既赓续了中华优秀传统文化中"九州共贯、多元一体的大一统传统"，又赋予了不断推进中华民族共同体建设新的内涵，是中华优秀传统文化在当代创造性转化和创新性发展的具体体现，是"守正"与"创新"的辩证统一。

铸牢中华民族共同体意识是增强各族群众中华文化认同的内在要求。中华文化是各民族文化的集大成。回望历史，从赵武灵王胡服骑射到北魏孝文帝汉化改革；从"洛阳家家学胡乐"到"万里羌人尽汉歌"，莫不是文化互鉴、民族融合的生动实践。正因为历史上各民族文化的互鉴融通，才有了今天中华文化的历久弥新；正因为各民族文化的交相辉映，才有了铸牢中华民族共同体意识的深厚底蕴。在新的历史起点上，铸牢中华民族共同体意识，建设中华民族现代文明和中华民族共同体，关键是要加强社会主义核心价值观教育，引导各民族树立和增强对伟大祖国的认同、对中华民族的认同、对中华文化的认同、对中国共产党的认同、对中国特色社会主义的认同，由历史观铸牢文化观，由文化观引领民族观，由民族观拱卫国家观，再以对伟大祖国的认同增强对中国共产党和中国特色社会主义的认同，如此才能巩固和发展"中华民族一家亲，同心共筑中国梦"的良好局面。

（三）以学习贯彻习近平文化思想的实际行动推动铸牢中华民族共同体意识工作

党的民族工作和宣传思想文化工作紧密相关。我们要深入学习贯彻习近平文化思想和习近平总书记关于加强和改进民族工作的重要思想，紧扣铸牢中华民族共同体意识这一主线，积极推动文化繁荣、建设文化强国、建设中华民族现代文明，确保党中央文化建设决策部署落到实处。

推进理论研究。持续用习近平新时代中国特色社会主义思想武装干部、教育群众，推动党的创新理论走深走实、入脑入心。要加强习近平文化思想和习近平总书记关于加强和改进民族工作的重要思想的研究阐释。立足中华民族悠久历史，把马克思主义民族理论同中国具体实际相结合、同中华优秀传统文化相结合，遵循中华民族发展的历史逻辑、理论逻辑，科学揭示中华民族形成和发展的道理、学理、哲理。要优化学科设置，加强学科建设，把准研究方向，深化中华民族共同体重大基础性问题研究，推出立足中国历史、解读中国实践、回答中国问题的原创性理论成果，加快形成中国自主的中华民族共同体史料体系、话语体系、理论体系。

加强宣传教育。讲好中华民族共同体故事，大力宣传中华民族的历史，大力宣传中华民族共同体理论，大力宣传新时代党的民族工作取得的历史性成就，大力宣传中华民族同世界各国人民携手构建人类命运共同体的美好愿景；讲清楚中国共产党领导和社会主义制度是我国各民族共同发展进步的可靠保障，讲清楚中华民族是具有强大认同度和凝聚力的命运共同体，讲清楚中国特色解决民族问题的正确道路所具有的明显优越性。要将铸牢中华民族共同体意识纳入干部教育、党员教育、国民教育体系，搞好社会宣传教育，深化国家观、历史观、民族观、文化观、宗教观的宣传教育。要将铸牢中华民族共同体意识纳入各级党校（行政学院）、干部学院、社会主义学院课程体系。要加强各族师生铸牢中华民族共同体意识教育，分学段编写课程教材和辅导读本。要开展群众教育活动，在主流媒体和互联网开展理论阐释、政策解读和故事宣讲。要建设一批中华民族共同体体验馆，打造铸牢中华民族共同体意识文物古籍展。要依托"道中华"宣传品牌，用创新方式讲好中华民族共同体的故事。

强化共同价值。着眼中华民族现代文明，不断构筑中华民族共有精神家园，为铸牢中华民族共同体意识奠定坚实的精神和文化基础。要以社会主义核心价值观为引领，大力弘扬以爱国主义为核心的民族精神和以改革创新为核心的时代精神。大力弘扬以伟大建党精神为源头的中国共产党人精神谱系。坚持正确的中华民族历史观，准确认识中华文明起源和历史脉络，准确认识中华民族和中华文明的多元一体，准确认识中华文明取得的灿烂成就和对人类文明的重大贡献，增强对中华民族的认同感和自豪感。要加强中华民族史研究，推进《中华民族交往交流交融史》编纂工程，编纂中华民族通史，做好古籍整理出版工作。要加强现代文明教育，深入实施文明创建、公民道德建设、时代新人培育等工程，引导各族群众在思想观念、精神情趣、生活方式上向现代化迈进。

弘扬中华文化。中华文化是各民族文化的集大成，加强中华民族大团结，长远和根本的是增强文化认同。要在增强对中华文化认同的基础上，推动各民族文化创造性转化、创新性发展。要构建中华文化特征、中华民族精神、中国国家形象表达体系，树立和突出各民族共享的中华文化符号和中华民族形象，在城乡建设规划、重大活动中广泛使用。要推动各民族文化互鉴交融，打造一批具有中华文化底蕴、充分汲取各民族文化营养、融合现代文明的优秀书籍、舞台艺术作品、影视作品、美术作品、网络艺术作品。要加大各民族优秀文化遗产保护力度，实施重点文物保护工程，办好全国少数民族传统体育运动会、全国少数民族文艺会演。要全面加强民族地区国家通用语言文字教育教学，全面推行使用国家统编教材，科学保护各民族语言文字，以语言相通促进心灵相通、命运与共。

守好意识形态阵地。意识形态工作是一项极端重要的工作。要压实意识形态工作主体责任，正确区分政治原则、思想认识、学术观点，旗帜鲜明反对历史虚无主义、民族分裂主义、宗教极端主义，持续肃清民族分裂、宗教极端思想流毒。要严格规范少数民族语言文字翻译工作，清理查处煽动民族分裂的出版物、标志标识，深入推进"去极端化"工作。要把握国际舆论斗争主动权，构建具有中国特色、符合国际传播特点的中国民族理论政策话语体系。要健全涉民族因素网络舆情联合引导管控机制、民族宗教类网站审批管理机制，规范网络社群发展。要依法严厉打击利用网络挑拨民族关系、煽动民族歧视和仇恨、破坏民族团结的言行，提升网络治理法治化水平。要充分利用网络新媒体新技术新业态传播民族团结进步正能量，使互联网成为铸牢中华民族共同体意识的"最大增量"。

新征程上，要坚持以习近平新时代中国特色社会主义思想为指导，全面贯彻党的二十大精神，深刻领悟"两个确立"的决定性意义，增强"四个意识"、坚定"四个自信"、做到"两个维护"，持续加强对习近平文化思想的学习、研究、阐释，不断增强各族人民对中华文化的认同感、自信心和自豪感，为强国建设、民族复兴贡献民族工作力量。

延伸阅读

高擎习近平文化思想旗帜　凝聚团结奋进力量

习近平总书记指出，宣传思想文化工作事关党的前途命运，事关国家长治久安，事关民族凝聚力和向心力，是一项极端重要的工作。回望 2023 年，宣传思想文化战线牢记总书记嘱托，高擎习近平文化思想旗帜，自觉担负起新的文化使命。一年来，围绕贯彻党的二十大关于文化建设的战略部署，强化思想引领，不断守正创新，大力唱响强信心的主旋律，为党和国家事业发展提供了坚强思想保证、强大精神力量、有利文化条件。

坐落于北京中轴线北端的中国国家版本馆中央总馆内，一件件文物铭刻着中华文明绵延不断的悠久历史，叙述着中华民族矢志不渝、接续奋斗的恢宏历程，已成为守护文明根脉、涵养文化自信的国家文化新地标。

2023 年 6 月，习近平总书记考察调研中国国家版本馆和中国历史研究院、出席文化传承发展座谈会并发表重要讲话，以贯通古今的文化自觉，鲜明提出中华文明五个突出特性，深入阐释"两个结合"、尤其是"第二个结合"的重大意义，强调在新的起点上继续推动文化繁荣、建设文化强国、建设中华民族现代文明是我们在新时代新的文化使命。2023 年 10 月，全国宣传思想文化工作会议在京召开，这次会议最重要的成果，就是正式提出和系统阐述了习近平文化思想，在党的宣传思想文化事业发展史上具有里程碑意义。

2023 年是全面贯彻党的二十大精神的开局之年，这一年，宣传思想文化战线全方位、系统性宣传阐释习近平新时代中国特色社会主义思想，将习近平总书记对宣传思想文化战线提出的"七个着力"要求，转化为实际行动，深化主题教育、掀起学习热潮，不断推动党的创新理论深入人心、落地生根。

这一年，中央和地方主流媒体持续巩固壮大奋进新时代的主流思想舆论，生动阐释党中央治国理政新理念新思想新战略，全方位展现习近平总书记大党大国领袖的人格魅力和情怀风范。主流媒体坚持团结稳定鼓劲、正面宣传为主，创新融合传播手段，通过一个个有力的事实、鲜活的案例，描绘中国号巨轮破浪前行的壮阔图景，广泛凝聚推动高质量发展共识、推进中国式现代化的合力。

这一年，我国文物和文化遗产保护力度持续加大，中华文明探源工程、考古中国等项目取得重大进展。伴随普洱景迈山古茶林文化景观申遗成功，中国世界遗产数量增至 57

项，43 个非遗项目入选联合国教科文组织人类非物质文化遗产名录、名册，持续位居世界第一。

这一年，新时代文艺工作者坚守中华文化立场，在火热的现实生活中深耕厚植，《寻古中国》《非遗里的中国》《满江红》《长安三万里》等影视作品屡创收视佳绩和火热票房，歌剧《运河谣》等一大批文艺精品力作抒发人民奋斗豪情、传递民族精神之光。一年来，新业态新场景推动文化事业文化产业蓬勃发展，村超、村晚等群众文化活动活力四射、火爆出圈，"共享阅读空间""数字文化体验馆"等"小而美"的新型公共文化空间更加贴近人民日益增长的精神文化需求。

2023 年 3 月，中国共产党与世界政党高层对话会上，习近平主席首次提出全球文明倡议。这一年，中国—中亚峰会、第三届"一带一路"国际合作高峰论坛、成都大运会、杭州亚运会等一系列活动成功举办，增进文明互鉴，促进民心相通。《平"语"近人——习近平喜欢的典故（第二季）》多语种版本在全球 80 多个国家落地播出，纪录片《通向繁荣之路》展现十年来中国与共建国家携手共建、互利共赢的生动实践，引发热烈反响，全球触达观看量近 60 亿次。

中国式现代化赋予中华文明以现代力量，中华文明赋予中国式现代化以深厚底蕴。历史写下辉煌过往，时间掀开崭新一页，站在新的起点上，宣传思想文化战线高擎习近平文化思想旗帜，肩负铸就社会主义文化新辉煌的崇高使命，必将踔厉奋发、勇毅前行，不断书写无愧于时代的精彩篇章。

——来源：《湖南日报》，2024-01-03

思考题

1. 如何理解习近平文化思想"明体达用、体用贯通"的鲜明特质？

2. 如何在新的起点上继续推动文化繁荣，建设文化强国，建设中华民族现代文明？

数字文化建设让传统文化焕发时代活力

专题 八

全面推进美丽中国建设新征程

全面推进美丽中国建设，加快推进人与自然和谐共生的现代化，是以习近平同志为核心的党中央着眼全面建成社会主义现代化强国作出的重大战略部署。在全国生态环境保护大会上，习近平总书记发表重要讲话，结合贯彻落实党的二十大精神，着眼全面建成社会主义现代化强国的全局和大局，系统阐释了全面推进美丽中国建设，加快推进人与自然和谐共生的现代化的一系列重大理论和实践问题，明确了今后一个时期美丽中国建设的目标任务、战略重点和主攻方向，为进一步加强生态环境保护、推进生态文明建设提供了方向指引和根本遵循。新征程上，要坚持以习近平新时代中国特色社会主义思想为指导，深入贯彻习近平生态文明思想，全面推进美丽中国建设，加快推进人与自然和谐共生的现代化，坚持不懈、奋发有为，绘出美丽中国的更新画卷，让天更蓝、山更绿、水更清、环境更优美。

一、以习近平生态文明思想为指引　全面推进人与自然和谐共生的现代化

2023 年 7 月，习近平总书记在全国生态环境保护大会上的重要讲话，高屋建瓴、思想深邃、内涵丰富，是一篇马克思主义的纲领性文献，是习近平生态文明思想的新阐释、新发展，标志着我们党对社会主义生态文明建设规律的认识达到新高度。我们要深入学习领会、认真贯彻落实，扎实推进生态文明建设，全面推进人与自然和谐共生的现代化。

（一）深刻认识新时代我国生态文明建设实现的"四个重大转变"

党的十八大以来，以习近平同志为核心的党中央将生态文明建设作为关系中华民族永

续发展的根本大计，开展了一系列开创性工作，决心之大、力度之大、成效之大前所未有，我国生态文明建设从理论到实践都发生了历史性、转折性、全局性变化，美丽中国建设迈出重大步伐。习近平总书记的重要讲话，深刻阐述了我国生态文明建设的"四个重大转变"，即由重点整治到系统治理的重大转变、由被动应对到主动作为的重大转变、由全球环境治理参与者到引领者的重大转变、由实践探索到科学理论指导的重大转变。总书记关于"四个重大转变"的重要论述，既是对新时代生态文明建设巨大成就的全面总结，又是对新时代生态文明建设理论创新、实践创新、制度创新成果的高度凝练。

新时代以来，我国已经走出了一条生产发展、生活富裕、生态良好的文明发展道路，为实现人与自然和谐共生的现代化奠定了坚实基础。

习近平生态文明思想形成并不断深入人心。党的十八大以来，习近平总书记站在中华民族永续发展的高度，立足新时代生态文明建设实践，创造性提出一系列新理念新思想新战略，系统回答了建设什么样的生态文明、怎样建设生态文明等重大理论和实践问题，形成了习近平生态文明思想。全党全社会深入学习贯彻落实习近平生态文明思想，对人与自然和谐共生、绿水青山就是金山银山等理念的认识不断深入，节约资源、保护环境和绿色发展意识显著增强。

生态文明制度框架基本建立。习近平总书记亲自谋划、亲自部署、亲自推动，加强对生态文明体制改革的总体设计和组织领导，我国构建了自然资源资产产权制度、国土空间开发保护制度、空间规划体系、资源总量管理和全面节约制度、资源有偿使用和生态补偿制度、环境治理体系、环境治理和生态保护市场体系、生态文明绩效评价考核和责任追究制度等一批重大制度，重构自然资源管理体制，完善生态环境管理体制，先后制定或修改30余部生态文明相关法律，生态文明制度框架体系总体形成。

绿色低碳发展加快推进。清洁能源消费占比大幅提升，水电、风电、光伏发电装机容量均居世界第一，2022年全国单位国内生产总值二氧化碳排放比2012年下降40.1%，清洁能源消费比重由14.5%升至25.9%，煤炭在一次能源消费中的比重由68.5%降至56.2%。资源利用效率持续提升，2012年以来，我国单位国内生产总值能耗、水耗（用水量）、地耗（建设用地使用面积）分别下降26.4%、46.5%、38.6%，主要资源产出率累计提高近60%。

自然生态保护修复取得开创性进展。率先在国际上提出和实施生态保护红线制度，划定全国陆域生态保护红线占陆域国土面积的30%以上。对9000多处自然保护地进行整合优化，设立首批 5 个国家公园。2012 年以来，在青藏高原、黄河流域、长江流域等重要生态区部署实施 50 余项山水林田湖草沙一体化保护和修复重大工程（即"中国山水工程"），完成修复治理面积 5.37 万平方公里；实施海洋生态保护和修复重大工程，整治修复海岸线近 2000 公里、滨海湿地超过 4 万公顷；森林覆盖率由 21.63% 提高到 24.02%，是世界上森林资源增长最多的国家。

全球生态治理贡献突出。推动应对气候变化的《巴黎协定》达成、签署、生效和实施，宣布二氧化碳排放力争于 2030 年前达到峰值、努力争取 2060 年前实现碳中和。成功举办《联合国防治荒漠化公约》《生物多样性公约》《湿地公约》缔约方大会。积极参与联合国 2030 年可持续发展议程、"生态系统恢复十年"、"海洋科学促进可持续发展十年"等行动计划。塞罕坝林场建设者、浙江省"千村示范、万村整治"工程和"蓝色循环"海洋塑料废弃物治理模式等获得联合国最高环境荣誉"地球卫士奖"，"中国山水工程"入选联合国首批十大"世界生态恢复旗舰项目"。

新时代生态文明建设成就举世瞩目，成为新时代党和国家事业取得历史性成就、发生历史性变革的显著标志，根本在于有习近平总书记作为党中央的核心、全党的核心掌舵领航，在于有习近平新时代中国特色社会主义思想特别是习近平生态文明思想科学指引。我们要深刻领悟"两个确立"的决定性意义，增强"四个意识"、坚定"四个自信"、做到"两个维护"，奋力谱写新时代生态文明建设新篇章。

（二）准确把握新征程上推进生态文明建设需要处理好的"五个重大关系"

习近平总书记的重要讲话，深刻阐述了新征程上继续推进生态文明建设需要处理好高质量发展和高水平保护、重点攻坚和协同治理、自然恢复和人工修复、外部约束和内生动力、"双碳"承诺和自主行动"五个重大关系"。总书记关于"五个重大关系"的重要论述，将马克思主义自然观、生态观同我国生态文明建设实践相结合、同中华优秀传统生态文化相结合，蕴含着深刻的唯物辩证法，体现了马克思主义认识论和方法论的有机统一，是对生态文明建设规律性认识的进一步深化，为新征程上继续推进生态文明建设提供了方向指引。

准确把握高质量发展和高水平保护的关系。高质量发展和高水平保护不是矛盾对立的关系，而是相辅相成、相得益彰的辩证统一关系。高质量发展是高水平保护的目标指向，高水平保护是高质量发展的重要支撑。经济发展不应是对资源环境的竭泽而渔，生态保护也不应是舍弃经济发展的缘木求鱼，应该坚持在发展中保护、在保护中发展。要站在人与自然和谐共生的高度统筹谋划发展，坚持绿水青山就是金山银山理念，自觉把经济活动、人的行为限制在自然资源和生态环境能够承受的限度内，通过高水平保护不断塑造发展的新动能、新优势，着力构建绿色低碳循环经济体系，持续增强发展的潜力和后劲。

准确把握重点攻坚和协同治理的关系。生态文明建设必须坚持"两点论"和"重点论"的统一，既要有全局观，对各种矛盾了然于胸，又要优先解决主要矛盾和矛盾的主要方面，对突出生态环境问题采取有力措施，以此带动其他矛盾的解决，在整体推进中实现重点突破。要统筹考虑环境要素的复杂性、生态系统的完整性、自然地理单元的连续性、经济社会发展的可持续性，坚持山水林田湖草沙一体化保护和系统治理，统筹产业结构调整、污染治理、生态保护、应对气候变化，协同推进降碳、减污、扩绿、增长，防止头痛医头、脚痛医脚。

准确把握自然恢复和人工修复的关系。自然生态系统是一个有机生命躯体，有其自身发展演化的客观规律。我国草原森林河流湖泊湿地休养生息、长江十年禁渔、耕地休耕轮作等成功治理经验表明，必须坚持节约优先、保护优先、自然恢复为主的方针，最大限度地保留和维持自然生态系统自我调节、自我净化、自我恢复的能力。而塞罕坝林场建设、库布其沙漠治理等生动实践充分证明，对生态受损严重、依靠自身难以恢复的区域，要充分发挥人的主观能动性，采取科学适度的人工修复措施，为自然恢复创造条件和环境，加速恢复进程、提升恢复效能。要坚持人与自然生命共同体理念，构建从山顶到海洋的保护治理大格局，综合运用自然恢复和人工修复两种手段，因地因时制宜、分区分类施策，努力找到生态保护修复的最佳解决方案。

准确把握外部约束和内生动力的关系。生态环境没有替代品，用之不觉、失之难存，既要激发起人民群众保护美丽家园的内生动力，也离不开强有力的外部约束。要始终坚持用最严格的制度、最严密的法治保护生态环境，发挥制度的引导、规制、激励、约束等功能，坚决做到强力督察、严格执法、严肃问责，保持常态化外部压力，让保护者受益、对损害者追究。要弘扬生态文明理念，培育生态文化，挖掘根植于中华优秀传统文化的生态价值观深厚底蕴，增强全民节约意识、环保意识、生态意识，激发起全社会共同呵护生态环境、建设生态文明的合力。

准确把握"双碳"承诺和自主行动的关系。推进碳达峰碳中和是党中央经过深思熟虑作出的重大战略决策，是我们对国际社会的庄严承诺，也是实现高质量发展的内在要求。我们承诺的"双碳"目标是确定不移的，但达到这一目标的路径和方式、节奏和力度则应该而且必须由我们自己作主，决不受他人左右。在路径和方式上，要立足我国能源资源禀赋，按照"1+N"政策体系部署，加快形成节约资源和保护环境的产业结构、生产方式、生活方式、空间格局。在节奏和力度上，要坚持先立后破，有计划分步骤实现"双碳"目标，坚决制止"碳冲锋"和"运动式减碳"。

（三）以美丽中国建设全面推进人与自然和谐共生的现代化

今后 5 年是美丽中国建设的重要时期，要深入贯彻新时代中国特色社会主义生态文明思想，坚持以人民为中心，牢固树立和践行绿水青山就是金山银山的理念，把建设美丽中国摆在强国建设、民族复兴的突出位置，推动城乡人居环境明显改善、美丽中国建设取得显著成效，以高品质生态环境支撑高质量发展。

1. 持续深入打好污染防治攻坚战

要坚持精准治污、科学治污、依法治污，保持力度、延伸深度、拓展广度，深入推进环境污染防治，持续改善生态环境质量。

蓝天保卫战是攻坚战的重中之重。要以京津冀及周边、长三角、汾渭平原等重点区域为主战场，优化调整产业结构、能源结构、交通运输结构，大力推进挥发性有机物、氮氧化物等多污染物协同减排，持续降低细颗粒物浓度。强化源头治理，因地制宜采取清洁能源、集中供热替代等措施，继续抓好散煤、燃煤锅炉、工业炉窑污染治理。高质量推进钢铁、水泥、焦化等行业超低排放改造，持续降低重点行业污染排放。大力推进"公转铁""公转水"，尽可能提高铁路运输、水运比例以降低运输业的能耗和污染。要下大气力解决老百姓"家门口"的噪声、油烟、恶臭等问题，积极回应人民群众关切。要加强区域联防联控，采取综合措施，加快消除重污染天气，守护好美丽蓝天。

碧水保卫战要促进"人水和谐"。统筹水资源、水环境、水生态治理，深入推进长江、黄河等大江大河和重要湖泊保护治理。扎实推进水源地规范化建设和备用水源地建设，保障好城乡饮用水安全。加快补齐城镇污水收集和处理设施短板，因地制宜开展内源污染治理和生态修复，基本消除城乡黑臭水体并形成长效机制。建立水生态考核机制，加强水源涵养区和生态缓冲带保护修复，保障河湖生态流量，维护水生态系统健康。继续抓好长江十年禁渔措施落实，做好跟踪评估。坚持陆海统筹、河海联动，持续推进重点海域综合治理。以海湾为基本单元，"一湾一策"协同推进近岸海域污染防治、生态保护修复和岸滩环境整治，不断提升红树林等重要海洋生态系统质量和稳定性。继续抓好美丽河湖、美丽海湾建设。

净土保卫战重在强化污染风险管控。开展土壤污染源头防控行动，既要防止新增污染，又要逐步解决长期积累的土壤和地下水严重污染问题。要加强固体废物综合治理，加快"无废城市"建设，全链条治理塑料污染，持续推进新污染物协同治理和环境风险管控。深化全面禁止"洋垃圾"入境成果，严防各种形式的固体废物走私和变相进口。统筹推动乡村生态振兴、农村人居环境整治，有力防治农业面源污染，建设美丽乡村。

2. 加快推动发展方式绿色低碳转型

坚持把绿色低碳发展作为解决生态环境问题的治本之策，加快形成绿色生产方式和生活方式，厚植高质量发展的绿色底色。

要优化国土空间开发格局。守牢国土空间开发保护底线，统筹优化农业、生态、城镇等各类空间布局，健全主体功能区制度。坚守生态保护红线，强化执法监管和保护修复，确保功能不降低、性质不改变。坚决守住18亿亩耕地红线。严格管控城镇开发边界，推动城镇空间内涵式集约化绿色发展。加强海洋和海岸带国土空间管控，建立低效用海退出机制，除国家重大项目外，不得再新增围填海。完善全域覆盖的生态环境分区管控体系，为发展"明底线""划边框"。

要加快产业绿色转型升级。推进产业数字化智能化同绿色化的深度融合，加快建设以实体经济为支撑的现代化产业体系，大力发展战略性新兴产业、高技术产业、绿色环保产业、现代服务业。严把准入关口，坚决遏制高耗能、高排放、低水平项目盲目上马。实施全面节约战略，推进节能、节水、节地、节材、节矿，加快构建废弃物循环利用体系，科学利用各类资源，提高资源产出率。

要打造绿色发展高地。各地区特别是京津冀、长江经济带、粤港澳大湾区、长三角地区、黄河流域等区域，要根据高质量发展要求和自身特色，加强区域绿色发展协作，在实施区域重大战略中进一步谋划好、规划好、落实好生态环保工作，建设美丽中国先行区。坚持人民城市人民建、人民城市为人民，以绿色低碳、环境优美、生态宜居、安全健康、智慧高效为导向，建设新时代美丽城市。

要推动形成绿色生活方式。大力倡导简约适度、绿色低碳、文明健康的生活理念和消费方式，让绿色出行、节水节电、"光盘行动"、垃圾分类等成为习惯，各级党政机关和国有企事业单位要走在前列。持续开展"美丽中国，我是行动者"系列活动，广泛动员园区、企业、社区、学校、家庭和个人积极行动起来，形成人人、事事、时时、处处崇尚生态文明的社会氛围。

3. 着力提升生态系统多样性、稳定性、持续性

要站在维护国家生态安全、中华民族永续发展和对人类文明负责的高度，加强生态保护和修复，为子孙后代留下山清水秀的生态空间。

要加大生态系统保护力度。加快建设以国家公园为主体、以自然保护区为基础、以各类自然公园为补充的自然保护地体系，把有代表性的自然生态系统和珍稀物种栖息地保护起来。推进实施重要生态系统保护和修复重大工程，科学开展大规模国土绿化行动，持续推进"三北"防护林体系建设和京津风沙源治理，集中力量在重点地区实施一批防沙治沙工程，特别是全力打好三大标志性战役。推进生态系统碳汇能力巩固提升行动。实施一批生物多样性保护重大工程，健全生物多样性保护网络，逐步建立国家植物园体系，努力建设美丽山川。

要切实加强生态保护修复监管。这些年来，破坏生态行为禁而未绝，凸显了生态保护修复离不开强有力的外部监管。要在生态保护修复上强化统一监管，强化生态保护修复监管制度建设，加强生态状况监测评估，开展生态保护修复成效评估，强化自然保护地、生态保护红线督察执法。坚决杜绝生态修复中的形式主义，决不允许打着生态建设的旗号干破坏生态的事情。

要拓宽绿水青山转化金山银山的路径。良好的生态环境蕴含着无穷的经济价值。推进生态产业化和产业生态化，培育大量生态产品走向市场，让生态优势源源不断转化为发展优势。推进重要江河湖库、重点生态功能区、生态保护红线、重要生态系统等保护补偿，完善生态保护修复投入机制，严格落实生态环境损害赔偿制度，让保护修复者获得合理回报，让破坏者付出相应代价。

4. 积极稳妥推进碳达峰碳中和

要坚持全国统筹、节约优先、双轮驱动、内外畅通、防范风险的原则，落实好碳达峰碳中和"1+N"政策体系。

要有计划分步骤实施碳达峰行动。深入实施 2030 年前碳达峰行动方案，确保安全降碳。在碳排放强度控制基础上，逐步转向碳排放总量和强度"双控"。进一步发展碳市场，完善法律法规政策，稳步扩大行业覆盖范围，丰富交易品种和交易方式，降低碳减排成本，增强企业绿色低碳发展意识，并启动温室气体自愿减排交易市场，建成更加有效、更有活力、更具国际影响力的碳市场。推动减污降碳协同增效，开展多领域、多层次协同创新试点，提升多污染物与温室气体协同治理水平。

要构建清洁低碳安全高效的能源体系。抓好煤炭清洁高效利用，确保发挥兜底保障和对新能源发展的支撑调节作用。大力发展风电和太阳能发电，统筹水电开发和生态保护，积极安全有序发展核电，加快构建新型电力系统。重点控制化石能源消费，加强能源产供储销体系建设，提升国家油气安全保障能力。

5. 守牢美丽中国建设安全底线

要贯彻总体国家安全观，积极有效应对各种风险挑战，保障我们赖以生存发展的自然环境和条件不受威胁和破坏。

要切实维护生态安全。进一步完善国家生态安全工作协调机制，健全国家生态安全法治体系、战略体系、政策体系、应对管理体系，提升国家生态安全风险研判评估、监测预警、应急应对和处置能力。严密防控环境风险，强化危险废物、尾矿库、重金属等重点领域环境隐患排查和风险防控，完善分级负责、属地为主、部门协同的环境应急责任体系，及时妥善科学处置各类突发环境事件。加强生物安全管理，防治外来物种侵害。提升适应气候变化能力。

要确保核与辐射安全。坚持理性、协调、并进的核安全观，构建严密的核安全责任体系，严格监督管理，全面提高核安全监管能力，建成同我国核事业发展相适应的现代化核安全监管体系，推动核安全高质量发展。积极参与核安全国际合作。

6. 健全美丽中国建设保障体系

要统筹各领域资源，汇聚各方面力量，打好法治、市场、科技、政策"组合拳"，为美丽中国建设提供基础支撑和有力保障。

要强化法治保障。统筹推进生态环境、资源能源等领域相关法律制定修订，以良法保障善治。完善公益诉讼，加强生态环境领域司法保护。实施最严格的地上地下、陆海统筹、区域联动的生态环境治理制度，全面实行排污许可制。完善自然资源资产管理制度体系，健全国土空间用途管制制度。

要完善绿色低碳发展经济政策。强化财政支持，优化生态文明建设领域财政资源配置，确保投入规模同建设任务相匹配。强化税收政策支持，严格执行环境保护税法，完善征收体系，加快把挥发性有机物纳入征收范围。强化金融支持，大力发展绿色金融，推进生态环境导向的开发模式和投融资模式创新，探索区域性环保建设项目的金融支持模式，引导各类金融机构和社会资本投入。强化价格政策支持，综合考虑企业能耗、环保绩效水平，完善高耗能行业阶梯电价制度。

要推动有效市场和有为政府更好结合。把碳排放权、用能权、用水权、排污权等资源环境要素一体纳入要素市场化配置改革总盘子，支持出让、转让、抵押、入股等市场交易行为。加快构建环保信用监管体系。进一步规范环境治理市场，促进环保产业和环境服务业健康发展。

要加强科技支撑。推进绿色低碳科技自立自强，把应对气候变化、新污染物治理等作为国家基础研究和科技创新重点领域，狠抓关键核心技术攻关。实施生态环境科技创新重大行动，建设生态环境领域大科学装置，培养造就一支高水平生态环境科技人才队伍，支持科技成果转化和产业化推广。加快建立现代化生态环境监测体系，健全天空地海一体化监测网络。深化人工智能等数字技术应用，构建美丽中国数字化治理体系，建设绿色智慧的数字生态文明。

二、以法治力量推进生态环境治理体系和治理能力现代化

生态文明建设是一个涉及多维度、多层次、多领域的系统工程，需要"统筹各领域资源，汇聚各方面力量，打好法治、市场、科技、政策'组合拳'"。具体到法治层面，就要始终坚持用最严格制度最严密法治保护生态环境，保持常态化外部压力，不断推进生态环境治理体系和治理能力现代化。

（一）完善生态环境保护法律体系

生态法治是生态文明的法治形态，是生态文明与法治文明的有机融合。立法层面的生态环境法律规范，必须在生态法治基本理念的指引下形成和谐一致的生态法秩序。党的十八大以来，党中央对生态环境立法的全面领导作用越来越突出。习近平生态文明思想和习近平法治思想为我国生态文明建设提供了理论指导和行动指南。

2018 年通过的《中华人民共和国宪法修正案》，将生态文明写入国家根本法，宪法的有关规定是构建整个生态环境保护法律体系的宪法依据，是推进生态文明体制改革的宪法遵循，构成了推动生态环境保护实践、保障人民群众环境权益的宪法基础。随着我国生态环境立法的数量逐步增多，立法形式更为多样、结构更为严密、层次更为合理。环境保护法将"推进生态文明建设，促进经济社会可持续发展"作为立法目的的重要内容，并确立了生态保护红线、环境保护目标责任制、按日连续处罚、查封、扣押等制度。此外，还制定了长江保护法、湿地保护法、噪声污染防治法等法律，修改大气污染防治法、水污染防治法等法律。2020 年通过的长江保护法是首部全国性流域立法，超越了条块分割、部门

分割、多头管理的管理体制，为整个长江流域的环境保护、绿色发展以及生态安全等提供了整体性法律保障。传统部门法中也不断融入生态文明建设的要求，使生态环境保护法律体系涵盖的领域更加广泛。

生态环境领域的地方性立法也不断完善，为国家层面的生态文明法治建设积累了宝贵经验。由地方立法主体就区域之间的共性问题进行综合性统筹设计的区域协同立法也逐渐增多，成为地方立法的重要发展趋势，如四川和云南等地均出台了赤水河流域保护条例等。多维度保护生态环境的法律法规体系不断完善，为促进人与自然和谐共生提供了法律制度保障。

（二）强化生态环境法治保障

在完善制度的基础上，让制度成为刚性约束和不可触碰的高压线，才能把生态环境领域的制度优势转化为治理效能。

"十四五"规划提出，到 2035 年"生态环境根本好转，美丽中国建设目标基本实现"，"十四五"时期"生态文明建设实现新进步"，并对"推动绿色发展，促进人与自然和谐共生"作出整体部署。这些重要部署，需要以法治思维和法治方法加以推进。

坚持和加强党的全面领导，把党的领导贯穿生态环境建设法治运行全过程。我们党历来高度重视生态环境保护，把节约资源和保护环境确立为基本国策，把可持续发展确立为国家战略。要持续深入开展中央生态环境保护督查，压实地方党委和政府生态环境保护"党政同责、一岗双责"，在生态文明法治进程中不断提高党的科学执政、民主执政、依法执政水平。

坚持依法行政，不断提升生态环境执法能力和水平。重点是解决执法不规范、不严格、违法成本过低、处罚力度不足以及不作为、乱作为等突出问题。党的十八大以来，生态文明体制改革不断深化，完善环境监管体制的步伐不断加快，有必要进一步明确执法权限和执法程序，细化执法流程，加强调查取证、许可审批等生态环境行政执法过程的规范化建设。同时，要坚决依法纠正行政权力的不当行使，加强对行政权力的制约，完善执法程序、执法效能等配套制度。全面落实生态环境执法责任制，继续推进省以下生态环境机构监测监察执法垂直管理制度改革，实施"双随机、一公开"（"双随机、一公开"，即在监管过程中随机抽取检查对象，随机选派执法检查人员，抽查情况及查处结果及时向社会公开。）环境监管模式。落实各级领导干部的生态环境责任，健全制约监督机制，推进生态环境部门内部审计监督机构建设，提高执法队伍的水平与能力，提升执法质量。

坚持公正司法，保障生态环境法律公正高效实施。认真落实"努力让人民群众在每一个司法案件中感受到公平正义"的要求，继续推进生态环境司法专门化、完善绿色司法理念。根据刑法修改情况，针对司法实践中的新问题，要依法惩治环境污染犯罪，为全面推进美丽中国建设提供有力司法保障。建立生态环境行政执法机关与司法机关、审判机关与检察机关的信息共享、案情通报、案件移送制度，建立行诉对接、行检协调、法检协同机制。加大对破坏生态环境违法犯罪行为的打击力度，加强检察机关提起生态环境公益诉讼工作，完善生态环境损害赔偿制度。

坚持全民守法，夯实保障生态环境法治落实的社会基础。通过法治的引导和教育功能，将生态文明理念融入人们的观念与行为之中，特别是要加强青少年法治教育，不断提升全体公民法治意识和法治素养。大力弘扬中华优秀传统生态文化与生态智慧，引导社会公众树立低碳、环保的生活态度与绿色消费观念，促进形成人与自然和谐共生的生态文化与社会风尚。

（三）凝聚生态环境保护合力

生态环境保护是一项系统工程，必须深化多方协同，全社会共同参与，综合运用法治、科技、宣传等多种手段，打好污染防治攻坚战，凝聚生态环境保护合力。要落实《中央生态环境保护督察工作规定》等党内法规，形成"大监督格局"。健全监督主体权责一致、监督事项有机衔接、监督结果有效运用的监督体制，完善国家监督体系。

从严监督、从实监督，体现出对生态文明建设和生态环境保护的高度重视，体现出对一切破坏生态环境行为"零容忍"的鲜明态度。具体而言，加强人大监督，保障宪法和生态环境法律得到正确实施。加强行政监督，推进行政复议工作，保障环境行政权力规范行使。建立常态化生态环境行政监督制度、完善环境资源审计监督、完善环境问责机制，确保行政机关严格实施生态环境保护法律法规。加强司法监督，完善行政诉讼制度，及时纠正生态环境执法中存在的执法不严与司法不公问题。加强监察监督，实现国家环境监察全覆盖，树立风险防范意识，注重事前监察，及时发现风险隐患，保障生态安全。

完善社会监督，促进社会监督的广泛、多层、有序化发展。充分发挥人民政协专门协商机构和协商民主的主渠道作用，加大生态文明建设专题协商和民主监督力度，促进生态环境治理体系与治理能力现代化。完善舆论监督制度，健全舆情研判与引导机制，畅通公众参与渠道，充分保障人民群众的知情权、表达权、参与权与监督权。鼓励社会组织和志愿者积极参与社会监督，增强全民生态环境保护的思想自觉和行动自觉，推动我国生态文明建设不断取得新成效。

三、建设绿色智慧的数字生态文明

习近平总书记在全国生态环境保护大会上指出："深化人工智能等数字技术应用，构建美丽中国数字化治理体系，建设绿色智慧的数字生态文明。"当前，数字化和绿色化相互融合、相互促进，已成为全球发展的重要主题。推动生态环境智慧治理，推进绿色智慧的数字生态文明建设，必须坚持以习近平新时代中国特色社会主义思想为指导，全面贯彻落实习近平生态文明思想，以数字化促进经济社会发展全面绿色转型，为实现人与自然和谐共生的现代化提供有力支撑。

（一）数字化与绿色化融合成为生态文明建设的重要趋势

生态文明建设覆盖面广、综合性强，涉及价值理念、目标导向、生产和消费方式等多方面，是一项复杂的系统性工程。推进数字生态文明建设，能够有效提升生态文明建设的系统性、协同性，推动形成科学高效解决生态环境问题、拓展生态环境治理的方法和路径。

作为一种生态环境治理方式，数字生态文明建设通过将大数据、5G、人工智能等数字技术有机嵌入生态文明建设，在数字化与绿色化的深度融合中，不断提升生态文明建设的科学化、精细化、智能化水平。建设数字生态文明，重点在于统筹好数字化和绿色化的关系，推动二者相互促进、协同发展。推进数字化建设，借助人工智能等技术发现数据背后的规律，充分释放数字技术在生态环境治理效率提升、技术改进、手段优化等方面的叠加、聚合、倍增效应，能够为生态环境治理提供重要引擎，有助于达到高效、可持续的生态环境治理效果。推进绿色化发展，是建设数字生态文明的应有之义。通过优化国土空间布局，提升资源能源利用效率，加强环境保护和生态修复，重点解决发展过程中产生的环境污染和生态损害等问题，使资源、生产、消费等要素相匹配相适应，有利于实现高质量发展和高水平保护的同步推进。

党的十八大以来，在习近平新时代中国特色社会主义思想特别是习近平生态文明思想指引下，我国数字生态文明建设取得长足进步，生态环境智慧治理水平显著提升。2023年2月，党中央、国务院印发《数字中国建设整体布局规划》，将"数字生态文明建设取得积极进展"作为2025年数字中国建设的重要目标，为新一代数字科技助力生态治理提出了新的要求。在推进数字化与绿色化深度融合过程中，我国全链条能源消耗显著降低，生产效率和能源效能不断提升，绿水青山的生态效益和经济社会效益得到持续发挥。同时也应认识到，目前我国数字生态文明建设还处于起步阶段，在数字基础设施建设、数据标准规范体系建设、科技成果转化应用以及数字生态文明人才培养等方面还存在一些问题需要解决。要更加注重运用数字技术创新生态文明建设方式，不断推动数字化与绿色化深度融合，以数字化引领绿色化，以绿色化带动数字化，重点加强生态环境大数据采集、适配、重构、共享，通过数字生态环境科技创新充分释放生态环境治理的潜力和活力，为建设美丽中国提供强劲动能。

（二）为建设人与自然和谐共生的现代化提供强劲动能

习近平总书记强调："要站在人与自然和谐共生的高度谋划发展，通过高水平环境保护，不断塑造发展的新动能、新优势，着力构建绿色低碳循环经济体系，有效降低发展的资源环境代价，持续增强发展的潜力和后劲。"建设绿色智慧的数字生态文明，为精准识别、实时追踪环境数据和及时研判、系统解决生态问题提供有力技术支撑，为促进经济社会发展全面绿色转型、建设人与自然和谐共生的现代化提供强劲动能。

有效提升生态环境智慧治理水平。建设数字生态文明，将生态环境数据融入人工智能等数字技术，不断加强机器学习和训练，不仅有助于更加科学地分析生态环境历史演变过程，而且能够在污染警情预报、持续时间预测、减排效果预判中，为及时研判、系统解决生态环境问题提供重要决策参考，推动决策过程由"经验判断型"向"数据分析型"转变，让生态环境治理更"聪明"。例如，在长江大保护中，相关部门通过构建"从青海到上海"的全流域生态环境天地一体化监管监测网络，搜集和整理长江流域海量生态环境数据，研发和集纳水质诊断、预测预警、污染溯源、情景模拟等多项功能，建立起"数据采集与治理—数据挖掘与模拟—虚拟可视化—污染溯源分析—智能辅助决策"的水环境数字化管理业务体系，为实现"一江碧水向东流"提供了重要技术保障。

推动生态环境治理向协同化转变。过去一段时间，由于生态环境数据信息在区域、部门、单位之间共享不够，导致生态环境治理在一定程度上存在碎片化现象，一些地方生态环境治理中"反复治理、治理反复"的问题较为突出。建设数字生态文明，建成生态环境数据"一张网"，有助于打破数据壁垒，实现数据互联，夯实生态环境治理范式从切块式、片段化向协同式、整体性转变的数据基础。比如，在重污染天气应对中，遵循整体性、全过程协同治理总方针，推动有关政府部门、不同科研机构、不同学科领域基础数据共享，针对重点区域与重点问题开展协同攻关，科学提出空气质量持续改善的时间表与路线图，为实现"蓝天白云、繁星闪烁"提供支撑。

加快绿色低碳转型步伐。以新一代人工智能为代表的数字技术，正推动全球科技革命和产业变革加速演进，促进全球治理体系变革。数字化赋能生态文明建设，具有"1+1>2"的效能。智能制造技术强化制造业企业工艺、制造、物流等各环节的数据分析能力，降低产品制造污染物排放和碳排放；智慧能源系统发掘能源生产、传输、分配、存储等各个环节的数据价值，实时监测和调整能源发电情况，提升可再生能源利用效率；智慧城市通过建立绿色生活碳普惠平台，将个人减排量计入个人碳资产，将无形的绿色行为转化为有形的绿色价值。推动经济社会高质量发展，需要紧跟世界科技发展趋势，拥抱数字技术，进一步提高生产生活方式绿色低碳转型的内生动力，让经济社会发展含绿量更高、含碳量更低、含金量更足。

（三）深度推进数字技术在生态环境领域的应用

建设数字生态文明可重点从平台构建、数据挖掘、数智融合、政策保障等方面协同发力，形成"一张网""一张图"，研发数据价值挖掘算法，推进数字技术在生态环境领域的深度应用，发挥好数字生态环境科技在美丽中国建设中的基础性、引领性作用。

健全天空地立体智能感知"一张网"。信息的采集和传输是数字生态文明建设的关键环节。当前，要做好数字生态文明基础设施建设的顶层设计，构建生态环境天空地立体化多源监测感知网络体系，强化卫星遥感、无人机航拍、地面自动监测站、水下机器人、物联网等大数据采集技术的应用，不断拓展监测的准确度和时空广度，构建起覆盖大气、水、土壤、生态、海洋各类环境要素的多手段综合、响应快速的监测网络，实现生态环境要素全域监测感知。加强适应智慧决策和绿色发展的数字基础设施建设，建设生态环境数据安全快速流通的"信息高铁"，为快速精准利用数据打好基础。

形成全国生态环境数据"一张图"。数据是建设数字生态文明的要素，但碎片化数据并不能发挥出数据的价值。加快生态环境数据的汇集工作，一方面，需要推动生态环境数据汇集交流，实现生态环境监测与监控数据及其关联信息跨层级贯通和跨部门共享。全面汇集环境质量、污染源、排污口、生态环境功能区划等环境数据，以资源共享、优势互补、互利共赢推动区域生态环境协同治理、精准治理、整体改善，让数据"跑"出大价值。同时，强化同自然资源、水利、气象、能源、农业、林业、交通等领域的数据联通，推动多源数据融合。另一方面，需要紧紧牵住"标准"这个牛鼻子，健全生态环境数据采集、融合、分类、共享、应用的标准规范体系，并积极推动制定生态环境领域数字化的国际标准，为共建绿色"一带一路"、建设全球生态文明贡献中国标准。

研发海量数据价值挖掘算法。模型是打开数据宝矿的金钥匙。要充分利用扩展现实、人工智能等数字技术，加强大模型模拟，形成对生态环境演变及污染成因更为全面科学的认知，为科学决策、精准治理提供多维度的数据分析、预警预报、溯源研判手段。利用大数据分析、人工智能、可视化等技术，加强环境数据智能化感知与共享、融合与推演、表征与表达等数字技术的研发，为生态环境监测与预警、山水林田湖草沙一体化保护和系统治理、多介质环境污染综合防治、固废减量与资源化、新污染物治理、应对气候变化等重点领域注入智慧基因，不断丰富数字技术在生态环境保护领域的应用场景。

推动数字技术嵌入环境治理全过程。数字技术与环境治理的深度融合，极大提升生态环境治理现代化水平。充分发挥数字技术突破信息时空限制的优势，畅通跨地域、跨层级、跨部门的互动渠道，集聚政府、企业、社会公众的力量和智慧，推动形成网络化、开放性的多元协同治理格局，把数字技术贯通于监测评估、监察执法等生态环境全业务、全生命周期的管理工作中，提升环境治理效能。以生态环境治理数字化转型优化引领绿色发展，促进钢铁、煤电、化工、建材等产业转型升级，提高绿色全要素生产率，降低全链条能耗物耗，促进经济效益和生态效益有机统一。

打好政策、人才、投入组合拳。不断完善有利于数字技术和生态文明建设深度融合的政策体系，拆除环境治理侧和科技供给侧之间的藩篱，打造生态环境领域重大数字科技成果不断涌现的创新环境。加强相关法律法规和政策制度研究，在保障数据安全的前提下，加强数据开放共享。培养和引进兼具数字技术与生态环境领域专业知识的复合型跨界人才，形成立体化、高水平的生态环境数字技术人才梯队。构建有利于数字生态文明核心技术突破的科研管理体制机制，建立健全市场化多元投资模式，加大对生态环境领域数字化战略前沿、应用基础研究等方面的支持。

拓 展 阅 读

万里河山更加多姿多彩

2023年7月17日至18日，全国生态环境保护大会在北京召开，习近平总书记出席会议并发表重要讲话。要聚焦新时代生态文明建设取得的举世瞩目的巨大成就，认真学习领会、深入贯彻落实习近平总书记重要讲话精神，为加快推进人与自然和谐共生的现代化凝心聚力。

新时代生态文明建设的成就举世瞩目，成为新时代党和国家事业取得历史性成就、发生历史性变革的显著标志。

夏日的雄安新区，白洋淀碧波荡漾，铺展城淀相依、共生共融的优美画卷。辽阔水面上，世界极度濒危物种青头潜鸭幼鸟跟随"父母"在芦苇丛中穿梭。近年来，经过大规模系统性生态治理，"华北明珠"白洋淀水质已从劣Ⅴ类提升并保持在Ⅲ类标准，生物多样性显著增加。这里的生态之变，是新时代我国生态文明建设成效的生动缩影。

党的十八大以来，习近平总书记高度重视生态环境保护工作，在到各地考察中一次次作出重要指示。在洱海岸边，总书记殷殷嘱咐"一定要把洱海保护好，让'苍山不墨千秋画，洱海无弦万古琴'的自然美景永驻人间"；在秦岭深处，总书记迎着清冽山风，语重心长指出"生态文明建设并不是说把多少真金白银捧在手里，而是为历史、为子孙后代去做"；在黄河入海口，总书记察看河道水情，凭栏远眺感慨"今天来到这里，黄河上中下游就都走到了，我心里也踏实了"……从"良好生态环境是最普惠的民生福祉"到"山水林田湖草沙是生命共同体"，从"用最严格制度最严密法治保护生态环境"到"共同构建地球生命共同体，共同建设清洁美丽的世界"，习近平生态文明思想为推进生态文明建设提供了方向指引和根本遵循。

思想领航，笃志前行，中国坚定迈向生态文明新时代。2022年，全国地级及以上城市空气质量优良天数比例达86.5%，重污染天数比例首次降到1%以内；全国地表水水质优良断面比例升至87.9%，已接近发达国家水平；我国可再生能源开发利用规模、新能源汽车产销量都稳居世界第一……一个个具体数字，折射更蓝的天空、更清的河湖、更强的绿色发展动力。以最坚定的决心推动生态文明体制改革，以最严格制度、最严密法治保护生态环境，以更有力的举措保护和修复生态，以前所未有的力度打好污染防治攻坚战……党的十八大以来，以习近平同志为核心的党中央把生态文明建设作为关系中华民族永续发展的根本大计，开展了一系列开创性工作，决心之大、力度之大、成效之大前所未有，生态文明建设从理论到实践都发生了历史性、转折性、全局性变化，美丽中国建设迈出重大步伐。习近平总书记深刻指出："新时代生态文明建设的成就举世瞩目，成为新时代党和国家事业取得历史性成就、发生历史性变革的显著标志。"

这是清醒的认知，也是坚定的选择：良好生态环境是实现中华民族永续发展的内在要求，是增进民生福祉的优先领域，是建设美丽中国的重要基础。党的二十大报告对推动绿色发展，促进人与自然和谐共生作出重要部署。必须清醒看到，我国生态环境保护结构性、根源性、趋势性压力尚未根本缓解，重点区域、重点行业污染问题仍然突出，实现碳达峰、碳中和任务艰巨，生态环境保护任重道远。我国经济社会发展已进入加快绿色化、低碳化的高质量发展阶段，生态文明建设仍处于压力叠加、负重前行的关键期。着眼未来，必须以更高站位、更宽视野、更大力度来谋划和推进新征程生态环境保护工作，谱写新时代生态文明建设新篇章。

五百里滇池，湖水一度因蓝藻暴发成为"绿油漆"，早在300多万年前滇池形成时就游弋其中的金线鲃也从湖体消失。如今，在入滇河流盘龙江上游，金线鲃种群身影重现。广袤神州大地上，绿色发展不断加快，绿色版图接续扩展，呈现出一幅新时代的《千里江山图》。人不负青山，青山定不负人。汇聚起更加磅礴的伟力，建设人与自然和谐共生的现代化，一定能让万里山河焕新彩、让美丽中国展新颜。

——来源：《人民日报》，2023-07-26

思考题

1. 如何认识新时代我国生态文明建设实现的"四个重大转变"？

2. 以美丽中国建设全面推进人与自然和谐共生的现代化的具体措施有哪些？

【新思想引领新征程】开启全面推进美丽中国建设新篇章

坚持"一国两制" 推进祖国统一

"一国两制"伟大构想自诞生以来，始终像一座灯塔，指引祖国统一大业破浪前行，汇入民族复兴的筑梦伟业，照亮祖国和平统一进程前行的方向。香港、澳门回归祖国后，重新纳入国家治理体系，走上了同祖国内地优势互补、共同发展的宽广道路，"一国两制"实践取得举世公认的成功。

2023 年，香港走出疫情，迎来整体性复苏。在一系列政策助推下，香港旅游业和私人消费逐步恢复；大力吸引企业和人才，香港"超级联系人"角色重要性更加彰显，竞争力不断提升；加速经济转型布局，大力发展创新科技，为经济可持续增长奠定基础。2023年，香港保持独特地位和优势，不断增强发展动能，为经济发展注入新活力。

2023 年，澳门特区政府认真落实二十大报告战略部署和习近平总书记系列重要讲话精神，全面准确贯彻"一国两制"方针，坚定维护国家主权、安全、发展利益。在党中央的指导和大力支持下，特区政府团结带领社会各界和广大居民，齐心协力、协同奋进，不断完善维护国家安全的法律制度和执行机制，加强对博彩业依法管理，编制澳门历史上首个全面系统的多元发展规划，推进横琴粤澳深度合作区建设取得新成效，持续扩大对外交流合作，澳门经济快速复苏，社会保持和谐稳定。

一、奋力谱写"一国两制"实践新篇章

"一国两制"是中国特色社会主义的伟大创举，是香港、澳门回归后保持长期繁荣稳定的最佳制度安排，必须长期坚持。习近平总书记关于港澳工作的重要论述，既与时俱进

地丰富了"一国两制"科学理论构想,又发展了马克思主义国家学说,标志着中国共产党对"一国两制"实践规律的认识和把握达到新高度,丰富了党治国理政的新经验,是习近平新时代中国特色社会主义思想的"一国两制"篇新成果,为推进新时代新征程"一国两制"成功实践、行稳致远提供了根本遵循。

（一）实现祖国和平统一的重要制度

作为一项前无古人的伟大创新性事业,"一国两制"实现祖国和平统一的科学构想,在香港、澳门变为生动现实、落地生根,从全面付诸实施到不断丰富完善,创造了举世瞩目的"中国奇迹",取得举世公认的成功。

习近平总书记指出:"'一国两制'是中国特色社会主义的伟大创举,是香港、澳门回归后保持长期繁荣稳定的最佳制度安排,必须长期坚持。"这种"最佳"体现为"一国两制"是植根中国大地、具有深厚历史文化基础和实践创造底蕴,同时深得全国人民拥护的具有强大生命力和巨大优越性的制度和治理体系,是中国特色社会主义的一项重要的好制度安排。这种好制度不仅是维护国家主权、安全、发展利益的好制度,是保持港澳长期繁荣稳定的好制度,还是保障港澳居民根本利益和福祉的好制度,是解决历史遗留类似问题、促进世界和平与发展的好制度。

"一国两制"的成功实践,一方面,源于"一国两制"是实现祖国和平统一的创新性制度安排,是党中央遵循实现祖国统一历史规律,把握历史主动,积极适应世界和平与发展的时代主题,把和平统一大业融入中国式现代化发展的实践进程,并探索主权国家治理秩序和地方高度自治实践的有机统一,实现了国家治理现代化的制度性创新和优化发展。另一方面,源于"一国两制"是全面建设社会主义现代化国家的重要内容,它既是动态的,随着中华民族伟大复兴的前进步伐与时俱进,又是发展的,根植于全面建设社会主义现代化国家的伟大实践中。这不仅在港澳回归祖国后纳入国家治理体系,实现了"一国"与"两制"的良性互动,而且在港澳主动融入国家发展大战略大布局、踏上发展新征程中,促进了现代国家治理的重大制度实践有机融合。

（二）深刻把握新时代贯彻"一国两制"方针的精髓要义

深入贯彻习近平总书记关于港澳工作的重要论述,更好发挥"一国两制"治理优势,推动新时代"一国两制"实践行稳致远,需要着重把握以下几点。

必须全面准确、坚定不移贯彻"一国两制"方针。全面准确、坚定不移,前提和基础就是正确认识和处理"一国"和"两制"的关系。"一国两制"是一个完整的体系,更是"一国两制"实践的总要求,"一国"是"两制"的前提和基础,"两制"从属和派生于"一国",没有"一国"这个根本和大前提,"两制"就无从谈起。不能以"两制"的差异来弱化"一国"之根本,更不能只谈"两制"不讲"一国",没有"一国"前提,"两制"就一定会走歪走斜。"一国"原则愈坚固,"两制"优势愈彰显。越守住"一国"这个根本,越能使得"两制"既有根据、有依托,也有意义、有价值。习近平总书记强调:"'一国'是根,根深才能叶茂;'一国'是本,本固才能枝荣。"只有坚守"一国"原则,正确处理特别行政区与中央的关系,才能确保"一国两制"得到全面准确贯彻落实,港澳的繁荣稳定和优势特色才得到更好保障和发挥,港澳居民的切身权益才能得到更好维护和发展。

必须坚持落实中央全面管治权和保障特别行政区高度自治权相统一。这是近年来"一国两制"成功实践得出的一条极为宝贵和关键的经验。习近平总书记指出:"中央政府对特别行政区拥有全面管治权,这是特别行政区高度自治权的源头,同时中央充分尊重和坚定维护特别行政区依法享有的高度自治权。"全面管治权与高度自治权在本质上是统一的。中央全面管治权是特别行政区高度自治权的源头,体现了国家主权至上的原则;落实中央全面管治权和保障特别行政区高度自治权有机结合,体现了国家宪制安排的和谐统一。只有维护和落实好中央全面管治权,特别行政区的高度自治权才能正确和有效行使。它们之间是源与流、本与末的关系。香港、澳门两个特别行政区的高度自治权不是固有的,其唯一来源是中央授权。香港、澳门特别行政区享有的高度自治权不是完全自治,也不是分权,而是中央授予的地方事务管理权,同时中央对高度自治权具有监督的权力,绝不允许以"高度自治"为名对抗中央的权力。全面管治权与高度自治权,不仅不矛盾,而且相辅相成、协同发展。

必须坚定落实"爱国者治港""爱国者治澳"原则。政权必须牢牢掌握在爱国者手中,这是世界通行的政治法则,古今中外概莫能外。习近平总书记指出:"要确保'一国两制'实践行稳致远,必须始终坚持'爱国者治港'。这是事关国家主权、安全、发展利益,事关香港长期繁荣稳定的根本原则。"回归后,香港经历的各种曲折和挑战表明,只有让政权的关键岗位牢牢掌握在爱国者手中,才能从根本上保证香港的长治久安和"一国两制"行稳致远。基于"一国两制"在港澳地区二十多年的实践,越来越多的港澳居民更加认识到,守护好管治权,就是守护和谐稳定,就是守护切身福祉。把特别行政区的高度自治权和管制权牢牢掌握在爱国者手中,是保证港澳特区长治久安的必然要求,任何时候都不能动摇。

必须坚持依法治港治澳。法律是治国之重器，法治是国家治理体系和治理能力的重要依托。依法治港治澳是全面依法治国的必然要求，是保持港澳繁荣稳定的基石，也是全面准确贯彻"一国两制"方针的必由之路。习近平总书记强调，"依法治理是最可靠、最稳定的治理。要善于运用法治思维和法治方式进行治理"。宪法和基本法共同构成特别行政区的宪制基础，只有在宪法和基本法确立的宪制秩序下，依法治港治澳才能凝聚共识，消除不正确的认识，把特别行政区治理好，特别行政区不存在一个脱离国家宪法的"宪制"和"法治"。比如，在制定香港国安法、完善香港特区选举制度、推动重点领域拨乱反正的实践中，中央全面管治权和特别行政区高度自治权的有机统一得到落实，体现了强大的治理效力，这一切的基础都来源依法治港治澳。这充分说明，只有坚持依法治港治澳，"一国两制"之路才能走对走稳。

必须发挥香港、澳门的独特地位和优势。这是实行"一国两制"方针的重要战略考量，是港澳提升国际竞争力的重要条件。习近平总书记指出："推进强国建设，离不开香港、澳门长期繁荣稳定。"发展是解决港澳各种问题的金钥匙。在新时代国家改革开放新征程中，香港、澳门仍然具有特殊地位和独特优势。面对世界百年未有之大变局，港澳发展的任务更加艰巨紧迫，挑战日益增多，推动港澳更好融入国家发展大局，抓住国家重大战略实施带来的宝贵机遇，开拓发展新空间，增添发展新动能，对于保持港澳长期繁荣稳定，实现第二个百年奋斗目标，具有十分重要的意义。

（三）谱写"一国两制"事业新篇章

随着全面建设社会主义现代化国家进入关键时期，港澳开创新局面、实现新飞跃、走向由治及兴也同样进入关键期。在新时代新征程上，全面推进"一国两制"事业新发展，必须全面贯彻习近平新时代中国特色社会主义思想，全面贯彻落实党的二十大精神和战略部署，深入学习贯彻习近平总书记关于港澳工作的重要论述，全面准确贯彻"一国两制"方针，扎扎实实做好各项工作，才能奋力谱写"一国两制"事业新篇章，共创中华民族伟大复兴的美好未来。

健全完善特别行政区治理体系和制度保障，着力提升全面治理能力和管治水平。在党的二十大报告中，习近平总书记对推进特别行政区治理体系和治理能力建设提出了明确要求，强调要"坚持行政主导，支持行政长官和特别行政区政府依法施政，提升全面治理能力和管治水平"。健全完善特别行政区治理体系和制度保障，关键在于落实行政长官制，要切实增强行政长官和特别行政区政府当家人和第一责任人的意识，支持行政长官和特别行政区政府依法施政、善作善成；要继续完善特别行政区司法制度，完善香港、澳门融入国家发展大局、同内地优势互补、协同发展的机制；要把有为政府同高效市场更好地结合起来，引导特别行政区政府转变治理理念、改进政府作风、强化基层基础、提高治理能力。

下大力气破解经济社会发展中的深层次矛盾问题，着力提升港澳居民的获得感、幸福感、安全感。在党的二十大报告中，习近平总书记对支持港澳改善民生提出了明确要求，强调要"破解经济社会发展中的深层次矛盾和问题"。要进一步明确发展是港澳的立身之本，是为居民创造更加美好生活的根本所在，是港澳保持稳定和谐的重要前提。要支持特别行政区政府转变治理理念，提高治理效能，展现良政善治新气象，把居民对美好生活的期盼作为施政最大追求，积极务实排解民生忧难，让发展成果更多更公平惠及港澳全体市民。要更加关心关爱青年，引导他们树立正确的国家观、人生观、价值观，创造更好的教育、就业、创业、生活环境，为他们成长成才提供更多机会。

加快推进港澳经济高质量繁荣稳定发展，夯实"一国两制"事业朝着正确方向行稳致远的基础。在党的二十大报告中，习近平总书记对推动香港、澳门经济发展作出重要部署，强调"巩固提升香港、澳门在国际金融、贸易、航运航空、创新科技、文化旅游等领域的地位"，明确"支持香港、澳门更好融入国家发展大局"。要深刻洞察国际政治经济体系的剧烈变迁和演化，立足于全面建设社会主义现代化国家总体要求，以"港澳所长"对接"国家所需"，加强对港澳经济社会发展的战略谋划和顶层设计，推动港澳更好融入国家发展大局。要加快推进港澳经济高质量繁荣稳定发展，更加积极发挥港澳的优势和特点，为内地实体经济发展提供支撑，满足内地经济转型升级的需要，增强国内大循环内生动力和可靠性。要通过与内地的合作，促进港澳科技成果转化和产业化发展，共同形成创新驱动发展的战略优势，加快实现科技自立自强。要强化港澳共建"一带一路"的重要节点城市功能，进一步发挥香港在金融、法律等专业服务领域的引领带动作用，发挥澳门与葡语国家的联系优势，打造中国与葡语国家商贸合作服务平台。

巩固发展爱国爱港爱澳统一战线，着力汇聚"一国两制"行稳致远的磅礴力量。在党的二十大报告中，习近平总书记对发展壮大爱国爱港爱澳力量、增强港澳同胞的爱国精神作出重要部署，强调要"形成更广泛的国内外支持'一国两制'的统一战线"。港澳统一战线是凝聚人心力量、实现大团结大联合的重要保障，不断巩固发展壮大爱国爱港爱澳力量对于推进"一国两制"事业至关重要。尤其是当前复杂动荡的国际形势和日趋激烈的国际斗争愈演愈烈，更需要增强香港、澳门同胞的国家意识和爱国精神，使爱国爱港爱澳光荣传统薪火相传，使"一国两制"事业后继有人。这就要求我们积极构建和巩固发展爱国爱港爱澳统一战线力量，把一切可以调动的积极因素调动起来，增强凝聚力，扩大团结面，提高包容性，在爱国爱港爱澳旗帜下画出最大同心圆。要讲好"一国两制"成功实践的港澳故事，更广泛地形成国际社会对"一国两制"的认同和支持。让每一个热爱港澳家园、支持"一国两制"事业的人士，都能够成为建设港澳的积极力量，携手共创更加美好的明天。

港澳地位特殊，背靠祖国、联通世界。"一国两制"优势显著，创新实践空间无限，美好未来前景无限。坚持深入学习贯彻习近平总书记关于港澳工作的重要论述，推进新时代"一国两制"事业在正确轨道上行稳致远，香港、澳门一定能够大有作为、创造更大辉煌，一定能够同祖国人民一道共享中华民族伟大复兴的时代荣光。

二、2023 年两岸携手共创和平发展新气象

过去一年，两岸同胞携手突破民进党当局人为制造的干扰阻碍，合力推动两岸各领域交流交往走深走实，两岸关系取得新进展、新成效，呈现新特点、新气象。

（一）两岸政党交流取得重要成果

2023 年，在坚持一个中国原则和"九二共识"的基础上，中国国民党、亲民党、新党、无党团结联盟、台湾爱国统一团体等台湾政党、团体和代表性人士纷纷赴大陆参加形式多样、内容丰富的两岸对话交流活动。2 月，中国国民党副主席夏立言率团来大陆参访。3 月底至 4 月初，中国国民党前主席马英九率团参访大陆五省市并返乡祭祖。6 月，中共中央政治局常委、全国政协主席王沪宁在北京会见新党主席吴成典一行。9 月，中共中央台办负责人会见前来出席第五届海峡两岸中山论坛的亲民党主席宋楚瑜。与此同时，在第十五届海峡论坛、第六届海峡两岸青年发展论坛、杭州第 19 届亚运会、第三届"携手圆梦——两岸同胞交流研讨活动"等活动中，两岸政党人士交流沟通、聚同化异，共同发出坚持"九二共识"、反对"台独"分裂活动和外部势力干涉、推进两岸交流合作、增进两岸同胞亲情福祉、共同实现民族复兴的积极声音。

（二）两岸经济交流合作展现光明前景

2023 年，受民进党当局图谋两岸产业"脱钩"、钳制两岸高科技产业合作等消极因素影响，两岸经济交流合作遭遇较强"逆流"，但总体仍保持向更宽领域拓展、向更高层次提升的态势。3 月以后，台湾工业总会、台湾三三企业交流会、台湾工商协进会、台湾两

岸农渔业交流发展投资协会等岛内主要工商团体、农渔业界接力掀起"访陆潮"，表达希望两岸经贸繁荣发展、进一步强化两岸产业链、供应链的强烈呼声。5月，以"深化两岸融合、建设第一家园"为主题的第二十五届海峡两岸经贸交易会在福州启幕。10月，福建省漳平市举行首届海峡两岸农业交流大会。11月，中共中央总书记、国家主席习近平向2023两岸企业家峰会10周年年会致贺信，宣示继续致力于促进两岸经济交流合作，深化两岸各领域融合发展，完善增进台湾同胞福祉的制度和政策，助力台胞台企融入新发展格局、实现高质量发展的政策主张。

（三）青年为两岸交流注入鲜活力量

2023年以来，两岸青年交流为两岸关系和平发展增添新生力量、注入青春活力。2023年年初开始，大陆各地陆续举办两岸青年交流活动，为两岸青年分享心得体会、共植青春友谊搭建广阔舞台。7月，2023年两岸青年峰会吸引1400多名台湾青年参与。暑假期间，第十一届海峡青年节为深化两岸青年交流合作、促进闽台融合发展提供重要窗口；2023年海峡两岸青年文化月吸引近1500名台湾青年参加非遗、书画、中医药等主题活动；2023年海峡两岸青年创新创业大赛为两岸青年交流交心、互学互鉴创造了平台；第二十届台胞青年千人夏令营助力台湾青年了解大陆人文历史和经济社会、科技文化等领域发展成就。此外，成都第31届世界大学生夏季运动会、杭州第19届亚运会期间，两岸青年同场竞技、共襄盛举，在交流、交往、交心、交融过程中建立深厚友谊。

（四）文化交流助力两岸同胞心灵契合

2023年，两岸同胞人文往来不停、文化交流不断，携手弘扬中华文化，产生广泛积极效应。2023年海峡两岸青年文化月、第九届中华文化论坛、海峡两岸巴蜀文化艺术季、第八届中华文化遗产研习营、2023年海峡两岸考古研习营、第12届海峡两岸文化遗产保护论坛等传统文化交流活动精彩纷呈，展现中华文化独特魅力。2023年海峡两岸暨港澳妈祖文化周、2023（癸卯）年海峡两岸炎帝神农文化交流大会、第七届海峡两岸哪吒文化交流活动、第七届海峡两岸岳飞文化夏令营、"开漳圣王信俗文化在两岸"研讨会等民俗文化交流活动广受欢迎，生动诠释两岸"人同根、神同源、文同脉"的事实。第四届两岸青年网络文学大赛、"汇海上·2023两岸电竞文化节"、海峡两岸青年街舞艺术节等潮流文化交流活动别开生面，体现两岸文化交流丰沛生机活力。

（五）两岸县市交流保持热络状态

2023年，两岸县市加强交流合作，为增进两岸同胞民生福祉发挥积极作用。2023年年初，由高雄市里长和社区发展协会理事长等 51 名基层代表组成的台湾高雄里长暨基层社团参访团，在北京进行为期 8 天的交流参访活动。2 月，上海市台办副主任一行应台北市政府邀请赴台参访交流，参观"2023 台湾灯会在台北"有关展区，与台北市政府开展市政交流，并参访台北流行音乐中心、台北表演艺术中心等。3 月，台湾台东县副县长王志辉一行到大陆参访，与农业农村部、海关总署等部门就台湾农渔民关心的议题进行深入交流。5 月，台湾花莲县客家乡村振兴农商交流参访团一行 20 余人赴广西桂林参访。8 月，上海举办以"新趋势新发展"为主题的"2023 上海台北城市论坛"，双方签署会展产业、低碳、羽毛球运动 3 项交流合作备忘录，寄托上海与台北对进一步携手推动沪台经济社会融合发展的共同期许。

（六）两岸融合发展续写崭新篇章

2023 年 9 月，我国重磅发布《中共中央国务院关于支持福建探索海峡两岸融合发展新路建设两岸融合发展示范区的意见》，充分体现大陆坚定践行"两岸一家亲"理念，尊重、关爱、造福台湾同胞的诚意和善意。《意见》落地后，马祖县长王忠铭、民意代表陈雪生及县议会议长张永江等组团来京，与大陆有关部门就推动福马两地应通尽通、能融尽融进行沟通探讨。12 月，2023 年海峡两岸年度汉字评选结果出炉，"融"字以最高票当选，充分反映了两岸民众希望分享两岸融合发展红利的朴素愿望。

展望 2024 年，台海和平稳定局势仍面临一系列挑战，但"要和平、要发展，要交流、要合作"始终是两岸同胞共同心声，只要大陆保持向前向上发展势头，坚持全面推动两岸融合发展，只要两岸同胞秉持中华民族大义，共护台海和平稳定，同担祖国统一重任，就一定能推动两岸关系在和平发展、融合发展的康庄大道上阔步向前。

三、坚定方向启新程　携手同心筑伟业

2024 年是新中国成立 75 周年。1949 年以来，中国共产党、中国政府、中国人民始终把解决台湾问题、实现祖国完全统一作为矢志不渝的历史任务。两岸关系发展历程证明：台湾是中国一部分、两岸同属一个中国的历史和法理事实，是任何人任何势力都无法改变的。国家强大、民族复兴、两岸统一的历史大势，更是任何人任何势力都无法阻挡的。

2024 年是《告台湾同胞书》发表 45 周年。《告台湾同胞书》表明，台湾自古以来就是中国不可分割的一部分，统一祖国是历史赋予我们这一代人的神圣使命。祖国终将统一，也必然统一。今天，中华民族伟大复兴展现出前所未有的光明前景。广大台湾同胞应

察大势、担大义、顾大局、走大道，坚定站在历史正确一边。

2024年是实现"十四五"规划目标任务的关键一年。党的二十大擘画的宏伟蓝图吹响了中华民族伟大复兴新征程的号角，中国式现代化为两岸同胞发展合作开辟了广阔空间、提供了巨大机遇。依靠和汇聚包括台湾同胞在内两岸人民的无穷智慧和力量，是推进中国式现代化最持久、最深厚的力量源泉。

（一）纪念《告台湾同胞书》发表45周年

1979年元旦，全国人大常委会发表《告台湾同胞书》，正式提出海峡两岸实现和平统一的大政方针。与此同时，国防部也发表声明，宣布停止自1958年以来解放军对金门等岛屿的炮击，以方便台湾同胞来往大陆省亲会友、参观访问和在台湾海峡航行、生产等活动。

《告台湾同胞书》表明了一个基本历史事实，就是台湾自古以来就是中国不可分割的一部分。《告台湾同胞书》确认了一个基本政治现实，就是台湾同祖国的分离，是人为的，是违反我们民族的利益和愿望的，决不能再这样下去了。《告台湾同胞书》提出了一个重大的历史使命，就是统一祖国这样一个关系全民族前途的重大任务摆在我们面前，谁也不能回避，谁也不应回避。统一祖国，是历史赋予我们这一代人的神圣使命。

《告台湾同胞书》还提出了两岸同胞共同追求的目标，就是早日实现祖国统一。这不仅是全中国人民包括台湾同胞的共同心愿，也是全世界一切爱好和平的人民和国家的共同希望。《告台湾同胞书》指出了一个历史发展趋势，即实现中国的统一，是人心所向，大势所趋。世界上普遍承认只有一个中国，承认中华人民共和国政府是中国唯一合法的政府。我们殷切期望台湾早日回归祖国，共同发展建国大业。

《告台湾同胞书》探索了两岸统一的方式与途径，就是要考虑现实情况，完成祖国统一大业，在解决统一问题时尊重台湾现状和台湾各界人士的意见，采取合情合理的政策和办法，不使台湾人民蒙受损失。

在当时的历史背景下，"台湾当局"和台湾社会普遍接受一个中国的立场和原则，坚持反对"台独"的基本立场，不允许"台独"分子在岛内有存身之地，更不允许"台独"分子公开活动、参与政治活动。因此，《告台湾同胞书》指出，我们寄希望于一千七百万台湾人民，也寄希望于"台湾当局"。"台湾当局"一贯坚持一个中国的立场，反对台湾"独立"。这就是我们共同的立场，合作的基础。我们一贯主张爱国一家。统一祖国，人人有责。希望"台湾当局"以民族利益为重，对实现祖国统一的事业作出宝贵的贡献。

转眼之间，《告台湾同胞书》已发表整整 45 年了，在过去的这 45 年里，大陆坚持改革开放，取得有目共睹的巨大成就，世界秩序深度重塑不断加速，两岸关系不断发展变化，两岸同胞共同努力反"独"促统，推动两岸关系始终向着国家完全统一的基本目标稳步前行。

2019 年 1 月 2 日，习近平总书记在《告台湾同胞书》发表 40 周年纪念会上的讲话中指出，两岸关系发展历程证明，台湾是中国一部分、两岸同属一个中国的历史和法理事实，是任何人任何势力都无法改变的。两岸同胞都是中国人，血浓于水、守望相助的天然情感和民族认同，是任何人任何势力都无法改变的。台海形势走向和平稳定、两岸关系向前发展的时代潮流，是任何人任何势力都无法阻挡的。国家强大、民族复兴、两岸统一的历史大势，更是任何人任何势力都无法阻挡的。习近平总书记特别指出，台湾问题是中国的内政，事关中国核心利益和中国人民民族感情，不容任何外来干涉。中国的统一，不会损害任何国家的正当利益包括其在台湾的经济利益；只会给各国带来更多发展机遇；只会给亚太地区和世界繁荣稳定注入更多正能量；只会为构建人类命运共同体、为世界和平发展和人类进步事业作出更大贡献。

纪念《告台湾同胞书》发表 45 周年，要勇于面对新的内外形势，应对解决新的问题和新的挑战，始终把握两岸关系发展的主导权和话语权，让两岸同胞风雨同舟、持续接力，共同努力创造两岸关系和平发展、共谋民族复兴伟业的良好局面。

（二）全面贯彻新时代党解决台湾问题的总体方略

2024 年 1 月，台湾地区领导人和民意代表选举举行，民进党候选人赖清德、萧美琴当选台湾地区正副领导人。国务院台办发言人就台湾地区选举结果表示：这次台湾地区两项选举结果显示，民进党并不能代表岛内主流民意。台湾是中国的台湾。这次选举改变不了两岸关系的基本格局和发展方向，改变不了两岸同胞走近走亲、越走越亲的共同愿望，更阻挡不了祖国终将统一、也必然统一的大势。

我们将深入贯彻新时代党解决台湾问题的总体方略，始终尊重、关爱、造福台湾同胞，继续致力于促进两岸经济文化交流合作，深化两岸各领域融合发展，完善增进台湾同胞福祉的制度和政策，推动两岸共同弘扬中华文化，促进两岸同胞心灵契合。

1. 新时代党解决台湾问题的总体方略是党的十八大以来对台工作守正创新的宝贵结晶和根本指引

解决台湾问题、实现祖国完全统一，是党矢志不渝的历史任务，是全体中华儿女的共同愿望,是实现中华民族伟大复兴的必然要求。长期以来,我们党为此进行了不懈奋斗,付出了巨大努力。党的十八大以来,中国特色社会主义进入新时代,中华民族迎来了从站起来、富起来到强起来的伟大飞跃,比以往任何时候都更有能力、更有信心也更加接近实现祖国完全统一。同时,世界百年未有之大变局加速演进,美国加大"以台制华",解决台湾问题面临新的战略环境。习近平总书记统筹中华民族伟大复兴战略全局和世界百年未有之大变局,把握历史大势和时代变化,丰富和发展国家统一理论和对台方针政策,形成新时代党解决台湾问题的总体方略,指引对台工作克难前行,谱写了新时代 10 余年伟大变革的对台篇章。

我们推动两岸政治交往取得新突破,实现 1949 年以来两岸领导人首次会晤、直接对话沟通,树立两岸关系和平发展历史性标杆;开展两岸各界对话协商,在一个中国原则和"九二共识"基础上平等协商、共议统一迈出新步伐,引领两岸关系正确前进方向;深化两岸融合发展展现新作为,同台湾同胞分享大陆发展机遇、落实同等待遇,出台一系列惠及台湾同胞的政策举措并形成叠加效应,增进两岸同胞亲情福祉;有效应对台海形势变化及风险挑战,坚决反制"台独"分裂活动和外来干涉挑衅行径,取得反分裂反干涉斗争新成效,强化统一历史大势;携手共圆中国梦的宏愿,激发台湾同胞做民族复兴的参与者和受益者、当堂堂正正中国人的认同感和自豪感,凝聚团结奋斗的磅礴伟力。

新时代 10 余年对台工作最鲜明的特征是牢牢掌握两岸关系主导权主动权,最关键的因素是党和国家事业取得历史性成就、发生历史性变革,最重要的启示是统一的时、势、义始终在祖国大陆这一边,最根本的保证是以习近平同志为核心的党中央的坚强领导和习近平新时代中国特色社会主义思想的科学指引。

2. 深刻领会新时代党解决台湾问题的总体方略的丰富内涵和重大意义

党的十八大以来,习近平总书记就对台工作发表一系列重要论述,作出一系列重要指示批示,提出一系列新理念新思想新战略。党的十九大进一步确立坚持"一国两制"和推进祖国统一的基本方略。习近平总书记在《告台湾同胞书》发表 40 周年纪念会上系统宣示新时代推进祖国和平统一的重大政策主张。党的十九届四中全会明确坚持和完善"一国两制"制度体系、推进祖国和平统一。党的十九届六中全会首次提出新时代党解决台湾问题的总体方略。党的二十大报告强调坚持贯彻新时代党解决台湾问题的总体方略,为做好新时代对台工作提供了根本遵循和行动指南。

新时代党解决台湾问题的总体方略内涵丰富、逻辑严密、系统完备,深刻回答了新征程推进祖国统一的根本保证、历史方位、战略思路、大政方针、政治基础、实践途径、根本动力、必然要求、外部条件、战略支撑等重大理论和实践问题，蕴含了习近平总书记强烈使命担当、深厚民族情怀、鲜明人民立场、宏阔历史视野、辩证战略思维、坚强斗争精神的领袖品格，为新时代解决台湾问题、实现祖国完全统一指明了方向，必须长期坚持、全面贯彻。

第一，坚持党中央对对台工作的集中统一领导。这是统一的根本保证。习近平总书记指出，必须坚持党的全面领导特别是党中央集中统一领导，把党的领导落实到党和国家事业各领域各方面各环节。对台工作是党和国家事业的重要组成部分，必须把加强党中央集中统一领导落实到对台工作的各方面全过程。进一步明确做好对台工作的优势所在、关键所在、根本所在。要把握好党的全面领导与发挥各方面积极性的关系，把政治制度优势转化为对台工作效能，巩固全国一盘棋对台工作格局，为推进统一大业提供更为强大的合力。

第二，坚持在中华民族伟大复兴进程中推进祖国统一。这是统一的历史方位。习近平总书记指出，民族复兴、国家统一是大势所趋、大义所在、民心所向。国家统一是中华民族走向伟大复兴的历史必然。台湾问题因民族弱乱而产生，必将随着民族复兴而解决。进一步明确国家统一在民族复兴战略全局中的重要地位。要把握好国家统一与民族复兴的关系，把握历史大势，掌握历史主动，为推进统一大业注入更为主动的精神力量。

第三，坚持在祖国大陆发展进步基础上解决台湾问题。这是统一的战略思路。习近平总书记指出，从根本上说，决定两岸关系走向的关键因素是祖国大陆发展进步。我们要保持自身发展势头，同时采取正确政策措施做好台湾工作。进一步明确解决台湾问题的必要充分条件。要把握好发展硬实力与软实力的关系，把国家和民族发展放在自己力量的基点上，办好自己的事情，持续增强对台影响力、吸引力和感召力，为推进统一大业奠定更为雄厚的基础。

第四，坚持"和平统一、一国两制"基本方针。这是统一的大政方针。习近平总书记指出，我们所追求的国家统一不仅是形式上的统一，更重要的是两岸同胞的心灵契合。"和平统一、一国两制"是解决台湾问题的基本方针，也是实现两岸统一的最佳方式，对两岸同胞和中华民族最有利。我们愿意为和平统一创造广阔空间，着力探索"两制"台湾方案。进一步明确高质量统一的内涵和形式。要把握好"一国"与"两制"的关系，坚定制度自信，在实践探索中不断开辟"一国两制"新境界，为推进统一大业提供更为完善的制度保障。

第五，坚持一个中国原则和"九二共识"。这是统一的政治基础。习近平总书记指出，一个中国原则是两岸关系的政治基础。体现一个中国原则的"九二共识"是确保两岸关系和平发展的关键。在此基础上，我们愿意同台湾各党派、团体和人士就两岸政治问题和祖国和平统一开展对话沟通，推动两岸各政党、各界别推举的代表性人士就两岸关系和民族未来开展民主协商。进一步明确共商共议统一的基础和方式。要把握好原则坚定与策略灵活的关系，坚持一个中国原则，广泛开展对话协商，为推进统一大业积累更为广泛的社会共识。

第六，坚持推动两岸关系和平发展、融合发展。这是统一的实践途径。习近平总书记指出，两岸关系和平发展是维护两岸和平、促进共同发展、造福两岸同胞的正确道路，也是通向和平统一的光明大道。要深化两岸融合发展，率先同台湾同胞分享发展机遇，提供同等待遇，扩大深化两岸交流合作，壮大中华民族经济，共同弘扬中华文化，建设两岸命运共同体。进一步明确和平统一的必由之路。要把握好和平发展、融合发展与和平统一的关系，增强统一预期和动力，实现统一过程和目的高度统一，为推进统一大业提供更为充分的条件。

第七，坚持团结台湾同胞、争取台湾民心。这是统一的根本动力。习近平总书记指出，要秉持"两岸一家亲"理念，在对台工作中贯彻好以人民为中心的发展思想，对台湾同胞一视同仁，像为大陆百姓服务那样造福台湾同胞。两岸同胞要携手同心，共圆中华民族伟大复兴中国梦。伟大祖国是所有爱国统一力量的坚强后盾。进一步明确统一的依靠力量和精神旗帜。要把握好一致性与多样性的关系，重视人心回归，坚持不懈做台湾人民工作，为推进统一大业凝聚更为磅礴的力量。

第八，坚持粉碎"台独"分裂图谋。这是统一的必然要求。习近平总书记指出，"台独"分裂是祖国统一的最大障碍，是民族复兴的严重隐患。我们绝不允许任何人、任何组织、任何政党、在任何时候、以任何形式、把任何一块中国领土从中国分裂出去。我们有坚定的意志、充分的信心、足够的能力挫败任何形式的"台独"分裂图谋。进一步明确决不容忍"台独"分裂的态度和决心。要把握好治标与治本的关系，坚决打击"台独"分裂行径，廓清"台独"社会思想根源，为推进统一大业彻底清除障碍隐患。

第九，坚持反对外部势力干涉。这是统一的外部条件。习近平总书记指出，台湾是中国的台湾。解决台湾问题是中国人自己的事，要由中国人来决定。台湾问题是中国的内政，事关中国核心利益和中国人民民族感情，不容任何外来干涉。任何人都不要低估中国人民捍卫国家主权和领土完整的坚强决心、坚定意志、强大能力。进一步明确台湾问题的本质和突出风险。要把握好争取国际理解支持与反对外来干涉的关系，坚决同打"台湾牌""以台制华"的行径作斗争，巩固国际社会坚持一个中国原则的格局，为推进统一大业营造更为有利的外部环境。

第十，坚持决不承诺放弃使用武力。这是统一的战略支撑。习近平总书记指出，我们决不承诺放弃使用武力，保留采取一切必要措施的选项，这针对的是外部势力干涉和极少数"台独"分裂分子及其分裂活动，绝非针对广大台湾同胞。进一步明确统一必须坚持两手并用，把握好和平与非和平方式的关系，始终做足做好两手准备，确保两手都过硬，为推进统一大业提供更为牢靠的手段。

新时代党解决台湾问题的总体方略是习近平新时代中国特色社会主义思想的重要组成部分，是我们党对台大政方针的继承发展和集大成，是我们党为祖国统一奋斗百年历史的智慧结晶，是实现统一的认识论和方法论，升华了我们党的国家统一观，标志着我们党的国家统一理论更加成熟、更加定型。

3. 深刻把握新时代党解决台湾问题的总体方略的实践要求

党的二十大报告对今后一个时期对台工作作出战略部署。我们要贯彻党的二十大精神，把新时代党解决台湾问题的总体方略落实到对台工作各方面全过程。

把握历史主动，坚定推进祖国统一进程。习近平总书记强调要把握历史主动，创造新的历史伟业。党的二十大报告把握中华民族伟大复兴不可逆转的历史大势，立足党和国家事业发展全局谋划对台工作，提出"牢牢把握两岸关系主导权和主动权，坚定不移推进祖国统一大业"的对台工作目标。党的二十大将有力推进祖国大陆现代化建设进程，我们要发挥历史主动精神，把日益增长的综合实力、显著的制度优势持续转化为推进统一进程的强大动能。报告坚持"和平统一、一国两制"方针，强调"以最大诚意、尽最大努力争取和平统一的前景，但决不承诺放弃使用武力，保留采取一切必要措施的选项"，目的是从根本上维护祖国和平统一的前景、推进祖国和平统一的进程，体现了我们党对民族大义、同胞福祉与两岸和平的珍视，对中华民族前途命运和国家发展全局的深刻把握，彰显了我们的战略信心和定力。

增进人民福祉，深化两岸各领域融合发展。习近平总书记强调要增进两岸同胞福祉，实现两岸同胞对美好生活的向往。党的二十大报告提出"继续致力于促进两岸经济文化交流合作，深化两岸各领域融合发展，完善增进台湾同胞福祉的制度和政策，推动两岸共同弘扬中华文化，促进两岸同胞心灵契合"的对台工作举措，彰显以人民为中心的发展思想、为同胞谋福祉的不变初心。经济文化交流合作是发展两岸关系的"两个轮子"，是促进两岸共同发展、增进同胞亲情福祉的重要渠道，要拉紧两岸同胞利益联结和情感纽带，铸牢两岸命运共同体意识。两岸各领域融合发展是和平统一的基础工程，要在探索两岸融合发展新路上迈出更大步伐，支持福建率先建设两岸融合发展示范区；支持台胞台企抓住党的二十大带来的广阔发展空间和发展机遇，更好融入新发展格局、参与高质量发展。台湾同胞与大陆百姓共享福祉，是台胞作为中国公民的应有之义，要积极落实同等待遇，依法保障台湾同胞权益，不断提升其获得感和认同感。中华文化是两岸同胞的根和魂，是两岸关系中最天然的联结、最深沉的力量，也是最牢不可破的纽带，从根本上决定了"台独"分裂必然失败。要共同弘扬中华文化，增强中华文化认同、自信，建设共同精神家园。

发扬斗争精神，坚决粉碎"台独"分裂和外来干涉图谋。习近平总书记强调要坚定斗争意志，增强斗争本领。统一就是同"台独"分裂势力和外来干涉势力不断斗争直至最终胜利的过程。一个时期以来，台湾民进党当局坚持"台独"错误立场，拒不承认一个中国原则和"九二共识"，甘为外部势力遏华棋子，不断进行谋"独"挑衅。美国大打"台湾牌"，掏空一个中国原则，加大对台售武，图谋阻挠中国统一和民族复兴进程。党的二十大报告强调斗争精神，划出底线红线，展现敢于斗争、敢于胜利的决心信心。要增强忧患意识，坚持底线思维，敢于斗争、善于斗争，巩固拓展反分裂反干涉斗争成果，坚决挫败"台独"挑衅和外来干涉行径，坚定捍卫国家主权和领土完整，为党和国家事业发展营造稳定台海环境。

促进团结奋斗，携手共创祖国统一、民族复兴历史伟业。习近平总书记强调团结奋斗是中国人民创造历史伟业的必由之路。党的二十大报告突出团结奋斗的重要性。台湾同胞是中华民族的成员，是发展两岸关系、推进祖国统一的重要力量，岛内爱国统一力量更是其中的中坚力量。我们要团结广大台湾同胞，坚定支持岛内爱国统一力量，共同把握历史大势，坚守民族大义，坚定反"独"促统。两岸同胞血脉相连，是一家人。我们要始终尊重、关爱、造福台湾同胞，绵绵用力、久久为功，增进台湾同胞尤其是青少年对民族、对国家的认知和感情，加深他们对统一有好处、"台独"是绝路、外人靠不住的认识，引导他们自觉投身祖国统一和民族复兴的光辉事业。两岸的事是两岸同胞的家里事，当然也应该由家里人商量着办。我们愿意在一个中国原则和"九二共识"基础上，推进同台湾各党派、各界别、各阶层人士就两岸关系和国家统一开展广泛深入协商，共同推动两岸关系和平发展、推进祖国和平统一进程，创造全体中国人共同美好的未来。

延伸阅读

潮涌千帆竞 奋楫正当时

风拂南粤，潮涌湾区。

5.6万平方公里、8000多万人口、2022年GDP超13万亿元……粤港澳大湾区是中国开放程度最高、经济活力最强的区域之一。不久前，粤港澳大湾区的超级工程深中通道主线正式贯通，深圳和中山将进入"半小时生活圈"；往南走，港珠澳大桥如长虹卧波，在阳光照射下道劲蜿蜒；从广州南沙港起航的万吨货轮，穿过港珠澳大桥驶向大海；科技创新大步迈进、先进制造业走势稳健、现代服务业蓬勃发展、生产要素便捷有序流动……

2023年以来，粤港澳大湾区高质量发展不断取得新的成就，迸发巨大发展活力，高质量建设大湾区的步伐更加坚实。

服务国家所需，发挥港澳所长——

协同发展加强

"我如今带团去海外，不仅介绍香港，而是推介整个大湾区。"今5月，香港贸易发展局主席林建岳带领香港工商界高质量发展考察团走进珠海、广州、深圳等粤港澳大湾区内地城市，进行为期3天的考察。在亲身感受了大湾区的合作潜力巨大、魅力无限后，林建岳不禁这样感慨。

随着今年初内地与港澳人员往来全面恢复，粤港澳大湾区人流、物流日渐繁盛。一年来，粤港澳合作更加深入，大湾区建设迎来"加速期"。

深港合作更加紧密。今8月，国务院印发《河套深港科技创新合作区深圳园区发展规划》，河套地区科创资源加速聚集，"量子谷"、"湾区芯谷"、生物医药、大数据及人工智能等科创集群初步形成；9月，香港科学园深圳分园开园，首批16家香港科创机构、企业及服务平台入驻，成为深港两地创新科技合作的新起点；12月，首批10名香港公务员来到深圳展开约3个月的交流协作，标志着大湾区内地城市和香港特区的公务员深度交流合作进入了新阶段。

琴澳和鸣共谱新篇。在横琴粤澳深度合作区，现代金融、高新技术、大健康、文旅会展商贸"四新"企业规模持续扩大，"澳门研发＋横琴转化"渐入常态，为推动澳门经济适度多元和高质量发展注入新动能。截至今第三季度，横琴深合区实有市场主体超过 5.5 万户，"四新"产业企业超 1.6 万户，分别同比增长 1.8% 和 10.2%。

12 月 21 日，国家发改委对外发布《横琴粤澳深度合作区总体发展规划》和《前海深港现代服务业合作区总体发展规划》，为粤港澳大湾区重大合作平台开发开放按下"快进键"。

"香港在'一国两制'下拥有'背靠祖国、联通世界'的独特优势，全力对接大湾区建设等国家战略。"香港特区行政长官李家超表示，香港正推出多项全面提升大湾区城市间高水平合作的重点措施，包括香港与深圳等大湾区城市在规划上深度对接的北部都会区发展等。"香港将充分发挥'引进来、走出去'的双向平台角色，以香港所长，贡献国家所需。"李家超说。

"横琴粤澳深度合作区是澳门参与粤港澳大湾区建设、融入国家发展的重要平台。"澳门特区行政长官贺一诚说，澳门特区政府将持续与广东省政府紧密合作，围绕为澳门产业多元发展创造条件的初心，善用"一国两制"制度的优势，发挥澳门自身优势特点，不断健全共商共建共管共享的新体制，更大力度推进合作区高质量建设。

基础设施"硬联通"，规则机制"软联通"——
融合发展加速

2023 年 10 月，港珠澳大桥迎来正式通车 5 周年。作为粤港澳大湾区互联互通的"黄金通道"，5 年来，港珠澳大桥累计客流达 3600 万人次、车流 750 万辆次，大桥口岸进出口总值达 7187.5 亿元人民币。尤其自 2023 年 1 月 1 日 "澳车北上"和 7 月 1 日 "港车北上"政策落地实施后，北上港澳单牌车已超百万辆次。

港珠澳大桥、广深港高铁、南沙大桥、广汕高铁等基础设施"硬联通"，让大湾区交通运输互联互通持续推进；12 月 12 日起实施的"经珠港飞"，令内地旅客可通过陆路直达香港机场……"轨道上的大湾区"和世界级机场群建设加速推进，便捷通达的交通网络，加速了大湾区融合发展。

基础设施"硬联通"日渐完备的同时，大湾区也在持续深化规则机制"软联通"。今年 4 月，粤港澳三地在深圳共同公布 110 项"湾区标准"，涵盖食品、粤菜、中医药、交通、养老、物流等 25 个领域，让"一体化"真正走入居民生活。其中，加快基础设施互联互通类 14 项，构建具有国际竞争力的现代化产业体系类 16 项，建设宜居宜业宜游的优质生活圈类 80 项。小到广式月饼、广陈皮、传统凉茶，大到楼宇可持续发展指数、食品冷链应急配送规范，如今都有了统一标准。

在粤港澳三地的共同推动下，今年以来，港澳居民在大湾区内地生活发展不断享受到更加优质便捷的公共服务。"粤澳社保一窗通"投入使用，澳门居民在横琴可跨境办理澳门社会保障服务；粤港互设"跨境通办"服务专窗，两地分别推出首批超过50项"跨境通办"政务服务，进一步提升企业群众跨境办事便捷度；"港澳药械通"政策扩展至深圳、广州、珠海、中山等地的19家指定医疗机构，港人在内地就医更便利；粤港签署扩展《广东院舍照顾服务计划》合作意向书，香港老人可选择到内地养老……

"这些措施让粤港两地居民和企业办理政务服务告别'两地跑、折返跑'，我们都成了受益者。"在广州发展的港人陈志明感慨，这些便捷服务普通民众可及可感，让大湾区互联互通落到了实处。有了这些"软联通"，港澳企业也明显感受到在粤港澳大湾区内地城市的投资和发展更加顺畅。

从基础设施"硬联通"，到规则机制"软联通"，再到湾区居民"心联通"，更加便利的营商环境、更加优质的生活圈，正吸引"八方来客"在粤港澳大湾区学习工作生活、创新创业，有力促进大湾区的高质量发展。"粤港澳大湾区持续打破壁垒，推动规则衔接、要素流通，这对于粤港澳三地协同发展尤为重要。"香港贸易发展局中国内地总代表钟永喜说。

青年成长成才，书写精彩人生——
逐梦舞台加大

在横琴总部大厦8楼的人和启邦显辉（横琴）联营律师事务所内，从澳门律师黄景禧办公桌旁的窗户望去，左面是横琴，右面是澳门，琴澳融合之景尽收眼底。"我现在是琴澳新青年。"黄景禧这样介绍自己。

出身律师家庭的他，不但通过了粤港澳大湾区律师执业考试，取得内地执业资格，还是合作区首批港澳籍仲裁员。"事务所50多人中有10余人是澳门籍律师。"黄景禧说，从横琴回到澳门的家中只需半小时车程，极大地方便了澳门律师来横琴执业。

数据显示，截至目前已有3200多名港澳专业人才在大湾区内地执业，涵盖法律、医疗卫生、建筑规划等领域，累计3500多人通过粤港澳"一试多证"合作项目获得三地技能证书。广东省已开设237个"湾区专窗"，港澳居民在粤参保达34.67万人次，在粤就业创业港澳居民享受同等待遇得到进一步落实。

不仅仅是就业，在大湾区广阔的天地间，创新创业的"沃土"加快形成，为粤港澳三地青年逐梦打造大舞台。

11月8日，深圳前海深港青年梦工场北区（二期）项目正式竣工，粤港澳青年"圆梦加速区"再扩容。从深圳前海深港青年梦工场，到广州南沙粤港澳（国际）青年创新工场，从珠海横琴·澳门青年创业谷，到佛山港澳青年创业孵化基地……一家家创新创业基地，孵化出一个个创业计划的同时，也孵化出一个个大湾区青年的青春梦想。数据显示，珠三角港澳青年创新创业基地已累计孵化港澳项目约4000个、吸纳港澳青年就业约5500人，大湾区成为港澳青年创新创业的热土。

"我们公司在香港成立，现在总部搬到了深圳前海梦工场。这里舒适的办公环境，给我们带来源源不断的创作灵感。"前海主题派对文化（深圳）有限公司创始人周杰说。

如今，越来越多港澳青年认识到，粤港澳大湾区发展潜力巨大，投身大湾区会有更好的发展前景。香港青年联会今年公布的一项调查结果显示，65.5%的受访者认同大湾区对事业发展带来机遇，71.3%愿意到内地工作或发展事业。广东针对港澳青年推出的"百企千人"实习计划、"大湾区职场导师计划"、"澳门青年实习计划"、"大湾区大学生就业实习双选会"等，都受到港澳青年热烈欢迎。

李家超介绍，为帮助香港青年在大湾区创业发展，香港特区政府推出"青年创业资助计划"和"创新创业基地体验资助计划"，已成功培植200多个青年初创团队，其中不少香港青年企业家已落户在大湾区内地城市。接下来，香港特区政府还将成立"大湾区香港青年创新创业基地联盟"，邀请大学、非政府机构、创投基金等加入。

——来源：《人民日报》海外版，2023-12-26

告台湾同胞书

（1979年1月1日）

亲爱的台湾同胞：

今天是1979年元旦。我们代表祖国大陆的各族人民，向诸位同胞致以亲切的问候和衷心的祝贺。昔人有言："每逢佳节倍思亲。"在这欢度新年的时刻，我们更加想念自己的亲骨肉——台湾的父老兄弟姐妹。我们知道，你们也无限怀念祖国和大陆上的亲人。这种绵延了多少岁月的相互思念之情与日俱增。自从1949年台湾同祖国不幸分离以来，我们之间音讯不通，来往断绝，祖国不能统一，亲人无从团聚，民族、国家和人民都受到了巨大的损失。所有中国同胞以及全球华裔，无不盼望早日结束这种令人痛心的局面。

我们中华民族是伟大的民族，占世界人口近四分之一，享有悠久的历史和优秀的文化，对世界文明和人类发展的卓越贡献，举世共认。台湾自古就是中国不可分割的一部分。中华民族是具有强大的生命力和凝聚力的。尽管历史上有过多少次外族入侵和内部纷争，都不曾使我们的民族陷于长久分裂。近30年台湾同祖国的分离，是人为的，是违反我们民族的利益和愿望的，决不能再这样下去了。每一个中国人，不论是生活在台湾的还是生活在大陆上的，都对中华民族的生存、发展和繁荣负有不容推诿的责任。统一祖国这样一个关系全民族前途的重大任务，现在摆在我们大家的面前，谁也不能回避，谁也不应回避。如果我们还不尽快结束目前这种分裂局面，早日实现祖国的统一，我们何以告慰于列祖列宗？何以自解于子孙后代？人同此心，心同此理，凡属黄帝子孙，谁愿成为民族的千古罪人？

近30年来，中国在世界上的地位已发生根本变化。我国国际地位越来越高，国际作用越来越重要。各国人民和政府为了反对霸权主义，维护亚洲和世界的和平稳定，几乎莫不对我们寄予极大期望。每一个中国人都为祖国的日见强盛而感到自豪。我们如果尽快结束目前的分裂局面，把力量合到一起，则所能贡献于人类前途者，自更不可限量。早日实现祖国统一，不仅是全中国人民包括台湾同胞的共同心愿，也是全世界一切爱好和平的人民和国家的共同希望。

今天，实现中国的统一，是人心所向，大势所趋。世界上普遍承认只有一个中国，承认中华人民共和国政府是中国唯一合法的政府。最近中日和平友好条约的签订，和中美两国关系正常化的实现，更可见潮流所至，实非任何人所得而阻止。目前祖国安定团结，形势比以往任何时候都好。在大陆上的各族人民，正在为实现四个现代化的伟大目标而同心戮力。我们殷切期望台湾早日归回祖国，共同发展建国大业。我们的国家领导人已经表示决心，一定要考虑现实情况，完成祖国统一大业，在解决统一问题时尊重台湾现状和台湾各界人士的意见，采取合情合理的政策和办法，不使台湾人民蒙受损失。台湾各界人士也纷纷抒发怀乡思旧之情，诉述"认同回归"之愿，提出种种建议，热烈盼望早日回到祖国的怀抱。时至今日，种种条件都对统一有利，可谓万事俱备，任何人都不应当拂逆民族的意志，违背历史的潮流。

我们寄希望于1700万台湾人民，寄希望于台湾当局。台湾当局一贯坚持一个中国的立场，反对台湾独立。这就是我们共同的立场，合作的基础。我们一贯主张爱国一家。统一祖国，人人有责。希望台湾当局以民族利益为重，对实现祖国统一的事业做出宝贵的贡献。

中国政府已经命令人民解放军从今天起停止对金门等岛屿的炮击。台湾海峡目前仍然存在着双方的军事对峙，这只能制造人为的紧张。我们认为首先应当通过中华人民共和国政府和台湾当局之间的商谈结束这种军事对峙状态，以便为双方的任何一种范围的交往接触创造必要的前提和安全的环境。

由于长期隔绝，大陆和台湾的同胞互不了解，对于双方造成各种不便。远居海外的许多侨胞都能回国观光，与家人团聚。为什么近在咫尺的大陆和台湾的同胞却不能自由来往呢？我们认为，这种藩篱没有理由继续存在。我们希望双方尽快实现通航通邮，以利双方同胞直接接触，互通讯息，探亲访友，旅游参观，进行学术文化体育工艺观摩。

台湾和祖国大陆，在经济上本来是一个整体。这些年来，经济联系不幸中断。现在，祖国的建设正在蓬勃发展，我们希望台湾的经济日趋繁荣。我们相互之间完全应当发展贸易，互通有无，进行经济交流。这是相互的需要，对任何一方都有利而无害。

亲爱的台湾同胞：我们伟大祖国的美好前途，既属于我们，也属于你们。统一祖国，是历史赋予我们这一代人的神圣使命。时代在前进，形势在发展。我们早一天完成这一使命，就可以早一天共同创造我国空前未有的光辉灿烂的历史，而与各先进强国并驾齐驱，共谋世界的和平、繁荣和进步。让我们携起手来，为这一光荣目标共同奋斗！

—— 来源：新华社，2006-02-28

思考题

1. 为什么说"一国两制"是实现祖国和平统一的重要制度？

2. 新时代党解决台湾问题的总体方略是什么？

宋涛发表新年寄语：坚定方向　开拓前行

专 题 十

全面推进中国特色大国外交
推动构建人类命运共同体

在世界坐标系中回首 2023 年，这一年实属不易——世界百年变局仍在加速演进，霸权主义、单边主义、保护主义有所上升；全球经济复苏势头不稳、动能减弱；地区和平和发展面临较大不稳定性和不确定性等。

世界风云变幻，中国高举和平、发展、合作、共赢旗帜，开创中国特色大国外交新局面，在推动构建人类命运共同体的大道上阔步前行。2023 年，在元首外交引领下，中国特色大国外交在国际事务中日益发挥重要和建设性作用。中国与世界携手同行，展现出广交四海宾朋、共行天下大道的大国气度与大国风范。

展望未来，我国发展面临新的战略机遇。新征程上，中国特色大国外交将进入一个可以更有作为的新阶段。

一、2023 年国际形势发展特征

2023 年，国际动荡迹象显著增多，凸显百年未有之大变局加速演进，但和平与发展仍是时代主题，各国人民求进步、谋合作意愿更加强烈。

（一）国际格局加速调整，发展中国家和发达国家之间力量对比进一步改善

国际格局，即在某个时期国际力量的分布结构。在以往很长时期内，发展中国家和发达国家之间实力悬殊，国际力量对比严重失衡。近些年来，这种失衡局面逐渐改善。2023 年，"东升西降"态势继续发展。

国际货币基金组织预测，2023 年新兴市场和发展中经济体增速为 4%，发达经济体增

速为 1.5%，前者为后者的两倍多；同年，作为最大的发展中国家和最大的发达国家，中国和美国国内生产总值增速分别为 5.4% 和 2.1%。由此可见，新兴市场和发展中经济体同发达经济体的经济实力差距可望进一步缩小。发达国家实力相对衰弱已洞若观火。

国际力量对比变化不仅体现在经济增速升降上，还体现在国家制度效能、国际影响力等此消彼长。

2023 年，美西方国家制度困境显著加剧，短期内似乎看不到化解途径。民主党和共和党的对立已经白热化。就是在一党内部，譬如共和党内部，分歧也十分尖锐。2022 年年初，麦卡锡经过 15 轮投票才当上众议院议长，只当了 9 个月，就因党派之争和党内之争被迫下台。此外，美国前总统特朗普被刑事起诉、总统拜登正式受到弹劾调查等，在很大程度上都与残酷党争有关。党争还导致美国枪患、芬太尼滥用和种族矛盾等问题久拖不决。

在欧洲，不少国家内部也是纷争不断，撕裂严重，政府治理效能低下，难以高效应对复杂经济和社会问题。作为重要的区域性组织，欧盟在解决扩员、经济不振等问题方面步履维艰，反映其运行机制存在巨大局限。

在国际影响力方面，由于固守冷战思维，煽动意识形态对立，在很多问题上公然实行"双标"，美西方国家发现，越来越多国家不再愿意选边站队，更谈不上追随他们。在已持续近两年的俄乌冲突、2023 年 10 月爆发的巴以新一轮冲突等问题上，很多国家与美西方采取迥然不同的立场。

（二）国际秩序呈新变化，发展中国家在全球治理中作用更大、力量更强

伴随国际格局的演变，国际权力逐渐转移。2023 年，发展中国家越来越多地参与全球治理，对国际秩序的影响力和塑造力进一步增强。

3 月，中国在沙特和伊朗这对中东宿敌之间成功斡旋，促成两国在断交七年后恢复外交关系，举世瞩目。沙伊复交，有力推动了中东和解进程，改写了中东政治版图，促进了该地区团结、和平与合作。

7 月，上海合作组织成员国领导人批准给予伊朗成员国地位。伊朗正式成为上海合作组织成员国，进一步壮大了这个主要由发展中国家构成的组织；8 月，在南非约翰内斯堡举行的金砖国家领导人第十五次会晤期间，金砖合作机制实现历史性扩员，沙特、埃及、阿联酋、阿根廷、伊朗、埃塞俄比亚获邀加入金砖大家庭；9 月，二十国集团成员在印度新德里举行的峰会上达成一致，邀请非洲联盟（非盟）成为正式成员。非盟成为继欧盟后

二十国集团的又一个区域组织成员，有助于非洲在世界舞台更加响亮地发出"非洲声音"。

随着发展中国家越来越多地参与全球治理，并对国际秩序的影响力日益增强，西方国家近年来频繁鼓噪所谓"基于规则的国际秩序"。但"基于规则的国际秩序"的核心并不是联合国的规则，而是能够确保西方利益的规则，本质上是霸权规则，是"只许我赢，不许你赢"的单边主义规则。相反，对于联合国规则，西方国家一直以"实用主义"为圭臬，合则用，不合则废。

（三）威胁国际安全的因素增多，地缘政治博弈加剧

在欧洲东部，美西方同俄罗斯围绕乌克兰危机的博弈依然非常激烈。虽然乌克兰军队在战场上迟迟不能取得重大反攻成果，西方国家民众在一定程度上出现"乌克兰疲劳症"，但这些国家的执政势力并不甘心对俄示弱和让步，仍继续向乌提供经济、军事和外交支持，目的就是要把同俄罗斯争夺地缘优势的斗争进行到底。

在东北亚，美日韩领导人于 2023 年 8 月 18 日在美国马里兰州戴维营举行会谈，这是三国领导人首次在国际会议以外场合单独举行三方会谈。美国牵头这一会谈，主要是想拼凑美日韩军事同盟，打造地缘政治"小圈子"，谋求军事优势的意图昭然若揭。这一事态加剧了东北亚军事对立，损害了地区战略安全。

在南海地区，美西方国家继续煽风点火，挑拨地区国家与中国的关系，为其地缘政治战略服务。除怂恿菲律宾不断在中国南沙群岛仁爱礁海域侵权挑衅外，美国还伙同其盟友在南海周边部署军力，多次举行军演，以所谓"安全承诺"向菲方释放错误信号。

全球战略平衡与稳定进一步下降。继 2019 年 8 月《中导条约》因美国退出而失效后，2023 年 2 月俄罗斯总统普京签署关于俄暂停履行《新削减战略武器条约》的法律，该条约旨在限制美俄保有的核弹头数量。俄方对此举的解释是，美国破坏了该条约维持各方战略进攻武器平衡的目标，特别是北约成员国英国和法国也把战略进攻武器对准俄罗斯。作为俄美之间仅存的唯一军控条约，该条约的暂停履行对推进核裁军进程、维护全球战略平衡与稳定带来了消极影响。

一些地区发生政变或武装冲突，陷入严重动荡不安。2023 年 4 月，苏丹首都喀土穆爆发激烈冲突，苏丹武装部队和苏丹快速支援部队为争夺权力发生交火，冲突造成至少3000 多人死亡、6000 多人受伤，大量人员逃离家园。7 月和 8 月，位于西非的尼日尔和位于中非的加蓬接连发生政变，12 月西非的几内亚比绍又发生未遂政变。政变发生后，这些国家不同程度上陷入混乱，影响了社会稳定。最令全世界震惊的是，2023 年 10 月，哈

马斯和以色列在加沙地带发生严重武装冲突，酿成十分罕见的人道主义灾难。

2023 年，一些国家还发生重大自然灾害。南部靠近叙利亚的边境地区 2 月 6 日发生强烈地震，导致约 4.84 万人遇难，数百万民众无家可归。9 月 8 日，摩洛哥发生强烈地震，造成 2900 余人死亡，5000 余人受伤。两次大地震造成巨大人员伤亡和财产损失。10 月下旬，"非洲之角"地区进入雨季后，肯尼亚、索马里和埃塞俄比亚遭遇持续暴雨并引发洪灾。洪水导致索马里数百万人受灾并陷入极度饥饿状态。

（四）经济全球化面临新考验，世界经济"碎片化"迹象增多，同时区域经济一体化有所增强

在国际货币基金组织发布的最新《世界经济展望》报告中，"碎片化"一词被提到不下 172 次，而在 5 年前，这个词只被提到一次。这表明，世界经济"碎片化"现象已引起这个重要的国际经济组织的高度关注。这份报告指出，如果各国分裂成只在彼此之间开展贸易的集团，可能会让全球全年国内生产总值减少多达 7%。

世界经济"碎片化"现象与经济全球化大潮背道而驰。2023 年，美国出于维护本国霸权、遏制中国发展的战略考虑，大搞所谓"近岸外包"和"友岸外包"，寻求供应链"去中国化"，人为割裂全球产供链，破坏了国际市场规则和经济秩序，也给包括中美两国在内的各国企业带来运营困难和经济损失。美国对华直接投资已从 2008 年峰值时的 209 亿美元降至 2022 年的 82 亿美元，未来将会继续下降。

与此同时，经济全球化发展也有积极一面。2023 年，在亚洲，《区域全面经济伙伴关系协定》对 15 个签署国全面生效，区域内 90% 以上货物贸易将逐步实现零关税，进一步推动亚太地区贸易投资自由化和便利化。此外，中国—东盟自贸区 3.0 版谈判已经启动，有望进一步降低关税和非关税壁垒，提升贸易投资自由化便利化水平，进一步推动区域经济一体化。

在拉美，巴西政府宣布重返拉美和加勒比国家共同体（拉共体），巴西和阿根廷还研究发起南美洲共同货币、宣布重返南美洲国家联盟。非洲大陆自贸区 2021 年启动以来，非洲经济一体化进程在 2023 年又取得新进展，可望为非洲带来巨大发展机遇。到 2035 年非洲国家有望新增 1800 万个就业岗位，帮助 5000 万人摆脱极端贫困。

2023 年世界之变昭示：这是一个充满挑战的时代，也是一个充满希望的时代。

二、习近平主席擘画引领中国特色大国外交扎实推进

2023 年是全面贯彻党的二十大精神的开局之年。这一年，在以习近平同志为核心的党中央坚强领导下，14 亿多中国人民沿着中国式现代化道路阔步向前，全面建设社会主义现代化国家迈出坚实步伐。

2023 年，习近平主席提出构建人类命运共同体理念 10 周年。10 年来，构建人类命运共同体从中国倡议扩大为国际共识，从美好愿景转化为丰富实践，从理念主张发展为科学体系，成为引领时代前进的光辉旗帜。

2023 年，习近平主席亲自擘画引领，中国特色大国外交扎实推进。在推动构建人类命运共同体的崇高目标下，中国特色大国外交为实现中华民族伟大复兴营造主动有利的外部环境，为推动世界和平与发展的进步事业作出更多更大贡献。

（一）推动构建和平共处、总体稳定、均衡发展的大国关系格局

世界进入新的动荡变革期，大国关系发生新的深刻变化。2023 年，中国始终保持战略定力，全面运筹同各方关系，推动构建和平共处、总体稳定、均衡发展的大国关系格局。

1. 中俄关系——不断丰富中俄新时代全面战略协作伙伴关系内涵

当地时间 3 月 20 日，习近平主席乘专机抵达莫斯科。这是习近平同志再次当选国家主席后的首次出访。作为最大邻国和全面战略协作伙伴，中俄关系在各自外交全局和对外政策中都占据优先地位。当前国际形势下，中俄关系如何发展关乎全球战略稳定与安全，关乎未来世界格局演变。

两国元首共同签署《中俄关于深化新时代全面战略协作伙伴关系的联合声明》和《2030 年前中俄经济合作重点方向发展规划的联合声明》，对下阶段两国关系发展和各领域合作作出规划和部署。双方重申在涉及彼此核心利益问题上继续相互支持，共同抵御外部势力干涉内政图谋。中俄双方共同努力，不断丰富中俄新时代全面战略协作伙伴关系内涵，必将为两国发展振兴注入更强动力，为推动构建人类命运共同体作出更大贡献。

2. 中美关系——相互尊重、和平共处、合作共赢

当地时间 11 月 15 日，美国旧金山斐洛里庄园见证大国关系史上又一个重要时刻。在全世界的关注下，中美元首会晤在这里举行。习近平主席深刻阐释了中国式现代化的本质特征和内涵意义，以及中国的发展前景和战略意图，指出中国的发展有自身的逻辑和规律，中国正在以中国式现代化全面推进中华民族伟大复兴，中国不走殖民掠夺的老路，不

走国强必霸的歪路，也不搞意识形态输出。习近平主席的话语意涵深刻。近年来，中美关系遭遇严重困难，根源在于美方抱持冷战和零和思维，将中国视为最主要竞争对手和最重大地缘政治挑战，实施全方位的遏制、围堵、打压。厘清认知谬误，行动才不会走偏。中美历史文化、社会制度不同，但不打交道是不行的，想改变对方是不切实际的，冲突对抗更是谁都无法承受的。正确的做法是坚持相互尊重、和平共处、合作共赢，找到新时代中美正确相处之道。

在美国友好团体联合欢迎宴会上，习近平主席发表重要演讲指出，"中国愿意同美国做伙伴、做朋友。我们处理中美关系的根本遵循就是相互尊重、和平共处、合作共赢。"历史和现实共同表明，中美合作造福两国，惠及世界。旧金山会晤中，习近平主席高屋建瓴地指出，中美要共同树立正确认知，共同有效管控分歧，共同推进互利合作，共同承担大国责任，共同促进人文交流。"五个共同"为中美关系的稳定发展浇筑起五根支柱，开辟了中美关系面向未来的新愿景。在历史关头，中美元首旧金山会晤取得重要成果，为实现中美关系健康、稳定、可持续发展指明了方向，规划了蓝图，为动荡变革的世界注入确定性、提升稳定性。

3. 中欧关系——全面复苏、稳中向上

中欧关系关乎亚欧大陆繁荣和世界格局稳定，需要双方共同维护好、发展好。从2023年4月同来华进行国事访问的法国总统马克龙举行会谈、在广东省广州市松园同马克龙总统举行非正式会晤，同马克龙总统、欧盟委员会主席冯德莱恩举行中法欧三方会晤，到11月同德国总理朔尔茨举行视频会晤，再到12月会见欧洲理事会主席米歇尔和欧盟委员会主席冯德莱恩，习近平主席同欧方领导人就中欧关系中的战略性、全球性议题深入交流，为中欧关系指方向、画蓝图、提信心、增动力。

一年来，中欧关系呈现全面复苏和稳中向上的良好态势，这再度表明中欧是伙伴不是对手，双方共同利益远大于分歧。中欧经济具有高度互补性，双方以更深入、更广泛合作拉紧中欧利益共同体的纽带，将为双方发展增添动力，有助于双方更好应对各自发展面临的挑战。中国正在推进高质量发展和高水平开放，愿将欧盟作为经贸合作的关键伙伴、科技合作的优先伙伴、产业链供应链合作的可信伙伴，追求互利共赢，实现共同发展。作为推动多极化的两大力量、支持全球化的两大市场、倡导多样性的两大文明，中欧坚持做互利合作的伙伴，将为世界和平、稳定、繁荣注入强大正能量。

促进大国协调和良性互动，中国意志坚定、步履从容。世界看到中国的清醒与定力、

自信与智慧，也看到对历史、对人民、对世界负责的大国格局与担当。

（二）弘扬亲诚惠容理念，坚定不移走长期睦邻友好、共同发展繁荣的正确道路

当前，亚洲面临前所未有的机遇和挑战，推进地区合作需要有新担当、新作为。中国坚持将周边视为安身立命之所、发展繁荣之基，始终将周边置于外交全局首要位置。一年来，中国坚定不移促进地区和平稳定与发展繁荣，既为自身发展创造良好周边环境，也让中国式现代化更多惠及周边，共同推进亚洲现代化进程，使中国高质量发展与良好周边环境相互促进、相得益彰。

"中国将继续践行亲诚惠容理念，同地区国家携手构建和平安宁、繁荣美丽、友好共生的亚洲家园，共同谱写推动构建亚洲命运共同体和人类命运共同体的新篇章！" 2023年10月24日，习近平主席向纪念亲诚惠容周边外交理念提出10周年国际研讨会发表书面致辞，总结中国积极践行亲诚惠容理念的丰硕成果，阐明亲诚惠容理念的新内涵、新发展，擘画中国同周边国家共同发展的新愿景，为新形势下全面发展中国同周边国家关系提供了科学指引。

1. 中国—中亚峰会的成功举办

2023年5月，古都西安，中国—中亚峰会的成功举办，树立起中国—中亚关系史上一座新的历史丰碑。

习近平主席主持峰会并发表主旨讲话，指出世界需要一个稳定、繁荣、和谐、联通的中亚，建设中国—中亚命运共同体要做到坚持守望相助、坚持共同发展、坚持普遍安全、坚持世代友好，强调将中国—中亚合作规划好、建设好、发展好需要加强机制建设、拓展经贸关系、深化互联互通、扩大能源合作、推进绿色创新、提升发展能力、加强文明对话、维护地区和平。这是新时代以来，中国最高领导人首次完整、集中、系统地向国际社会阐述对中亚外交政策，得到了中亚各国元首的高度赞同和热烈响应，也为构建更加紧密的中国—中亚命运共同体提供了根本遵循和行动指南。中国同中亚五国达成包括《中国—中亚峰会西安宣言》《中国—中亚峰会成果清单》等在内的7份双多边文件，签署了100余份各领域合作协议，成果之丰、内容之实、影响之大前所未有。

《中国—中亚峰会西安宣言》宣布携手构建更加紧密的中国—中亚命运共同体；继哈萨克斯坦、乌兹别克斯坦、土库曼斯坦三国后，中国同吉尔吉斯斯坦、塔吉克斯坦两国也宣布在双边层面构建命运共同体，实现命运共同体在中亚的全覆盖。这是命运共同体理念首次在地区多边和双边层面全落地，为中国—中亚关系提质升级、合作换挡提速提供了战

略引领，进一步彰显了六国在更高水平、更高标准、更高质量上开展合作的意志和决心。

2. 中越构建具有战略意义的命运共同体

"同志加兄弟"，中国和越南有着特殊的深厚情谊。2023年12月，习近平总书记对越南进行国事访问。习近平总书记同阮富仲总书记进行长时间深入战略沟通，就治党治国经验开展同志式的谈心交流。两位总书记为新形势下的中越关系确立了"六个更"目标，即政治互信更高、安全合作更实、务实合作更深、民意基础更牢、多边协调配合更紧、分歧管控解决更好。两位总书记确定了两党两国关系的新定位，宣布在深化中越全面战略合作伙伴关系基础上，携手构建具有战略意义的中越命运共同体。这是从中越关系长远发展大局和世界社会主义力量团结的战略全局出发作出的重大历史性决策。

中越构建具有战略意义的命运共同体，标志着中国同中南半岛国家在双边和澜湄合作多边层面实现了命运共同体建设全覆盖，是周边命运共同体建设取得的重要实质性进展，也是推动构建人类命运共同体迈出的又一重要步伐。

（三）中国始终同其他发展中国家同呼吸、共命运

一段时间以来，国际社会有关"全球南方"的讨论增多。"全球南方"是新兴市场国家和发展中国家的集合体，体现了新兴市场国家和发展中国家在国际舞台上的群体性崛起。有关讨论反映出新兴市场国家和发展中国家追求独立自主、团结合作的意愿日益强烈，越来越成为国际格局中一支不可忽视的力量。

"作为发展中国家、'全球南方'的一员，我们始终同其他发展中国家同呼吸、共命运，坚定维护发展中国家共同利益，推动增加新兴市场国家和发展中国家在全球事务中的代表性和发言权。"习近平主席的铿锵话语，表明中国致力于加强同新兴市场国家和发展中国家团结合作的鲜明立场。

非洲，发展中国家最集中的大陆。2023年8月下旬，习近平主席赴南非出席金砖国家领导人第十五次会晤并对南非进行国事访问。此访立足金砖，放眼非洲和世界，传承中非传统友好，汇聚南南合作新共识，增添和平发展正能量。这次具有战略意义的访问，反映出新兴市场国家和发展中国家推动建设公正合理全球治理体系的努力取得重大进展。

出席金砖国家领导人第十五次会晤，推动金砖合作机制实现历史性扩员；出席"金砖+"领导人对话会，携手各方构建发展共同体；访问南非，两国元首一致同意携手构建高水平中南命运共同体；出席中非领导人对话会，提出中国助力非洲一体化和现代化事业发展的新举措……两天半时间，近30场双多边活动，中国同发展中国家的友好合作关系进一步

巩固。

中国以行动诠释承诺，是国际风云变幻中推动全球南方国家联合自强、合作共赢的关键力量。2023年，中国与洪都拉斯建立外交关系，同十几个国家建立或提升伙伴关系，不断深化拓展平等、开放、合作的全球伙伴关系网络。

中国积极推动金砖扩员，进一步汇聚金砖力量，提升全球南方国家在全球治理中的代表性和发言权。习近平主席深刻阐述金砖扩员的意义："这次扩员是历史性的，体现了金砖国家同发展中国家团结合作的决心，符合国际社会期待，符合新兴市场国家和发展中国家共同利益。这次扩员也是金砖合作的新起点，将给金砖合作机制注入新活力，进一步壮大世界和平和发展的力量。"

中国推动上海合作组织牢记初心使命，坚持团结协作，为维护世界和平与发展注入更多确定性和正能量。"把牢正确方向，增进团结互信""维护地区和平，保障共同安全""聚焦务实合作，加快经济复苏""加强交流互鉴，促进民心相通""践行多边主义，完善全球治理"，习近平主席提出的重要建议，为上海合作组织在新形势下团结发展凝聚共识、指明方向、注入动力。

中国在亚太经合组织提出要坚持创新驱动、坚持开放导向、坚持绿色发展、坚持普惠共享，以高质量增长推动构建亚太命运共同体，让各国人民共享现代化建设成果。"我多次讲，大家一起发展才是真发展。我们要全面落实联合国2030年可持续发展议程，推动发展问题重回国际议程中心位置，深化发展战略对接，共同解决全球发展赤字。"习近平主席道出中国推动构建全球发展共同体、让各国人民共享现代化建设成果的真诚愿望。

中国支持非盟加入二十国集团，坚定支持非洲提升国际地位和话语权。习近平主席2022年11月在二十国集团峰会期间强调，中方积极支持非盟加入二十国集团倡议。在2023年8月举行的中非领导人对话会上，习近平主席再次强调，中方支持非盟加入二十国集团。非盟加入二十国集团，是属于"全球南方"的高光时刻，生动展现中非友好合作精神，彰显推动完善全球治理的中国担当。

"中国是全天候的朋友，更是在我们遇到困难时可以依靠的朋友""非洲人民向往中国，非洲各国都希望和中国朋友合作""感谢中国，让我们共同繁荣，我们的友谊一定会像河流一样生生不息""中国始终尊重我们，我们也坚定支持中国"……一个始终同广大发展中国家同呼吸、共命运的中国，在通往现代化的道路上朋友遍天下。

（四）共建"一带一路"取得丰硕成果

共建"一带一路"是构建人类命运共同体的重大实践。金秋十月，来自 151 个国家和 41 个国际组织的代表齐聚北京，参加第三届"一带一路"国际合作高峰论坛。这是 2023 年中国最重要的主场外交，也是"一带一路"倡议 10 周年最隆重的活动。

10 年来，各方坚守初心、携手同行，推动"一带一路"国际合作从无到有，蓬勃发展，取得丰硕成果。共建"一带一路"坚持共商共建共享，跨越不同文明、文化、社会制度、发展阶段差异，开辟了各国交往的新路径，搭建起国际合作的新框架，汇集着人类共同发展的最大公约数。

在本届高峰论坛开幕式上，习近平主席首次围绕世界现代化深入阐释中国主张："我们追求的不是中国独善其身的现代化，而是期待同广大发展中国家在内的各国一道，共同实现现代化。世界现代化应该是和平发展的现代化、互利合作的现代化、共同繁荣的现代化。"这一重要论断同构建人类命运共同体的理念一脉相承，提出了携手实现世界现代化的宏伟愿景，是对世界现代化理论的重大创新。

推动实现和平发展、互利合作、共同繁荣的世界现代化，中国是坚定不移的行动派。共建"一带一路"，这个当今时代最受欢迎的国际公共产品和范围最广、规模最大的国际合作平台，正是中国以中国式现代化推动实现世界现代化的具体行动。

在本届高峰论坛开幕式上，习近平主席宣布中国支持高质量共建"一带一路"的八项行动，即构建"一带一路"立体互联互通网络、支持建设开放型世界经济、开展务实合作、促进绿色发展、推动科技创新、支持民间交往、建设廉洁之路、完善"一带一路"国际合作机制。八项行动既有具体目标，也有重要合作倡议和制度性安排，为共同开创繁荣发展前景注入了信心和力量。

一年来，在遍布全球的共建"一带一路"合作现场，新的合作成果不断涌现，新的发展动力不断迸发。共建"一带一路"这一世纪工程，正不断帮助共建国家打破发展瓶颈，为各国共同走向现代化带来新机遇。第三届"一带一路"国际合作高峰论坛形成的 458 项成果均在推进落实中。联合国秘书长古特雷斯表示，在共建"一带一路"倡议推动下，各国加速落实可持续发展目标，"为数十亿民众以及我们共享的地球带来希望和进步"。

共建"一带一路"不断结出丰硕成果，让"中国好，世界会更好"的发展逻辑在国际社会更加深入人心。尽管国际形势纷繁复杂，中国始终强调发展是发展中国家的第一要务，始终主张国际社会将发展作为优先任务。2023 年，中国经济持续回升向好，增速在全球主要经济体中保持领先。以高质量发展推进中国式现代化，以高水平对外开放推动世界共同发展，中国不断为世界经济复苏增添动能，为全球发展合作汇聚力量。"下一个'中国'，还是中国"，道出了国际社会对中国发展前景的坚定信心。

（五）营造公道正义、共建共享的国际安全格局

和平犹如空气和阳光，受益而不觉，失之则难存。一年多来，乌克兰危机延宕不止，巴以冲突再度爆发，个别大国企图强推零和博弈、阵营对抗，气候变化、网络安全、人工智能安全等一系列非传统安全问题更趋突出。没有和平稳定的外部环境，任何一个国家都难以实现发展。

弥补和平赤字、安全赤字，世界需要的是正确安全理念和负责任行动。2022 年 4 月，习近平主席郑重提出全球安全倡议，坚持共同、综合、合作、可持续的安全观，倡导走出一条对话而不对抗、结伴而不结盟、共赢而非零和的新型安全之路。一年多来，中国携手国际社会积极践行全球安全倡议，倡导以对话弥合分歧、以合作化解争端，坚决反对一切形式的霸权主义和强权政治，主张以团结精神和共赢思维应对复杂交织的安全挑战，营造公道正义、共建共享的安全格局。

2023 年 3 月 10 日，沙特和伊朗北京对话取得重大成果，双方同意恢复外交关系。4 月 6 日，沙伊两国外长在北京举行会晤，在中方见证下，沙伊双方签署联合声明，宣布即日起恢复外交关系。"这是一个轰动事件""震惊了外交世界""'北京协议'具有历史意义""中国奠定了新的里程碑"……这场举世瞩目的斡旋外交，鼓舞了中东地区的和解潮流，为各国通过对话协商解决矛盾提供了重要典范，是落实全球安全倡议的一次成功实践。

乌克兰危机持续延宕，对欧洲乃至全球和平稳定形成冲击。习近平主席提出"四个应该""四个共同""三点思考"，为推动政治解决危机指明方向。访问俄罗斯期间，习近平主席同普京总统就乌克兰问题深入交换意见，强调"越是困难重重，越要为和平留下空间；越是矛盾尖锐，越不能放弃对话努力"。普京总统主动谈到中国发布的《关于政治解决乌克兰危机的中国立场》文件，表示俄方"认真研究了中方关于政治解决乌克兰问题的立场文件，对和谈持开放态度，欢迎中方为此发挥建设性作用"。应约同乌克兰总统泽连斯基通电话时，习近平主席指出，在乌克兰危机问题上，中方始终站在和平一边，核心立场就是劝和促谈。为和平发声、为和谈尽力，中国担当赢得国际社会广泛认同和支持。

2023 年 10 月，巴以爆发新一轮冲突，不断升级的局势牵动全球视线，大规模平民伤

亡和日益严重的人道主义危机考验人类良知。关键时刻，中方坚定站在和平一边，站在公道一边，站在国际法一边，站在大多数国家的共同愿望一边，站在人类良知一边。习近平主席出席金砖国家领导人巴以问题特别视频峰会并发表重要讲话，重点阐释了中方关于巴以问题的立场主张，指出当务之急是立即停火止战、保障人道主义救援通道安全畅通、防止冲突扩大，强调解决巴以冲突循环往复的根本出路是落实"两国方案"。中国担任联合国安理会 11 月轮值主席期间，发布《中国关于解决巴以冲突的立场文件》，推动安理会就巴以问题通过 2016 年底以来也是本轮巴以冲突以来首份决议。兼顾当前和长远，中国方案为有效解决巴以问题明确方向。国际社会高度评价中方在巴勒斯坦问题上长期秉持公正立场，高度赞赏中国为保护平民、缓和局势、重启和谈、实现和平付出的艰辛努力。

2023 年，面对各类非传统安全威胁，中国始终致力于推动国际合作，加强全球安全治理。中美元首旧金山会晤期间，双方就在应对气候变化领域加强合作达成共识，有力提振全球应对气候变化的信心。《联合国气候变化框架公约》第二十八次缔约方大会上，中国全面深入参与各议题磋商，与主席国及其他各方密切协调，坚定维护发展中国家共同利益，并就谈判关键问题提供解决方案，推动各方聚同化异，为会议取得积极成果作出重要贡献。着眼推动加强全球人工智能治理，习近平主席宣布中方提出全球人工智能治理倡议。倡议围绕人工智能发展、安全、治理三方面系统清晰地阐述了中国路径和中国方案，就各方普遍关切的人工智能发展与治理问题提供了建设性解决思路，为相关国际讨论和规则制定提供了蓝本。

中华文明具有突出的和平性，从根本上决定了中国始终是世界和平的建设者、全球发展的贡献者、国际秩序的维护者。今天，越来越多国家认识到，中国实现现代化是世界和平力量的增长，是国际正义力量的壮大。

（六）以开放的胸怀推动不同文明交流互鉴

在各国前途命运紧密相连的今天，不同文明包容共存、交流互鉴，在推动人类社会现代化进程、繁荣世界文明百花园中具有不可替代的作用。

2023 年 3 月，全球 150 多个国家 500 多个政党和政治组织的领导人"云"聚中国共产党与世界政党高层对话会。中共中央总书记、国家主席习近平出席并发表主旨讲话，郑重提出全球文明倡议，系统阐释推动不同文明包容共存、交流互鉴的中国方案，强调要共同倡导尊重世界文明多样性、共同倡导弘扬全人类共同价值、共同倡导重视文明传承和创新、共同倡导加强国际人文交流合作。全球文明倡议意蕴深刻、内涵丰富、体系完整，是对当今各国推动文明发展进步、共同构建人类命运共同体时代潮流的真挚响应，是继全球发展倡议、全球安全倡议后，新时代中国为国际社会提供的又一重要公共产品。

全球文明倡议强调坚持文明平等、互鉴、对话、包容，以文明交流超越文明隔阂、文明互鉴超越文明冲突、文明包容超越文明优越，具有鲜明的创新性和独特的时代价值，一经提出就引发国际社会积极反响。

中国不仅是全球文明倡议的提出者，更是积极践行者。一年多来，习近平主席念兹在兹、亲力亲为，促进中国同世界各国人民相知相亲。一封封真挚信函从北京发出，送到了匈牙利青少年、中亚留学生、孟加拉国儿童、南非德班理工大学师生的手中；一句句亲切话语饱含深情，直达希腊学者、阿拉伯艺术家、比利时友好人士、美国友人、古巴科学家的心里。中国发展高层论坛 2023 年年会、"中国式现代化与世界"蓝厅论坛、亚洲文化遗产保护联盟大会、第三届文明交流互鉴对话会暨首届世界汉学家大会、2023 年"读懂中国"国际会议（广州）、首届"良渚论坛"、"2023 从都国际论坛"……习近平主席通过贺信向国际人士讲述中华文明、介绍中国式现代化，倡导践行全球文明倡议，为推动构建人类命运共同体注入深厚持久的文化力量。

中国式现代化作为人类文明新形态，与全球其他文明相互借鉴，极大丰富了世界文明百花园。习近平总书记指出，"中国共产党将致力于推动文明交流互鉴，促进人类文明进步。"人类社会创造的各种文明，都闪烁着璀璨光芒，为各国现代化积蓄了厚重底蕴、赋予了鲜明特质，并跨越时空、超越国界，共同为人类社会现代化进程作出了重要贡献。

一年多来，中国共产党同各国政党交流互鉴现代化建设经验，帮助各方认识和理解中国式现代化的文明根基和生动实践，凝聚加强合作、共创未来的信心与共识。柬埔寨、阿尔及利亚、巴拿马、哥伦比亚等多国干部考察团深入了解中国共产党治国理政经验，为本国发展振兴探寻启示借鉴。各方从中国实践中进一步认识到，现代化道路没有固定模式，每个国家都应探索符合自身国情的现代化道路。

溯历史的源头才能理解现实的世界，循文化的根基才能辨识当今的中国，有文明的互鉴才能实现共同的进步。中华民族是一个兼收并蓄、海纳百川的民族，中华文明具有突出的包容性。坚持走中国式现代化道路的中国以开放胸怀推动不同文明交流互鉴，携手各方共同促进人类文明进步。

三、努力开创中国特色大国外交新局面

2023 年 12 月底，中央外事工作会议在北京召开。习近平总书记发表重要讲话，全面总结新时代中国特色大国外交的历史性成就和宝贵经验，深刻阐述新征程对外工作面临的国际环境和肩负的历史使命，对当前和今后一个时期的对外工作作出全面部署。

这次会议明确了推动构建人类命运共同体这一外交工作主线，确立了中国特色大国外交要追求的崇高目标，形成了新征程上中国外交战略的顶层设计。

会议从十个方面总结了新时代对外工作取得的历史性成就，包括：创立和发展了习近平外交思想，彰显了我国外交鲜明的中国特色、中国风格、中国气派，倡导构建人类命运共同体，创建了以元首外交战略引领的外交新模式，推动构建和平共处、总体稳定、均衡发展的大国关系格局，形成了范围广、质量高的全球伙伴关系网络，推动高质量共建"一带一路"，有效维护国家主权、安全、发展利益，引领国际体系和秩序变革方向，加强党中央集中统一领导。

在总结新时代中国外交历史性成就的基础上，会议概括了对外工作"六个必须"的新经验、新认识，即必须做到坚持原则、必须体现大国担当、必须树立系统观念、必须坚持守正创新、必须发扬斗争精神、必须发挥制度优势。

会议对未来我国发展的战略环境作出重要判断，指出世界大变局加速演进，世界之变、时代之变、历史之变正以前所未有的方式展开，世界进入新的动荡变革期，但人类发展进步的大方向不会改变，世界历史曲折前进的大逻辑不会改变，国际社会命运与共的大趋势不会改变。

会议对构建人类命运共同体十年来的丰富实践进行了系统阐述、全面概括，明确了构建人类命运共同体作为一个科学体系的"四梁八柱"，那就是：以建设持久和平、普遍安全、共同繁荣、开放包容、清洁美丽的世界为努力目标，以推动共商共建共享的全球治理为实现路径，以践行全人类共同价值为普遍遵循，以推动构建新型国际关系为基本支撑，以落实全球发展倡议、全球安全倡议、全球文明倡议为战略引领，以高质量共建"一带一路"为实践平台，推动各国携手应对挑战、实现共同繁荣，形成了新征程上中国外交战略的顶层设计。

展望未来，我国发展面临新的战略机遇。新征程上，中国特色大国外交将进入一个可以更有作为的新阶段。我们要锚定实现中国式现代化，以习近平外交思想为指导，高举构

建人类命运共同体的伟大旗帜，开拓进取、砥砺前行，努力开创中国特色大国外交新局面。

（一）构建人类命运共同体是新时代中国特色大国外交追求的崇高目标

"大道之行也，天下为公。"中央外事工作会议指出，构建人类命运共同体，"是新时代中国特色大国外交追求的崇高目标"。这一重要论述，突显了中国共产党人的历史自觉、国际视野和世界关怀，紧紧地把中国人民的幸福与世界人民的幸福连接在一起。

构建人类命运共同体体现了中国共产党人的世界观、秩序观、价值观。从世界观看，推动构建人类命运共同体，不是以一种制度代替另一种制度，不是以一种文明代替另一种文明，而是不同社会制度、不同意识形态、不同历史文化、不同发展水平的国家在国际事务中利益共生、权利共享、责任共担，体现了中国共产党人的世界眼光、天下胸怀、人类情怀。从秩序观看，推动构建人类命运共同体，要坚定维护以联合国为核心的国际体系、以国际法为基础的国际秩序、以联合国宪章宗旨和原则为基础的国际关系基本准则，体现了中国共产党人坚持多边主义的核心价值和基本原则。从价值观看，人类命运共同体不仅是利益共同体，也是价值共同体，不仅强调世界的差异性和多样性，而且追求世界的统一性，体现的是一种"和而不同"的价值追求。

构建人类命运共同体顺应了各国人民的普遍愿望。实现共同发展进步是各国人民共同心愿。构建人类命运共同体这一重要理念，超越了零和博弈、强权政治、冷战对抗的各种陈旧思维，画出了不同文化背景和发展程度国家之间的最大同心圆，为各国人民实现美好生活期待提供了新理念新途径。现今，人类命运共同体理念已经得到国际社会的广泛认同，被多次写入联合国文件，正在从理念转化为行动，产生日益广泛而深远的影响，对促进全球治理体系变革与引领人类文明进步发挥着重要作用。

构建人类命运共同体指明了世界文明进步的方向。当前，世界大变局加速演进，世界之变、时代之变、历史之变正以前所未有的方式展开，但人类发展进步的大方向不会改变，世界历史曲折前进的大逻辑不会改变，国际社会命运与共的大趋势不会改变。正是基于这样宽广视野和理性判断，人类命运共同体理念揭示了世界各国相互依存以及人类命运紧密相连的客观现实和发展规律，指明了人类社会共同发展、长治久安、文明互鉴的正确方向，为充满不确定性的国际局势提供巨大的稳定性。

（二）构建人类命运共同体是对建设一个更加美好世界的中国方案

当前，世界进入新的动荡变革期，人类又一次站在了十字路口。构建人类命运共同体，正是对"人类社会向何处去"这一时代命题的深邃思考，是对建设一个更加美好世界给出的中国方案。

以建设持久和平、普遍安全、共同繁荣、开放包容、清洁美丽的世界为努力目标。从"五位一体"总体框架到"五个世界"总目标，人类命运共同体理念实现了历史视野的再拓展、思想内涵的再深化，为人类未来锚定了更明确的目标、描绘了更清晰的图景。坚持对话协商，建设一个持久和平的世界，就是告别战争之剑，永铸和平之犁；坚持共建共享，建设一个普遍安全的世界，就是告别绝对安全，实现安危与共；坚持合作共赢，建设一个共同繁荣的世界，就是告别赢者通吃，共享发展成果；坚持交流互鉴，建设一个开放包容的世界，就是告别文明优越，实现美美与共；坚持绿色低碳，建设一个清洁美丽的世界，就是告别竭泽而渔，永享绿水青山。

以推动共商共建共享的全球治理为实现路径。"共商"强调各国共同协商、深化交流，共同协商解决国际政治纷争与经济矛盾；"共建"强调各国共同参与、合作共建，分享发展机遇，扩大共同利益，从而形成互利共赢的利益共同体；"共享"强调各国平等发展、共同分享，让世界上每个国家及其人民都享有平等的发展机会，共同分享世界经济发展成果。

以践行全人类共同价值为普遍遵循。和平、发展、公平、正义、民主、自由，是全人类的共同价值。全人类共同价值，为世界各国在价值观和意识形态领域超越差异分歧、实现文明交流互鉴提供了思想支撑，为构建人类命运共同体提供了价值引领。

以推动构建新型国际关系为基本支撑。新型国际关系之所以新，在于走出了一条国与国交往的新道路，开辟了不同文明、不同制度国家和平共处、共同发展的世界历史新篇章，为构建人类命运共同体创造了条件。构建新型国际关系，要秉持相互尊重、公平正义、合作共赢原则，深化拓展平等、开放、合作的全球伙伴关系，促进大国协调和良性互动，推动构建和平共处、总体稳定、均衡发展的大国关系格局；坚持亲诚惠容和与邻为善、以邻为伴周边外交方针，深化同周边国家友好互信和利益融合；秉持真实亲诚理念和正确义利观加强同发展中国家团结合作，维护发展中国家共同利益。

以落实全球发展倡议、全球安全倡议、全球文明倡议为战略引领。全球发展倡议发出了聚焦发展、重振合作的时代强音，倡导共建团结、平等、均衡、普惠的全球发展伙伴关系。全球安全倡议主张各国坚持共同、综合、合作、可持续的安全观，强调人类是不可分割的安全共同体，走出一条对话而不对抗、结伴而不结盟、共赢而非零和的新型安全之路。全球文明倡议倡导不同文明包容共存、交流互鉴，努力开创世界各国人文交流、文化交融、民心相通新局面。

以高质量共建"一带一路"为实践平台。今天,"一带一路"从夯基垒台、立柱架梁到落地生根、持久发展,搭建起国际合作的新框架,绘就了一幅"大写意",正在合力绘制精谨细腻的"工笔画"。共建"一带一路"以互联互通为主线,不断深化政策沟通、设施联通、贸易畅通、资金融通、民心相通,为构建人类命运共同体注入强劲动力。

（三）推动各国携手应对挑战、实现共同繁荣

推动各国携手应对挑战、实现共同繁荣。这一重要主张,既有观察时代、洞察世情的战略眼光,也蕴含着引领时代、驾驭矛盾的辩证思维,为凝聚世界各国人民共同进步和发展提供了思想武器。

立足当下与放眼未来相统一。这次会议坚持运用唯物辩证法基本观点,既把握当下,针对当今世界面临的一系列重大问题,凝聚更广泛的国际共识,提出更有效的解决方案,增强构建人类命运共同体的指导性和实践性;又着眼共创美好未来,倡导"平等有序的世界多极化和普惠包容的经济全球化""推动经济全球化朝着更加开放、包容、普惠、均衡的方向发展"。新征程上,要对标中国式现代化目标任务,突出问题导向,以更加积极主动的历史担当、更加富有活力的创造精神,开创中国特色大国外交新局面。

中国命运与世界命运相统一。构建人类命运共同体,体现了中国将自身发展与世界发展相统一、中国命运与世界命运紧密联系的全球视野、世界胸怀和大国担当。从中国发展看,中国特色大国外交将进入一个可以更有作为的新阶段,要"塑造我国和世界关系新格局,把我国国际影响力、感召力、塑造力提升到新高度";从命运与共的角度看,要把中国发展和世界发展结合起来,把中国人民和世界人民的根本利益结合起来。新征程上,要坚决反对逆全球化、泛安全化,坚定促进贸易和投资自由化便利化,破解阻碍世界经济健康发展的结构性难题,解决好资源全球配置造成的国家间和各国内部发展失衡等问题。

坚持守正与勇于创新相统一。中央外事工作会议指出,外交守正创新是新征程上开创中国特色大国外交新局面的必然要求,是更好支撑中国式现代化的必然要求。守正,守的是"中国外交的优良传统和根本方向",传承和发展新时代对外工作实践中积累的宝贵经验等;创新,强调"开拓进取,推动理论和实践创新"等。新征程上,要加强思想理论武装,深化体制机制改革,推动外交队伍建设,不断增强对外工作的科学性、预见性、主动性、创造性。

延伸阅读

"千年驿站，百年口岸"领跑"一带一路"
——新疆口岸发展扫描

清晨，新疆霍尔果斯、阿拉山口阳光灿烂。

1月5日，在阿拉山口口岸，货运员白兆鑫来到铁路室内集装箱换装库里，开始了一天的工作；在霍尔果斯铁路口岸站，大型塔吊设备吊运集装箱来回穿梭，经过换装后，这些列车将驶向欧亚，一列列满载哈萨克斯坦小麦的列车直接驶入阿拉山口综合保税区……

近年来，随着共建"一带一路"倡议的深入推进，开放与合作成为主流，新疆口岸经济释放出巨大的综合红利。

据了解，2023年以来，霍尔果斯铁路口岸中欧（中亚）班列通行数量持续增长。每天保持在21列以上，日均2小时完成一列入境返程中欧班列的换装，连续5个月班列通行数量保持在600列以上。自2016年开出首趟中欧班列以来，经霍尔果斯铁路口岸通行的中欧（中亚）班列总量已超过3万列。

与俄罗斯、哈萨克斯坦等8国接壤，拥有20个经国务院批准的对外开放口岸，新疆具有"东联西出、西引东进"的区位优势和建设"口岸经济带"的天然条件。如何立足区位优势，紧抓共建"一带一路"机遇，近日，《中国妇女报》全媒体记者沿着新疆博尔塔拉蒙古自治州（以下简称博州）—伊犁哈萨克自治州（以下简称伊犁州）一线，走口岸、访海关、探企业，看新疆口岸如何乘着"一带一路"东风迎来高质量发展。

捕捉商机和文化的交流交往

"在这里实习特别开心，霍尔果斯让我开阔了眼界，看到了很多优秀的人奋斗的故事。从喀什考到新疆应用技术学院读书，就是为了去更远的地方学习。以后我想利用所学的服装设计专业开一家自己的店。"日前，在新疆霍尔果斯裘皮实业有限公司生产车间里，工人们正在赶制水貂皮订单。来这里实习的再娜甫·吾甫尔对未来充满信心。

据了解，这家工厂于2023年4月成立，吸引了不少工人就业。几个月前，原本在广州打工的王宏民和爱人一起来到这家企业，技术熟练的她每个月能拿到1万元左右的工资。

新疆自贸试验区设立的消息，让往来新疆霍尔果斯的人群明显感觉到这个"千年驿站，百年口岸"在"一带一路"利好政策下走向亚欧，联通世界的步伐之快。

中哈霍尔果斯国际边境合作中心金雕广场总经理季钢表示，霍尔果斯就像一个世界财富风口，到这里的人不仅在捕捉商机，更在捕捉文化上的交流交往交融。他相信风从东方来，开放前沿和巨大商机一定会让霍尔果斯成为一个窗口。

近年来，霍尔果斯作为丝绸之路经济带核心区重要支点，充分利用国际国内"两个市场、两种资源"，发挥区位、政策、开放等特殊优势，全力打造向西开放新高地。

来往口岸的哈萨克斯坦共和国货车司机萨拉麦提每月大概能有 3 万元的收入，他明显感觉到霍尔果斯带来的巨大商机，不仅货品种类多，而且大宗商品贸易更是了不得，他特别看好自贸区落地新疆。他发现，在霍尔果斯，一些商铺店主会用简单的哈萨克语、俄语交流，这让他觉得很方便。他喜欢在这里逛街，为家人买些服装与零食带回去。

为进一步加强两国贸易，2012 年 4 月，中哈霍尔果斯国际边境合作中心正式封关运营，这是中国与其他国家建立的首个跨境经济合作区。2020 年 9 月，中哈霍尔果斯国际边境合作中心中方配套区转型升级为综合保税区，享受"配套区＋综保区＋开发区"三重叠加政策，主要功能为保税加工、保税物流、保税服务等，与合作中心中方区形成"前店后厂""前店后仓"的联动发展格局。

正是看中了这样的市场优势，越来越多的企业来此落户。"我们生产的产品在合作中心进行展示的同时，也方便各国客商直接采购。"霍尔果斯裘皮实业有限公司总经理胡定本说，"力争通过 3 到 5 年的努力，完成年产值约 150 亿元的发展目标，在霍尔果斯引育孵化产业链各环节企业，形成裘皮产业集群。"

中哈霍尔果斯国际边境合作中心管理办公室副主任加依达尔·阿力玛斯告诉记者，目前，霍尔果斯综合保税区已经形成跨境电商、保税加工、保税物流和货物贸易 4 大集聚效应的优势产业，不仅入驻企业越来越多，来往人群数据值更是朝着 500 万人次迈进。

霍尔果斯经济开发区招商局(商务经信局)副局长孙永红表示，将抢抓东中部地区产业转移机遇，着力提升落地加工转化能力，打造农产品及食品加工、机电装备、电子产品加工、纺织服装、生物医药等产业，建设进出口商品加工基地。

在鱼虾蟹欢腾的好日子里奋斗

在博州、伊犁州的乡村和口岸，记者看到了拼搏的面孔和口岸经济带来的综合红利。

1 月 5 日，新疆察布查尔锡伯自治县大地布满了霜雪。在察布查尔县爱新色里镇乌珠牛录村，察布查尔县渔业高质量示范项目现场，原来的一片片荒芜低洼盐碱地、戈壁滩涂杂草地，变成了一排排高标准养殖池塘，纵横交错；一道道标准进排水渠道，横平竖直；

水质处理区和尾水处理区塘口已经初见端倪。

"2023 年稻田养蟹 1038 亩，产量 20 多吨，经济效益相当不错。"在察布查尔锡伯自治县伊犁悦然生态农业有限公司，总经理管小平向记者讲述了他的创业故事。

察布查尔光热资源丰富、水质纯净，过去由于缺乏技术支持，一直没有人涉足蟹虾养殖产业。管小平在江苏盐城对口援疆工作组的帮扶下，经过几年的试验，终于把螃蟹养成了。

察布查尔县长关晓军告诉记者，2023 年 9 月，在江苏盐城援疆工作组的全力推进下，察布查尔县渔业高质量示范区建设项目顺利落地，项目以"打造渔业高质量示范区，助力乡村振兴建设"为主题，充分利用伊犁河谷优质的水源，以及天山脚下得天独厚的自然养殖条件，充分利用"中国蟹苗之乡"江苏射阳水产种苗繁育、技术、人才、产业的优势，在盐碱戈壁地上开创兴建大规模的水产养殖项目。

据了解，该渔业高质量示范项目总投资 1.2 亿元，项目建成后，对于实现农民增收、渔业增效、生态增绿，全面推进乡村振兴具有十分重大的意义。

冬日里，悠扬的手风琴声从新疆博州温泉县博格达尔村村民刘宏家小院飘出。不远处，白雪覆盖了山顶。山脚下，博格达尔村沐浴在阳光里。"一生只做一件事，爱国护边也幸福。"这个地处新疆博州温泉县的村落除了迎接各地慕名而来的游客外，很多村民还继承着先辈们守边护边的职责。

博格达尔村距温泉县城 2 公里，地处博尔塔拉河上游，北靠别珍套山，环抱国家湿地公园。这里居住着汉族、蒙古族、哈萨克族、回族等多个民族，以 260 年前西迁戍边的察哈尔部蒙古族后裔为主。

漫步博格达尔村，不时能听到马头琴、托布秀尔、蒙古大鼓等乐器演奏的蒙古短调。天鹅在湿地飞翔嬉戏，小村落这几年吃上了旅游饭，慕名而来的游客越来越多。

作为村里的多面手，刘宏不仅带动左邻右舍致富，更是热心村里旅游业的发展，自学哈萨克语的同时，更学会了手风琴。他觉得日子的变好，跟温泉县处在阿拉山口口岸经济带有关，口岸快速发展也带火了小村旅游。

——来源：《中国妇女报》，2024-01-09

思考题

1. 新时代中国特色大国外交的历史性成就有哪些?

2. 新时代中国特色大国外交的宝贵经验有哪些?

推动构建人类命运共同体　开创中国特色大国外交新局面

2023 年下半年国内国际时事热点汇总

1. 第三届文明交流互鉴对话会暨首届世界汉学家大会 3 日在北京开幕，主题为"落实全球文明倡议，携手绘就现代化新图景"。7 月 3 日，中共中央总书记、国家主席习近平向第三届文明交流互鉴对话会暨首届世界汉学家大会致贺信。习近平强调，中方愿同各方一道，弘扬和平、发展、公平、正义、民主、自由的全人类共同价值，落实全球文明倡议，以文明交流超越文明隔阂、文明互鉴超越文明冲突、文明包容超越文明优越，携手促进人类文明进步。

2. 全国生态环境保护大会 7 月 17 日至 18 日在北京召开。中共中央总书记、国家主席、中央军委主席习近平出席会议并发表重要讲话强调，今后 5 年是美丽中国建设的重要时期，要深入贯彻新时代中国特色社会主义生态文明思想，坚持以人民为中心，牢固树立和践行绿水青山就是金山银山的理念，把建设美丽中国摆在强国建设、民族复兴的突出位置，推动城乡人居环境明显改善、美丽中国建设取得显著成效，以高品质生态环境支撑高质量发展，加快推进人与自然和谐共生的现代化。

3. 中共中央政治局 7 月 24 日召开会议，分析研究当前经济形势，部署下半年经济工作。中共中央总书记习近平主持会议。会议强调，做好下半年经济工作，要坚持稳中求进工作总基调，完整、准确、全面贯彻新发展理念，加快构建新发展格局，全面深化改革开放，加大宏观政策调控力度，着力扩大内需、提振信心、防范风险，不断推动经济运行持续好转、内生动力持续增强、社会预期持续改善、风险隐患持续化解，推动经济实现质的有效提升和量的合理增长。

4. 8 月 15 日，在首个全国生态日到来之际，中共中央总书记、国家主席、中央军委主席习近平作出重要指示强调，生态文明建设是关系中华民族永续发展的根本大计，是关系党的使命宗旨的重大政治问题，是关系民生福祉的重大社会问题。在全面建设社会主义现代化国家新征程上，要保持加强生态文明建设的战略定力，注重同步推进高质量发展和高水平保护，以"双碳"工作为引领，推动能耗双控逐步转向碳排放双控，持续推进生产方式和生活方式绿色低碳转型，加快推进人与自然和谐共生的现代化，全面推进美丽中国建设。

5.8 月 21 日晚，国家主席习近平抵达约翰内斯堡，出席金砖国家领导人第十五次会晤并对南非进行国事访问。习近平强调，2023 年是中南建交 25 周年，中南全面战略伙伴关系步入崭新阶段。习近平指出，作为新兴市场国家和发展中大国的重要合作平台，金砖合作机制已经成为促进世界经济增长、完善全球治理、推动国际关系民主化的建设性力量。中国国家主席习近平、巴西总统卢拉、印度总理莫迪和俄罗斯总统普京（线上）出席。五国领导人围绕"金砖与非洲：深化伙伴关系，促进彼此增长，实现可持续发展，加强包容性多边主义"主题，就金砖合作及共同关心的重大国际问题深入交换意见，达成广泛共识。习近平发表题为《团结协作谋发展　勇于担当促和平》的重要讲话。

6.2023 年中国国际服务贸易交易会 9 月 2 日至 6 日在北京举行，主题为"开放引领发展　合作共赢未来"。9 月 2 日上午，国家主席习近平在北京向 2023 年中国国际服务贸易交易会全球服务贸易峰会发表视频致辞。习近平强调，2023 年是中国改革开放 45 周年，中国将坚持推进高水平对外开放，以高质量发展全面推进中国式现代化，为各国开放合作提供新机遇。中国愿同各国各方一道，以服务开放推动包容发展，以服务合作促进联动融通，以服务创新培育发展动能，以服务共享创造美好未来，携手推动世界经济走上持续复苏轨道。

7. 全国优秀教师代表座谈会于 9 月 9 日在北京召开。中共中央总书记、国家主席、中央军委主席习近平致信与会教师代表，习近平强调，新征程上，希望你们和全国广大教师以教育家为榜样，大力弘扬教育家精神，牢记为党育人、为国育才的初心使命，树立"躬耕教坛、强国有我"的志向和抱负，自信自强、踔厉奋发，为强国建设、民族复兴伟业作出新的更大贡献。中共中央政治局常委、国务院总理李强作出批示指出，教师是立教之本、兴教之源，是教育发展的第一资源。

8. 第三届"一带一路"国际合作高峰论坛于 10 月 17 日至 18 日在北京举行，主题为"高质量共建'一带一路'，携手实现共同发展繁荣"。国家主席习近平出席高峰论坛开幕式发表主旨演讲，并为来华出席高峰论坛的嘉宾举行欢迎宴会和双边活动，发表题为《建设开放包容、互联互通、共同发展的世界》的主旨演讲。习近平指出，2023 年是提出共建"一带一路"倡议十周年。提出这一倡议的初心，是借鉴古丝绸之路，以互联互通为主线，同各国加强政策沟通、设施联通、贸易畅通、资金融通、民心相通，为世界经济增长注入新动能，为全球发展开辟新空间，为国际经济合作打造新平台。习近平宣布中国支持高质量共建"一带一路"的八项行动：构建"一带一路"立体互联互通网络；支持建设开放型世界经济；开展务实合作；促进绿色发展；推动科技创新；支持民间交往；建设廉洁之路；完善"一带一路"国际合作机制。

9.11 月 5 日，国家主席习近平向第六届中国国际进口博览会致信。习近平指出，2018 年以来，进博会成功举办五届，依托中国大市场优势，发挥国际采购、投资促进、人文交流、开放合作平台功能，对加快构建新发展格局和推动世界经济发展作出了积极贡献。习近平强调，当前，世界经济复苏动力不足，需要各国同舟共济、共谋发展。中国将始终是世界发展的重要机遇，将坚定推进高水平开放，持续推动经济全球化朝着更加开放、包容、普惠、平衡、共赢的方向发展。希望进博会加快提升构建新发展格局的窗口功能，以中国新发展为世界提供新机遇；充分发挥推动高水平开放的平台作用，让中国大市场成为世界共享的大市场；更好提供全球共享的国际公共产品服务，助力推动构建开放型世界经济，让合作共赢惠及世界。第六届中国国际进口博览会当日在上海市开幕，主题为"新时代，共享未来"。

10.11 月 7 日上午，由世界互联网大会和浙江省人民政府主办的 2023 年世界互联网大会"互联网之光"博览会在浙江乌镇开幕。本次博览会围绕"建设包容、普惠、有韧性的数字世界——携手构建网络空间命运共同体"的大会主题，突出国际性、创新性和引领性。国家主席习近平向 2023 年世界互联网大会乌镇峰会开幕式发表视频致辞。习近平指出，2015 年，我在第二届世界互联网大会开幕式上提出了全球互联网发展治理的"四项原则""五点主张"，倡导构建网络空间命运共同体，这一理念得到国际社会广泛认同和积极响应。我们倡导发展优先，构建更加普惠繁荣的网络空间。我们倡导安危与共，构建更加和平安全的网络空间。我们倡导文明互鉴，构建更加平等包容的网络空间。

11.11 月 15 日，国家主席习近平在美国旧金山斐洛里庄园同美国总统拜登举行中美元首会晤。两国元首就事关中美关系的战略性、全局性、方向性问题以及事关世界和平和发展的重大问题坦诚深入地交换了意见。习近平深刻阐释了中国式现代化的本质特征和内涵意义，以及中国的发展前景和战略意图。习近平指出，中国的发展有自身的逻辑和规律，中国正在以中国式现代化全面推进中华民族伟大复兴，中国不走殖民掠夺的老路，不走国强必霸的歪路，也不搞意识形态输出。习近平指出，相互尊重、和平共处、合作共赢，这既是从 50 年中美关系历程中提炼出的经验，也是历史上大国冲突带来的启示，应该是中美共同努力的方向。这次旧金山会晤，中美应该有新的愿景，共同努力浇筑中美关系的五根支柱：一是共同树立正确认知。二是共同有效管控分歧。三是共同推进互利合作。四是共同承担大国责任。五是共同促进人文交流。

12.11 月 20 日，中俄执政党对话机制第十次会议以视频方式举办。习近平在贺信中对会议的召开表示热烈祝贺。2024 年是中俄建交 75 周年，中方愿同俄方共同把握历史大势，坚定发展永久睦邻友好、全面战略协作、互利合作共赢的中俄关系，有力促进两国各自发展振兴，为世界注入更多稳定性和正能量。习近平指出，中国共产党和统一俄罗斯党交流合作是新时代中俄关系的重要组成部分。中俄执政党对话机制已发展成为两国巩固政治互信、密切战略协作、推进互利合作的独特渠道和平台。

13.11 月 20 日下午，国家主席习近平同法国总统马克龙通电话。习近平指出，总统先生 2023 年 4 月对中国进行成功访问以来，中法各层级交往快速恢复，各领域合作扎实推进，取得不少成果。2024 年，我们将迎来两国建交 60 周年。双方要传好历史的接力棒，坚守建交初心、赓续传统友谊，推动中法关系迈上新台阶。2023 年是中欧建立全面战略伙伴关系 20 周年，面对当前变乱交织的世界，中欧应该坚持做互利合作的伙伴。

14.11 月 21 日晚，国家主席习近平出席金砖国家领导人巴以问题特别视频峰会并发表题为《推动停火止战　实现持久和平安全》的重要讲话。习近平强调，巴以局势发展到今天，根本原因是巴勒斯坦人民的建国权、生存权、回归权长期遭到漠视。解决巴以冲突循环往复的根本出路是落实"两国方案"，恢复巴勒斯坦民族合法权利，建立独立的巴勒斯坦国。不公正解决巴勒斯坦问题，中东就没有持久的和平稳定。中方呼吁尽快召开更具权威性的国际和会，凝聚国际促和共识，推动巴勒斯坦问题早日得到全面、公正、持久解决。

15.11 月 23 日，国家主席习近平向第二届全球数字贸易博览会致贺信。习近平指出，当前，全球数字贸易蓬勃发展，成为国际贸易的新亮点。近年来，中国积极对接高标准国际经贸规则，建立健全数字贸易治理体系，促进数字贸易改革创新发展，不断以中国新发展为世界提供新机遇。希望各方充分利用全球数字贸易博览会平台，共商合作、共促发展、共享成果，携手将数字贸易打造成为共同发展的新引擎，为世界经济增长注入新动能。第二届全球数字贸易博览会当日在浙江省杭州市开幕，主题为"数字贸易商通全球"。

16.12 月 4 日，在第十个国家宪法日到来之际，中共中央总书记、国家主席、中央军委主席习近平作出重要指示指出，宪法是治国安邦的总章程，是我们党治国理政的根本法律依据，是国家政治和社会生活的最高法律规范。习近平强调，新征程上，要坚定维护宪法权威和尊严，推动宪法完善和发展，更好发挥宪法在治国理政中的重要作用，为以中国式现代化全面推进强国建设、民族复兴伟业提供坚实保障。要坚定政治制度自信，坚持宪法确定的中国共产党领导地位不动摇，坚持宪法确定的人民民主专政的国体和人民代表大会制度的政体不动摇。要贯彻新时代中国特色社会主义法治思想，坚持宪法规定、宪法原则、宪法精神全面贯彻，坚持宪法实施、宪法解释、宪法监督系统推进，加快完善以宪法为核心的中国特色社会主义法律体系，不断提高宪法实施和监督水平。要加强宪法理论研究和宣传教育，坚持知识普及、理论阐释、观念引导全面发力，在全社会大力弘扬宪法精神、社会主义法治精神，推动宪法实施成为全体人民的自觉行动。

17. 中央经济工作会议 12 月 11 日至 12 日在北京举行。中共中央总书记、国家主席、中央军委主席习近平出席会议并发表重要讲话。会议要求，2024 年要坚持稳中求进、以进促稳、先立后破，多出有利于稳预期、稳增长、稳就业的政策，在转方式、调结构、提质量、增效益上积极进取，不断巩固稳中向好的基础。要强化宏观政策逆周期和跨周期调节，继续实施积极的财政政策和稳健的货币政策，加强政策工具创新和协调配合。会议强调，2024 年要围绕推动高质量发展，突出重点，把握关键，扎实做好经济工作。

18. 北京时间 12 月 18 日 23 时 59 分，甘肃临夏州积石山县发生 6.2 级地震，震源深度 10 公里。地震发生后，中共中央总书记、国家主席、中央军委主席习近平高度重视并作出重要指示，甘肃临夏州积石山县 6.2 级地震造成重大人员伤亡，要全力开展搜救，及时救治受伤人员，最大限度减少人员伤亡。灾区地处高海拔区域，天气寒冷，要密切监测震情和天气变化，防范发生次生灾害。要尽快组织调拨抢险救援物资，抢修受损的电力、通讯、交通、供暖等基础设施，妥善安置受灾群众，保障群众基本生活，并做好遇难者家属安抚等工作。

19. 中央农村工作会议于 12 月 19 日至 20 日在北京召开。习近平指出，2023 年，我们克服较为严重的自然灾害等多重不利影响，粮食产量再创历史新高，农民收入较快增长，农村社会和谐稳定。推进中国式现代化，必须坚持不懈夯实农业基础，推进乡村全面振兴。要以新时代中国特色社会主义思想为指导，全面贯彻落实党的二十大和二十届二中全会精神，锚定建设农业强国目标，把推进乡村全面振兴作为新时代新征程"三农"工作的总抓手，学习运用"千万工程"经验，因地制宜、分类施策、循序渐进、久久为功，集中力量抓好办成一批群众可感可及的实事。要全面落实粮食安全党政同责，坚持稳面积、增单产两手发力。要树立大农业观、大食物观，农林牧渔并举，构建多元化食物供给体系。

要守住耕地这个命根子，坚决整治乱占、破坏耕地违法行为，加大高标准农田建设投入和管护力度，确保耕地数量有保障、质量有提升。要强化科技和改革双轮驱动，加大核心技术攻关力度，改革完善"三农"工作体制机制，为农业现代化增动力、添活力。要抓好灾后恢复重建，全面提升农业防灾减灾救灾能力。要确保不发生规模性返贫，抓好防止返贫监测，落实帮扶措施，增强内生动力，持续巩固拓展脱贫攻坚成果。要提升乡村产业发展水平、乡村建设水平、乡村治理水平，强化农民增收举措，推进乡村全面振兴不断取得实质性进展、阶段性成果。

20.《中华人民共和国爱国主义教育法》于 2024 年 1 月 1 日起生效实施。相关部门负责人对贯彻实施爱国主义教育法的重点工作进行了解读，主要分为以下几个方面：推动新时代爱国主义教育广泛深入持久有效开展；把握新中国成立 75 周年的重大时间节点开展爱国主义教育；加强爱国主义教育网络内容建设；将爱国主义教育贯穿学校教育全过程；创造更丰富、更具吸引力的文化遗产资源旅游项目和产品。